美國《華人》雜誌系列叢書 · 文學佳作專輯（5）
WE CHINESE IN AMERICA Series

一文一事 一情懷

鄭小平 著

DIXIE W PUBLISHING CORPORATION U.S.A.
美国南方出版社

一文一事一情懷

鄭小平 著

叢書總編輯：馬　平
版式設計：侯国强

Published by
Dixie W Publishing Corporation
Montgomery, Alabama, U.S.A.
http://www.dixiewpublishing.com

本書由美國南方出版社出版
•　版權所有　侵權必究　•
2023 年 11 月 DWPC 第一版

开本：229mm x 152mm
字数：145 千字

Library of Congress Control Number：2023948674
美國國會圖書館預編目號碼：2023948674

國際標準書號 ISBN-13：978-1-68372-589-3

總 序

願您像喜歡《華人》雜誌那樣
喜歡我們的《華人》系列叢書

此刻，2021 年的金秋十月，陽光一片燦爛。作為"美國《華人》雜誌叢書"總編輯，我要說的第一句話是：十月，對我有著十分重要的意義。

2001 年的十月，我在美國創辦的《華人》雜誌恰巧在我生日那天推出。我的居美生活從此發生了根本的變化。

二十年來，每月一期雜誌的出版，每期一位封面故事的訪談、寫作，讓我與眾多傑出的美國華人近距離接觸，從他們那裡，我學到太多的東西。我一直認為，創辦雜誌最大的收穫，就是認識了這麼多優秀的朋友，我為每一位封面人物驕傲，以能為他們做點什麼感到無比自豪！

二十年來，因為雜誌，我和上百位優秀的作家相識相知，他們送給我的文章篇篇精彩。他們無私的支持，是每期《華人》得以順利出版的可靠保證，是做好《華人》雜誌的堅強後盾，更是《華人》吸引眾多讀者的精神食糧。因為有了這些真心支持雜誌的作者，《華人》成為一份最真實地反映美國華人的第一手珍貴資料。

二十年來，為了能給華人下一代健康成長提供力所能及的幫助，我和我的團隊為孩子們創辦了《華人新一代》雜誌，組織了美國華人青少年交響樂團，培訓了一批批小記者小編輯，每年舉辦大型的"美國華人青少年藝術節"。能把孩子們聚在一起，向廣大讀者展示他們的精神風貌，深感自己的生活和工作也因了他們更有了意義。

2021 年的十月，美國加州大學聖地亞哥分校圖書館收藏了《華人》二十年的雜誌期刊，除放在圖書館讓更多的人閱覽，同時也做成電子版放到網上，擴大了《華人》雜誌閱讀和收藏的交流平台。

二十年了，本來我們計劃舉辦一些活動，包括"與《華人》封面人物有約"的封面人物、作者、讀者的大型聚會、專題朗誦音樂會、華人青少年交響樂團專場演出等，來做個紀念，都因為疫情未了而統統取消。於是，便萌生了出版系列叢書的想法。

出版叢書的好處，是把每期發表在《華人》上的封面故事、文學佳作等，分門別類集中起來，以書籍的方式正式推出。通過這個新的平台，來展示旅美華人的奮鬥故事、旅美生活、對這個第二故鄉的所聞所見所思所想，也系統地把我們雜誌二十年來的精彩內容再次呈現給廣大讀者。

《華人》雜誌二十年來，本著"鼓吹進取精神、宣揚傳統美德、聯絡鄉情親情"的宗旨，以"非政治性、非宗教性"為辦刊原則，與海內外讀者分享生活在美國各個領域的華人的故事，成為美國境內唯一一份以"華人"人物為中心內容、為所有華人讀者提供資訊的綜合性中文期刊。

《華人》雜誌系列叢書將以同樣的宗旨，同樣的辦刊原則，讓海內外的華人朋友，近距離地了解我們在美華人的真實生活——我們青年人的崛起和感受，我們老一輩的處境和心情，我們下一代的成長和彷徨，我們在美國的喜怒哀樂……

　　美國不是天堂，也不是地獄。她給我們華人提供了相對平等的機會，提供了通過奮鬥去實現自己價值和夢想的可能性。她督促我們不斷學習，永不言棄，去迎接一個又一個挑戰。我們根系故國，也熱愛美國——這個移民的大熔爐，我們的第二故鄉。

　　叢書即將從 2021 年 10 月陸續出版。我們準備分為三個系列先行推出，即"美國《華人》雜誌系列叢書·封面人物專輯"、"美國《華人》雜誌系列叢書·文學佳作專輯"和"美國《華人》雜誌系列叢書·華人新一代專輯"。願所有的朋友們，也像喜歡《華人》雜誌一樣，喜歡我們的《華人》雜誌系列叢書。

美國《華人》月刊雜誌發行人

"美國《華人》雜誌叢書"總編輯：馬　平

（2021 年 10 月於美國加州聖地亞哥）

自序

心中有熱愛，生命有色彩

仔細回想起來，我愛好寫作應是從小學五年級開始的。因為我在高年級的作文比賽中第一次得了獎，從此便喜歡上了寫作，並開始廣泛地閱讀古今中外的書籍。

然而，伴隨著漫長歲月的悄然流逝，少年時代的愛好也似乎逐漸淡忘。直到來美國後遇到了《華人》雜誌的創刊人馬平。她竭盡全力地實現著心中的理想和手中那本精美的雜誌，一下子喚起了沉寂在我心底已久的嚮往。在她誠懇的邀請下，我開始在《真情世界》欄目這片園地中小心翼翼地筆耕起來，並開心地收穫著一點一滴的果實。

我始終相信人間處處有真情，於是用心去觀察和感悟周圍的一切。我感動了，被眾人內心世界裡凝滿的情感。我流淚了，為筆下觸及的那些真實的故事。我振奮了，來自親人朋友和讀者們的每一次回饋。問世間情為何物？沒有人能準確地回答出統一的答案。"情"字裡面包括了親情、友情、愛情，還包括了許多確實存在的真情。然而，就像江河的奔騰不息，如同日月的更新交替，事實上，人們每天都在回答著這個問題。而源於每個人內心裡一份真誠、善良、美好的情感，既溫暖著別人，又愉悅著自己。

"莫道桑榆晚，為霞尚滿天。"我堅持不懈地每月寫著一篇文章，竟然可以從一個業餘的寫作新手，結集出版了第一本散文集。這不僅實現了我自幼萌發的文學夢想，同時也讓日復一日的平淡生活格外充實起來。如若問我在寫作中最感動的是什麼？便有兩個字在心中升騰回蕩：分享。通過我的文字，與相識或不相識的人們在感情深處的呼喚與交流。

從 2020 年初開始，長達三年之久的新冠疫情侵襲了整個世界，改變著人們熟悉的生活方式。而我，在疫情期間除了愛好寫作、閱讀和攝影，竟又多了一個新的愛好並持續至今：用晨走時撿來的樹葉和花瓣，創作出一幅幅別具一格的花葉作品。可連我自己也從未料到，腦子裡還藏有著一些的藝術小細胞。一年多的時間裡，我創作出數十幅作品，並集結成美篇。美篇發表後，得到了許多人的關注和鼓勵。有位不相識的朋友寫到："這是我見過最美好，最有創意的手工製作。每一幅作品都充滿了對生活無限的熱愛和憧憬。從您的作品中讓人感受到您的聰慧和浪漫情懷，是藝術的享受！是一場視覺盛宴。謝謝分享。"還有位年輕人寫到："您太厲害了，太棒了！真佩服您的心靈手巧，蘭芷蕙心。您的作品令我賞心悅目，感覺這個世界因為您和您的作品變得美好。"這些來自眾人的分享和讚美，讓我真正感受到了能給別人帶來快樂的人，自己也是快樂的。

如今，隨著年齡的不斷增長，我反而越來越感到心中始終有著一份熱愛，無論自己的這份愛好多麼細小或新奇，只要認真去做，都會讓每個普通的日子閃爍出更多的光亮，也會為平凡的生命旅途增添了一抹美麗的色彩。

近期，在聖地亞哥享有盛名的《華人》雜誌的創始人馬平，策劃出版一套華人的系列叢書，我的文章也有幸在她的編輯計畫中。

由衷地感謝她多年以來對我誠摯的信任和幫助，因為有她，才有了《華人》的誕生；因為有《華人》，才有了我寫作夢想的實現。在我心裡，她是一個如同親人般的摯友。在今後的歲月中，我們將繼續心懷嚮往，一同攜手向前走起。 同時，也非常感謝我的好朋友劉昌焱、劉崇和珊瑚提供的精美照片。

我願用楊絳先生的一段話來面對迎來送往的時光："走著走著，秋天就到了。人生總有太多來不及，時間走得太快。一眨眼就是一天，一回頭就是一年，一轉身就是一輩子。那些曾經的日子，委屈也好，開心也罷，都成為過去。往前走，別回頭。一葉落，天下秋。一個轉身，夏天就成了故事；一次回眸，秋天便成了風景。願接下來的日子，平安、健康、順利、好運。四季輪回，願一切美好都不期而遇。"我要繼續不負美好光陰，遇見更好的自己。

目　錄

第一章
這裏有一份親情觸及你的眷戀

第二章
這裏有一種情誼撥動你的思念

第三章
這裏有一段經歷留住你的關愛

第四章
這裏有一些思悟呼喚你的共鳴

第一章

這裡有一份

親情

觸及你的眷戀

翩翩起舞的女孩們

>> 媽媽在哪裡，家就在哪裡。女兒不管走得多遠，總有那麼一天，是一定要回家的。當我既是媽媽的女兒，又是女兒的媽媽，甚至到了媽媽與世長辭後，我才終於懂得：表達愛的心願，是不能等待的。

>> 其實，在逐漸老去的日子裡，並沒有太多年輕時的花前月下，經常要面對的是疾病和磨難。如若有一個人不嫌你醜，不怕你髒，仍然不離不棄地陪伴你向前走，即使前面的路越走越窄，甚至走向無路的盡頭。如果說這也是一種浪漫，那麼，它來自最深最暖的親情。我深切懂得了世上有一種愛叫做：相守，相互守護。只因為一切都是平平淡淡，真真實實，才感到那麼幸福。

>> 何為親人？在平常生活中，人們相互間如果沒有心靈和情感深處的相通交流，有些即使有著血緣關係的親人，也會淪為最熟悉的陌生人。反之，有些不是親人，卻勝似親人。

>> 根深才能葉茂，勤耕才有收穫。總在忙碌的父母親多花些時間和陪伴吧，兒女們的信任是要靠自己來建立。認真聆聽，耐心交流，面對面的溝通，才能走進兒女們的內心世界裡。親愛的女兒，今後無論你在哪裡，永遠是個被牽掛的孩子；而家永遠是你隨時可以停泊的地方。我們終會深深地祝福你：快樂幸福！

>> 人離去了，卻又栩栩如生地回來了。人似乎永遠停留在一個無從知曉的遠方。你常回來吧，哪怕像一顆夜空中的流星，在我的夢境中輕閃而過，稍縱即逝。期盼再見到你，我同齡的哥哥。

>> 我曾是媽媽心中的好女兒，也是女兒心中的好媽媽。如今，我還想當一個小孫女們心中的好姥姥。就這樣，一路且行且快樂和幸福著。

>> 冬日裡孕育了春天的溫暖，異鄉中繫有著故土的情結。每當春節一步步姍姍而來，我渴望對家鄉的父老兄弟，對身邊的親朋好友，對素不相識的每位讀者熱忱地說上一聲：給您拜年嘍！

再給哥哥買塊表

　　哀樂低沉徘徊，花圈簇擁環繞，在親人們的深深懷念中，在朋友們的默默祝福下，哥哥，你靜靜地躺在那裡。高掛在牆中央的照片，依然是那張英俊瀟灑的面孔，仍舊是那個熱情洋溢的笑容，久久地凝望著捨不得離別的一切。今天，是你停留在人世間的最後時刻。過了今天，你就將化為塵埃，再也尋不見了。

　　2002 年 7 月 28 日的清晨，你病逝的噩耗傳來，遠在異國他鄉的我，哥哥的孿生妹妹不願聽見，也不敢相信這個令人心碎腸斷的消息。我抬頭仰問蒼天：為什麼哥哥還這樣年輕，就被帶走了？！蒼天無語。我低頭責問大地：為什麼哥哥如此拚搏，卻不能再多給些時間？！大地不答。哥哥啊，妹妹不能前來為你送行，但心中千鈞重的思念，割不斷的眷愛，早已越過千山萬水來到了哥哥的身旁。

　　我最親愛的哥哥，妹妹有好多的貼心話語要對你說，可不知道從何說起，最後就凝聚成了一句話："妹妹捨不得你走啊！"期盼冥冥中的你能聽見。

　　你與我同一天來到這

個世界，我們不僅有著相似的容貌，同樣的大眼睛，濃黑的眉毛和白裡透紅的臉頰，還共同有著勤奮好學和不肯服輸的性格。我們從小就在同一個幼稚園裡長大，手拉手地玩耍在一起。上小學時，我們在同所學校同個班。哥哥天資聰明，在年級的數學比賽中總是名列前茅。而且寫的鋼筆字十分帥氣，還時常寫出當作範文的好文章。哥哥，你有時又很淘氣，會把老師氣哭。可老師仍然喜歡你，因為你從小就是一個心地善良和充滿熱情的孩子。長大後，無論是在部隊中，或在大學裡還是在工作崗位上，你都是勇於負責任和努力上進的優秀青年。在妹妹的眼中，哥哥自小就心靈手巧，家裡的任何東西壞了都是你動手修理。哥哥還十分喜歡整潔漂亮，經常用熱熨斗把僅有的幾件衣服熨得平平整整。

哥哥身患淋巴癌後，長期被病魔纏身，經過了多次難以忍受的化療，經過了一次次全身插滿管子的臨危搶救，經過了擁有健康人無法想象的骨髓移植，最後瘦弱得連鋼筆也拿不起來。妹妹知道，你這一路走得特別艱辛，多麼不易啊！妹妹也懂得，你的疼痛，你的不捨，甚至你的恐懼。然而在每次的通話中，你總對我說，只要有百分之一的可能，對你來說都是百分之百的希望，你絕不會放棄！

我與哥哥最後一次的越洋通話，是你離世的前一天。在電話中，你的聲音已經變得虛弱無力，但仍然清晰。你告訴我，你的心裡感到很溫暖，那是因為醫生查房時說還有辦法治療。當你忍受了那麼多的痛苦磨難後，依然對生命和未來充滿著希望。我對你說："你要努力啊！"你微笑著回答："我會的，我一定會繼續努力。"哥哥，你是懷著對明天的執著追求，對生命的無限熱愛，溫暖而平靜地離去的。妹妹為有你這樣的哥哥深感自豪，並會以你那百折不撓的精神去面對今後遇到的任何坎坷。

我最親愛的哥哥，妹妹有很多的東西想送給你去遠行，但不知道挑選什麼，最終只選上了這塊手錶，期盼一向愛美的你會喜歡。

曾記得，哥哥的第一塊手錶是妹妹買的。那時你去部隊當兵，我留在了北京的工廠工作。我每月的工資才 16 元,每月節省下 10 元,整整積攢了一年。我顧不得自己還沒有手錶,就買了一塊 120 元當時很時髦的上海牌手錶送給你。你高興極了,來信說:"我不當哥哥了,乾脆當你的弟弟吧。"多少年過去,你更換的手錶已難以記清,但這人生的第一塊手錶,你總是念念不忘,常常提起。

　今天,妹妹又買了一塊手錶給哥哥戴上,陪伴你離去。臨別時妹妹心中的話要對哥哥說,不管你是當哥哥還是弟弟,無論你在哪裡停留,妹妹對你永不終止的牽掛,一分都不會減少。哥哥啊,你就帶著對第一塊手錶的美好回憶,帶著最後一塊手錶的永久溫馨,靜靜的去吧。

爸爸的手

父親節又到了。每逢這一天，我總把一本很舊的相冊拿出來，翻看著爸爸那幾張早已發黃的照片。照片中的爸爸依然是慈祥地注視我，一些塵封已久的童年往事一下子變得清晰起來。如果爸爸曾經陪伴我走過了青少年時代，甚至走到了今天，那麼，我將會擁有多少幸福和難忘的回憶啊。但爸爸留在我記憶中的往事，卻只有一點點。然而，無論歲月過去了多少載，我心中始終忘不了，昔日裡爸爸的手帶給我的那一份溫暖。

因為爸爸在外事單位工作，時常出差，所以我和二哥從小就在寄宿的全日制學校讀書。週一到週六上課和吃住全在學校裡，能見到爸爸的時間很少。我們是週六中午回家，周日晚上必須返校。每到周日的傍晚，爸爸經常親自送我們返回學校。而當爸爸要離去時，我常會緊緊抓住爸爸的手，有時還會哭起來捨不得讓他走。爸爸就一隻手握著我的手，另一隻手輕輕地擦去我臉上的淚水，並承諾著星期六放學時一定儘早來接我們。爸爸的身材高大魁梧，爸爸的手也又大又厚。爸爸的大手緊緊握住我的小手，我的小手在裡面好暖好暖。

每個星期天的早晨，那是我最喜歡的一段時間。既不用早早起床，也不用上學，還可以鑽到爸爸的被窩裡，纏著爸爸講一個個好聽的故事。週末，爸爸有時會帶我們到公園划船，有時去看電影。離家最近的玉淵潭公園則是我們最常去的地方，無論是走在馬路邊，還是蹦蹦跳跳在公園裡，任何時候兄妹們總是爭相拉著爸爸的手。

　　我至今還清楚記得，在小學四年級剛開始學寫日記的時候，爸爸給我買了一本大紅色的硬皮日記本。而且在日記本的第一頁，爸爸的手為我題寫了一行字：「好好學習，熱愛勞動，做一個品學兼優的孩子。」我看著爸爸寫下的字跡特別佩服爸爸，爸爸寫的字真帥又有力呀！當時就暗暗地想，一定要牢記爸爸的話，不讓爸爸失望，做個好孩子。

　　在我幼小的心裡，從未想過爸爸會離開我們，也根本不知道美好世間的另一面，存在著黑暗與死亡。直到那一天，一切都不堪回首地突然發生了。爸爸被那場「文革」的血雨腥風無情地打倒了，卷走了，吞沒了。那是一個漆黑無比的深夜，有一輛汽車來到學校把我們接到了醫院。在醫院的一個房間裡，我竟然看到了爸爸。爸爸躺在床上緊閉著雙眼，身上蓋著白色的床單，可任憑我們怎樣大聲地哭喊著，爸爸的眼睛再也沒有睜開。我哭著喊著還忍不住偷偷拉著爸爸的手。在白色的被單下，爸爸的大手很涼很硬，再也不能拉起我的小手，只有我的小手緊緊拉住了爸爸的手指。媽媽哭了多久，我就拉了多久。這是我最後一次能夠拉著爸爸的手。我永遠忘不了那個寒冷的夜晚，也忘不了爸爸那雙冰冷的手。

　　在爸爸離去的很長時間裡，我不敢相信，自己突如其來地變成了一個沒有爸爸的孩子。時常看到別的孩子牽著爸爸的手，我常會羨慕地跟在後面，邊走邊在心裡呼喚著爸爸。有時候我在睡夢中夢見了爸爸，多麼期盼著爸爸能拉起我的手，可爸爸只是默默地看著我，從未再拉起我的手。

　　數十年過去了，一些久遠的童年往事或許淡然模糊，但爸爸的那雙手，曾給予的父愛始終溫暖著我，曾寫下的諄諄教導也依然激勵著我：無論在什麼地方，都要做一個對社會有用的人。

再見到你

那天，我站在咱家的三樓陽臺上，看見樓下有一些人圍攏著一個賣魚人的竹筐子，興致勃勃地挑魚。突然間，你不知道從什麼地方出現了，手中捧著好幾條白白長長的活魚，有條魚一蹦一跳得幾乎要掉落了。你抬起頭，笑顏逐開地呼喚著我的名字：「小平，快來幫忙拿魚啊。」我清晰地看見你了！你滿頭黑髮，身穿一件白色襯衫，依然是昔日

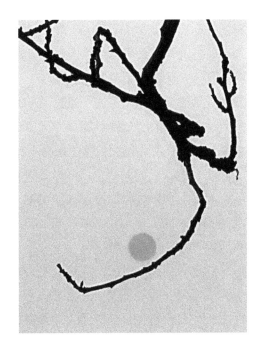

裡那樣的風度翩翩。這張我熟悉的面孔，絕不會因為分別得太久而變得有絲毫的模糊。我遠遠凝視著你，忍不住哭喊起來：「你究竟在哪裡呢？」

那天，在一個有垂柳、假山、湖泊和兒童遊樂園的地方，我如若沒有記錯，那是離家最近，從咱們孩童開始，捉小蝌蚪、划船和游泳次數最多的玉淵潭公園。妹妹要給咱倆拍照，你真實地站在我的右邊，伸出左臂緊緊地擁抱著我的肩頭，我就像小時候一樣依偎著你。而在這擁抱的一瞬間，我無可置疑地感覺到了你的存在和眷

戀。

　　那天，我收到了一封信，不經意地拆開一看，竟是你的來信。正是你那瀟灑有力的字跡，寫了幾行內容。我僅讀了其中一句話："看來幾十萬的醫療費用是無法還給你了……。"便一下子失聲痛哭起來，不停地抽泣說："我不要你還錢，只要你能多活幾天！"並隱約記起我曾對你說過，有空時給我寫封信吧。當時你告訴我，你被淋巴癌折磨得僅剩下不到七十斤，渾然無力得連鋼筆也拿不起來了。而此時，竟然收到了你這封不知從何處寄來的信。

　　那天，時值春節前夕，你和我一起為媽媽清掃整理房間。那天，我又親眼看見了你和爸媽一起散步。那天，那天……。

　　從 2002 年 7 月 28 日的這一天算起，已經過去了整整五年。我總以為，你從此化為塵埃再也找尋不見了。然而，就在許多的那天，正是在每個那天的睡夢中，難以猜測出是何方神靈，不可思議地將我深邃的思念延伸為重逢，把無盡的牽掛演變成相聚，讓我一次次清楚地再見到了你。我不禁猜想，或許因為愛，陰世陽間果真尚有靈魂與生命之間的感應相通。

　　你是否知道，我曾多少回從夢中哭醒後，心如刀割地請你原諒。原諒我沒能及時趕回去，見你最後一面。在聖地亞哥打往北京的電話中，大哥告訴我，你脖子上的腫瘤最大時比饅頭還大，渾身總是插滿了搶救的管子，以至到後來輸液時找不到一點柔軟的血管。可是，你只要從昏迷中清醒過來，仍然不放棄地奮力拚搏。醫生和親人們沒有誰捨得拔掉管子，終止你年輕的生命。妹妹對我說，你和我有共同的磁場，我是你生存下去的希望。一提到我的名字，你疲憊不堪的眼睛裡總閃爍起光亮，乾裂的嘴邊也露出了微笑。大哥為你捐獻了骨髓，妹妹時常守護在你身邊。而我，當時只有一個心願：在遠離你的異國他鄉，從清晨到深夜拚命地打幾份工掙錢，能為你支付昂貴的醫療費用，並用盡所有的方法給你治療。我們竭盡全力地想救你啊，但最終救不了你。你可否聽見，我也曾無數次按照一位摯友所告誡的去做：

　　如果上蒼要你先到極樂世界，我們為你祈禱吧，
　　如果命運要你解脫塵世間的苦難，我們為你祝福吧，
　　如果我們的悲痛讓你傷懷，我們為你堅強些吧！

　　人離去了，卻又栩栩如生地回來了，似乎永遠停留在一個無從知曉的遠方。你常回來吧，哪怕就像夜空中的一顆流星，在我的夢境裡輕閃而過，稍縱即逝。
　　期盼再見到你，我的孿生哥哥。

包餃子嘍！

自我童年開始記事起直到現在，每逢過年都要吃的而且屢吃不厭的食物，就是餃子。俗話說，團圓餃子長壽麵。中國新年是個闔家歡聚的節日，北方人的家庭過年包餃子，當然是必不可少的了。

包餃子從和麵、調餡、幹皮到煮熟，並不是件簡單的事情。和麵要和出軟硬合適有彈勁，擀皮要擀得中間厚邊沿薄，調餡要調成餡嫩成團還能一口咬出水來，煮熟要煮到各個餃子圓鼓鼓的但不能破，每道程序都是蠻有講究。而餃子餡又有許多種，最常包的是韭菜、白菜和茴香餡的，還有包心菜、芹菜、酸菜、扁豆、蘿蔔餡的。我到了美國以後還跟朋友學會了包香菜餡的餃子，更是別具一番風味。

每年都過中國新年，每年過年都要包餃子，此時此景喚起我太多的回憶，牽動著心中那份久遠的思念。

記得我從小到大過年包餃子時曾有過的開心情景。在我們家裡，包餃子可要人人動手，誰也不能偷懶。全家人熱鬧地圍坐在方桌旁，通常是爸爸和大哥輪流擀皮，媽媽、二哥和我來包，而每個人包出來的餃子則是各有各樣。媽媽包的餃子最快餡最多，吃的時候大家都搶著吃。二哥包的餃子雖然很快但常會露餡，一有餃子煮破了，大家馬上說是二哥包的。妹妹包的餃子總是躺倒著站不起來，只好幫忙做些雜事。而我包的餃子就像媽媽包的那樣既快又美觀，但到了吃餃子時我就沒有那麼得意了，大家都會對我一本正經地說：“先喝一碗湯。”那可不是跟我開玩笑，而是因為記得我童年的一件糗事呢。大概是在我七歲那年的春節，我不知道貪吃了多少個餃子，肚子又硬又疼撐得我直哭，媽媽就牽著我的手，在街上慢慢地走了幾個小時，餃子才消化了。從這以後家裡便有個不成文的規定，每次吃餃子前我必須先喝一碗湯。過年時我們常會比賽包餃子，看誰包得快。也常會只包一個放著生紅豆的餃子，看誰的運氣好，吃到了這個餃子的孩子就多得壓歲錢。有新衣服穿，有壓歲錢拿，有鞭炮放，還有香噴噴的餃子吃，難怪新年就是我們在一年中，最為翹首以盼的節日了。

記得那是在 1999 年 10 月 6 日，我探親期滿將要返回美國的前一天晚上。大家又像往常一樣圍坐在一起，邊聊天邊包著餃子。當時，媽媽的身體已經非常虛弱，查不出是什麼原因竟不能行走了。

醫生本來不同意媽媽出院，但媽媽堅持對醫生說，要回家和女兒住段時間。我一個月的探親假期剛過了一半，媽媽就開始每天翻看日曆，計算著還剩下的天數。那天晚上吃餃子的時候，媽媽吃得很少，只是疼愛地看著我。我吃完一個，她就再夾一個給我，並不時地叫著我的小名讓我喝湯。我不敢直視媽媽的眼睛，擔心自己忍不住即將離別的傷感會哭出聲來，惹得媽媽更傷心。然而，我卻能清晰地感覺到，媽媽那不捨的目光一分一秒也沒有離開我。這是我們全家人最後的一次，也是我最難過的一次團圓餃子。

我也記得來美後的第一個中國新年。那時我在別人家當管家，心情十分壓抑。那時的家是窮學生的家，沙發、床墊和電視等等全是撿來的，生活也相當艱辛。大年三十晚上，當我身心俱疲地回到家中，沒想到幾個好友早已包好了韭菜餡的餃子在等著我。每個人都親熱地對我說：“回家了，趕快洗洗手吃餃子了！”就是這樣一句再普通不過的話，竟讓我熱淚盈眶，哽咽許久說不出一個字來。就在那一瞬間，我比以往更深刻地體會到：家的感覺是什麼？家，就是你急匆匆想要回去的地方，如同那擺在桌上熱騰騰的飯菜，它是那麼深邃地溫暖著你的心房。朋友的感覺是什麼？朋友，就是你們可以在彼此的面前哭笑，好似親人一般地彼此牽掛，隨時真誠地分享著內心的感受。這頓新年的餃子，吃在嘴裡，暖在我心裡最寒冷的時候，始終讓我難以忘懷。

我來美已經許多年，而過年包餃子的習慣卻一如既往從未改變。每逢過年，我總會邀上幾個同事好友們到家中包餃子。眾手包出來的餃子好香呀！平日裡的孤單、憂慮、疲勞和思鄉等種種情緒，全被大家一起包餃子時的喧鬧聲、歌聲和笑聲一掃而光。

我始終喜歡過年那種全家團圓的歡樂氣氛，喜歡朋友們相聚的深厚情誼，更喜歡包餃子時的一片中國情懷。又要過年了，這種格外溫馨的感覺真好，我情不自禁地總想大聲喊著：包餃子嘍！

小　名

在我家的兄妹四人中，並不是每個孩子都有小名，可我卻有個小名。儘管這個小名不太好聽，而且只有父母親呼喊它。我曾經問過媽媽怎樣起的小名，媽媽笑著告訴說，小時候我的額頭特別高，因此摸著我的鼓腦門隨意起了這個小名：小門樓。

我最早記住和喜愛起自己的小名，大約是五六歲左右。那時，我上幼稚園的全托班，白天和晚上全都在幼稚園，只有週六下午才回家。至今我清晰地記得，有一天半夜時分，我昏沉沉地躺在一張小床上，感到渾身發熱，嘴唇乾裂得想要喝水，可怎麼也喊不出聲來。我略微睜開了眼睛，就看見小床上方有一個吊掛下來的電燈，刺眼的燈光照得眼淚不停地流出來。我也不知道昏睡了多久，才隱約聽見了媽媽焦急的聲音。媽媽給我穿上了有帽子的大衣，並用大毛毯從上到下捂得嚴嚴實實，急匆匆地帶我去看急診。從醫院回家後，媽媽不僅煮了好吃的雞蛋面，還買來一包黃澄澄的圓蛋糕。只要我每次按時吃完藥，便可以吃一小塊蛋糕。媽媽還特意買來一個全身紅色的布娃娃，放在枕頭旁每天陪伴著我。每當媽媽外出或下班回來，准會輕柔地喊著我的小名詢問："吃藥了沒有？"然後親昵地抱起了我。後來，媽媽告訴我，那次是我出麻疹，出麻疹的孩子最怕光怕風。媽媽說，當時去幼稚園接我，看見我踡曲地躺在明晃晃的燈光下，一副可憐兮兮的病模樣，哭著責怪了老師。多少年過去了，我也不曾想到，那幾塊黃蛋糕，一個紅布小娃娃，還有媽媽口中呼喚著小名的聲音，竟匯成了一股最溫馨的暖流，經久不息地穿越過歲月，流淌在我逐漸成長起來的記憶長河中。

　　我的父母親是經過了殘酷戰爭年代的一輩人，他們的頭腦中裝滿的幾乎全是工作，在孩子們的面前一般較為嚴肅。通常喊著小孩們的大名，聲調也比較平淡。相比之下，我十分喜歡媽媽呼喊我的小名。任何時候，只要媽媽這邊輕輕地喊著，我那頭便立即甜甜地應著。媽媽的聲音裡面溢滿了疼愛，最後的一個字還拖著長長的兒音。

　　自從兒時出過麻疹以後，我暗自認為，生病期間是得到父母親呵護最多的時候。又有一年的夜晚，我突然發高燒，溫度高達四十度左右，先生著急陪我去醫院。我們剛要走出家門的瞬間，我眼中的淚水莫名其妙地滑落下來，耍起小性子非要拉著媽媽一同前往。媽媽用手撫摸著我的頭，邊喚著小名邊說："你這孩子，怎麼還沒長大喲。"在醫院裡，我就像孩童時一樣，緊緊地依偎在媽媽身邊。而這時，我已滿了三十歲。

　　媽媽來美國聖地亞哥探親的那段日子，或是我長大後，聽見媽媽呼喊小名最多的一段時間。長期以來，我

的腳時常十分冰冷，夜間即使蓋上了厚厚的被子也不能暖和過來。媽媽說練過氣功，一定能把我腳中的涼氣吸出來。每天吃過晚飯，我一聽見媽媽的喊聲，就必須乖乖地把腳翹在媽媽的懷裡，任憑媽媽在腳底處使勁地上下揉搓。有時我疼得連聲大叫，媽媽也不肯停下來。在近半年的時間裡，一向急脾氣的媽媽顯得格外有耐心，天天不厭其煩地堅持調治。在媽媽返回北京的前夕，我腳涼的毛病竟然被治好，雙腳徹底變暖了。但不知道什麼原因，媽媽的手腳卻從此變涼了。

"小門樓，有空的時候，早點回家看看。媽媽老了，總想多見你們幾次。"這是 2000 千禧年春節的大年初一，我打長途電話給全家拜年時，媽媽臨要放下電話前，停頓了一會又添加的幾句話。我聽見媽媽這樣說，心頭一下子顫動起來，熱淚忍不住地奪眶而出。我答應媽媽，一放暑假馬上帶著女兒回家。我總以為，那些被媽媽喊著小名的日子還長著呢。然而，我萬萬沒有想到，這一次竟是媽媽最後一次呼喊著自己的小名。春節過去不久，媽媽突如其來地離開了人世。媽媽走了，從此，再也沒有人喚起我的小名。

在我家客廳的壁爐上，擺放著媽媽年輕時的一張照片。每逢我久久凝視著照片，媽媽微笑著張開的雙唇似乎總在默默地傳遞出一些話語。或許唯有自己聽得到，那是媽媽輕喚著我的小名，永遠是那麼親切，那樣甜蜜。

小名承載著什麼？

曾有人深情地描述："世界上有一種最美麗的聲音，那便是母親的呼喚。"我也回答說，小名，飽含著至親的寵愛，浸透了至愛的溫暖。父母親太多從未用語言表達出來的情感，全都濃濃地蘊藏在這數不清的一聲聲的呼喚中。

此時此刻，我豁然覺得，有小名的孩子好幸福呢！

媽媽的心願

一

　　直到最近，我在與妹妹的通話中才得知，那年我探親返美以後，媽媽傷感的說過："你們都嫌髒，連小平子也不願意和我同床睡覺了！"頓時，我的心被狠狠地扎了好幾下，還有一種說不出來的懊悔。我自以為是一個孝順的好女兒，但不曾想到，媽媽生前的一個心願，竟和我家的那張大床有關聯。

　　童年的時候，每個周日的清晨，我們兄妹幾個全都擠在爸媽的被窩裏，一起聽他們講那過去的故事，聽他們唱些解放區的老歌。爸爸曾是部隊裡的首長，而媽媽則是文工團員。他們最喜歡唱的那首歌叫做《雄雞高聲叫》，爸爸總是首先起頭唱起："雄雞雄雞高呀麼高聲叫，叫得太陽紅又紅⋯⋯。"媽媽緊跟著合唱："扛起鋤頭上呀麼上山崗，站在山崗好呀麼好風光，咱們的邊區到如今成了一個好呀地方。"後來，連我們小孩子

也哼會了這首歌。

全家人躺在一張大床上一起喜笑顏開，這樣歡快的時光深深印在了我童年的記憶裏。

二

那場文革的血雨腥風向我家襲來，突如其來地奪走了爸爸的生命。沒有了爸爸，家裏如同遭到了山崩地裂，同時嘗盡了世態炎涼。年幼的我，就在這突變中一下子長大了。伸出一雙小手，盡力地為媽媽分擔起做飯、拆洗和清潔等等的家務事情，並且開始陪著媽媽睡在那張曾經屬於父母親的大床上。在夜深人靜時，我時常聽見從被子下面傳來了媽媽的哭泣聲，卻不知道如何去安慰，只會反覆說著：“媽媽，別哭了，別哭了。”經常是我還沒說完，反而跟著媽媽哭起來。

在我幼小的心中，媽媽是一個十分剛強和嚴厲的人，除了聽話以外還有點怕她。春秋交替，許是隨著年齡的不斷增長，我逐漸不再怕媽媽了。數年裏的每個夜晚，我和媽媽依偎在床上，媽媽興致勃勃地講述著昔日往事，我也喋喋不休地訴說著遇到的各種小事。就在不知不覺中，我成了媽媽的貼心小棉襖。

我們母女倆同床而眠，這是我人生中與媽媽最親密相依的一段歲月。

三

那年，我從美國返回北京的當天，直接從機場來到了醫院。媽媽看見我，滿臉揚起了燦爛的笑容。連同屋的病友也說：“你媽媽一看見閨女回來了，嘴角都笑得兩頭翹起來啦！”

這時候,媽媽已經不能行走,但她堅持要回家休養。回家的當晚,媽媽對我說:"平,你跟我睡大床吧。"我心想著讓媽媽睡得寬敞一些,而且地方大點也容易護理媽媽。我說:"媽,你一個人睡能更舒服些。我就睡在旁邊的小床上,你有什麼事情都能聽得見。"媽媽遲疑了一會,沒再說什麼。

媽媽老了,變得像一個小孩子似的黏人。只要一看不見我,便四處找尋並呼喊著我的小名。每天早上,我幫助媽媽刷牙洗臉和穿衣服,當有人來看望時還給她化妝。儘管媽媽嘴上說著:"塗上紅臉蛋和紅嘴唇,那不就成了老妖精了!"但她仍高興的任由我隨意擺佈。化妝後,我給媽媽照著鏡子說:"你看看,當年阜平城裏的大美人,還是很漂亮的!"媽媽甜蜜地笑起來。一日三餐,我變換著花樣做出的飯菜,媽媽非常愛吃。白天,我們坐在沙發上一邊看電視一邊聊天,哄著媽媽開心。夜間,只要媽媽一有聲響,我立即起身查看,還不時的給她揉揉腿和捶捶背。媽媽由於下身無力變得特別沉重,我必須竭盡全力才能幫助媽媽翻身。一整夜不停地翻身和換尿布,我幾乎是無法入睡。然而,一種久違了的親昵感縈繞在我心間。

返美的那天清晨,當我轉身走向家門口的一瞬間,分明聽到了媽媽竭力想要站起來的聲音,也看見了媽媽眼中的淚水,但我不敢再回頭,因爲自己早已是淚流滿面,唯恐惹得媽媽更傷心。

幾個月過後,媽媽的病情原本已經好轉,不料突然病重去世。一個多月的探親假期,竟成了我與媽媽最後度過的日子。

四

我聽過一個美麗的傳說,人離世後都會變成天上的一顆星星。我仰望著遼闊的星空,對著一顆認爲是媽媽的小星星說:"媽媽,

請原諒女兒的粗心，可我從未嫌棄過你。只是當時不懂得，媽媽不僅需要兒女們的孝順，期盼著更親近一點的陪伴。媽媽啊，我愛你！"但願這些話，遠在天堂裏的媽媽能夠聽到。

同床一起睡，這是媽媽藏在情感深處的一個心願。而我，無論為媽媽做過什麼，卻終究虧欠了媽媽。如果，我早點讀懂了這句話："孝順是個名詞，親情才是動詞"，就不會讓媽媽黯然失望了。

常回家看看

找點空閒，找點時間，
帶上笑容，帶上祝願，
領著孩子，常回家看看。
哪怕幫媽媽刷刷筷子洗洗碗，
老人不圖兒女為家做多大貢獻，
一輩子不容易就圖個團團圓圓。

帶上笑容，帶上祝願，
陪同家人，常回家看看。
哪怕給爸爸捶捶後背揉揉肩，
老人不圖兒女為家做多貢獻，
一輩子總操心就奔個平平安安。
……

　　日子過得真快，又要過年了。每逢過年的時候，我總是喜歡聽聽《常回家看看》這首歌。從第一次聽到淚水便悄然流落，以致今後每次聽到，心底處都溢滿了濃濃鬱鬱的思念。

　　這是特為過年寫下的一首歌曲，歌詞樸實無華，曲調平緩流暢，卻字字句句牽動起我的心弦。隨著年齡的增長，我越來越深刻地領悟到，日漸年邁的父母親對遠行在外兒女們的千般想萬般愛，就濃聚成一句話：常回家看看。

　　孩童時，我天天盼著過年。長大了結婚後，我還是天天盼著過

年，喜歡那種又被媽媽寵愛的感覺。大年初一的清晨，我們從婆婆家回到媽媽家中，手裡提滿了買給媽媽的東西，一進門就興沖沖地大聲呼喊著："媽媽，我們回來了！"而媽媽早已包好了餃子，做好了飯菜在等候我們。無論媽媽身上穿的是哪件衣服，我會讓媽媽換上自己給她買的衣服，然後跟隨著媽媽一家一戶去拜年。遇到左鄰右舍的人們誇問："您的衣服真好看，在哪裡買的？"媽媽總自豪地回答："是女兒買給我的呢。"晚上，我和媽媽睡在一起，聊著家常時還忘不了把腳翹在媽媽的懷裡，任她揉搓。臨走時，手裡又提滿了媽媽讓帶走的食物。剛走到樓梯口，就聽到媽媽又在詢問著："下星期日回來嗎？"每當聽見媽媽關心的話語，看到媽媽溫暖的目光，讓我一次又一次地體會到，在父母親的心中，無論兒女們已是多大年齡，永遠是他們慢慢長大的孩子。

　　來到美國以後，不知是因為奔波生活的壓力太過沉重，還是由於沒有其他家人在這裡，過中國新年的願望變得淡然了許多。來美十幾年了，我再也沒能返回故鄉，與家人共度新年。沒有身份時，不能回；有了身份而工作不穩定時，不敢回；有了穩定的工作，因在會計師事務所工作，正值最繁忙的報稅季節，不可以回。

然而，我從來不會忘記在大年初一給媽媽拜年。直到 2000 年的除夕夜晚，在電話中媽媽還問我："能回來過年嗎？""今年來不及請假了，工作非常忙。"媽媽依依不捨地叮嚀說："好好工作吧，不要惦記我，只是好想你們回來過個年。"我對媽媽說："明年吧，我提前請假，爭取回家過年。"如果當時媽媽告訴我，感到身體的狀況明顯不好，如果媽媽堅持讓我回去，或許我會不顧一切放下工作，趕回去看望媽媽，但是媽媽什麼話也沒有多說。自小到大，我對媽媽承諾的事情從來不會失言，一定努力做到。但是這一次媽媽沒有等我，再也沒有機會和媽媽過一個團圓年了。新年剛過不久，媽媽竟與世長辭了。留在我心中的是那永遠揮之不去的無法彌補的缺憾。

每次聽到這首歌，我都會情不自禁地想起了媽媽那期盼聲音，想起了所有父母親 的微薄心願。尤其是在過年的時候，他們在默默地期盼著等待著兒女們，常回家看看。

想家的孩子

想家的孩子，又回家了。

女兒來到了媽媽的新家，很多高大的松樹聳立在每條路旁，一棵棵翠綠色的灌木緊密地圍繞在周圍，高低茂密的枝葉交錯伸展著遮擋起烈炎。整個院內沒有絲毫的喧嘩聲音，只有清幽的風中偶然夾雜著小鳥兒的低鳴，四處一片肅靜。

這個家的底座是長方形乳白色的花崗岩石，兩隻小石獅子分別守候在底座前的左右兩側，中間直立著一塊黑色大理石的墓碑，上面用金色字體雕刻著媽媽的名字和時間：1928 年 6 月 8 日—2000 年 3 月 29 日，親愛的媽媽長眠在新家裡。

鑲嵌在石碑上端的照片中，媽媽依然年輕俊秀。女兒記得這是媽媽十分喜愛的一張黑白照片，沖印時加染了顏色。媽媽穿著時尚的荷葉邊翻領的米色毛衣，波浪式的齊耳燙髮，微笑中臉頰兩側顯露出了一對淺淺甜美的酒窩。媽媽曾自豪地說過，自己是部隊文工團裡漂亮的女演員，還是阜平城內的大美人呢。

如同以往那樣，女兒把積在地上的樹葉雜草全都打掃乾淨，並擺上一個鮮花簇擁的橢圓形花籃。乳白色的百合，金黃色的夏菊，還有紅色的玫瑰，都是媽媽喜歡的花。女兒輕輕地撫摸著媽媽的臉龐，擦去了衣衫上的灰燼。女兒的手是熱切的，媽媽的臉是冰涼的，但當女兒凝視著媽媽那久違了的關切目光，在心底處湧起一陣始終被媽媽牽掛著的溫暖。分不清楚究竟是汗水還是淚水，一滴緊接著一滴的掉落下來。

站在媽媽的面前，請您不要埋怨女兒。媽媽離世遠行時，女兒剛剛動完了大手術，無法前來為您送行。遠在異國它鄉的女兒，經常從深夜的睡夢中哭醒，悲痛欲絕地一聲聲的呼喚著媽媽。實在思念媽媽的時候，女兒拿出媽媽過去的來信，一遍遍的邊看邊哭。而能讓女兒欣慰的是媽媽寫下的字句："你從小幫助媽媽幹好多活，吃了不少的苦，知道為媽媽撐著那個家。媽媽一想起你小時候幹活時的樣子，好心疼呀，好難受呀。我的好女兒，媽媽感謝你的孝心，但心裡是美滋滋的。因為，我也有誇女兒的條件，和人家一塊誇誇好女兒。"站在媽媽的面前，請您要原諒女兒。雖然女兒一向認為，在媽媽生前竭盡最多的孝順，勝過永別後的千倍懺悔。但不應該相隔了這樣久才回來看望媽媽。然而，女兒卻想告訴媽媽一句話：失去了媽媽的孩子，心中的感覺是空蕩蕩的，空得不知道回家再要奔向誰。

　　媽媽，今天我們都來看望您了。您的女兒，女婿和外孫女全圍在您的身邊，露出了笑容與您合照。好讓您千萬不要惦念，我們在遠離您的地方，一切幸福安謐。開心地告訴媽媽，女兒多年以來每天晨走一個多小時，還學會了游泳，身體越來越健康。女兒熱愛自己的工作，我們會計師事務所的業務蒸蒸日上，已擁有了許多的客戶。另外，自幼喜歡寫作的女兒又實現了一個願望，每月為當地的雜誌撰寫文章，還得到了眾多讀者的喜愛。告訴媽媽，我們在家裡的樓下增蓋了一間寬敞的辦公室，您那個書生氣十足的女婿，在工作之餘時常自學彈鋼琴，每天可是自得其樂。還要告訴媽媽，您最寵愛的小孫女含含早已是一個美麗聰穎的大姑娘，而且長得像您一樣，臉莢上竟也有淺顯的酒窩呢。還有個好消息，含含將從今年九月份開始，繼續攻讀企業管理專業的碩士學位。媽媽，您看見了吧，我們仍在堅持不懈地努力上進，一定不會讓您失望的。

　　如今，女兒終於能夠放心了。媽媽在新家裡面並不孤單寂寞，同為社科院世經所工作數十年的同事好友沈阿姨就在您的旁邊，而女兒的公婆也在附近，或有更多您熟識的朋友們都在這個環境優美的大院中。女兒相信，如若真有靈魂，人世間的珍貴情誼必然會源遠流長地延續到這裡。

再見了，媽媽，女兒保證常回來看您。女兒依依不捨地想對媽媽說，媽媽在哪裡，家就在哪裡。女兒不管走得多麼遙遠，總有那麼一天是要回家的。因為，無論何時何地在媽媽的身邊，女兒永遠是個被疼愛的孩子。

想家的孩子，其實是總在想媽媽啊。

老槐樹下的記憶

　　有一棵老槐樹，總在不經意的深夜真實地出現在我的夢境中，搖遍起它的枝條，輕柔地敲喚著自己的記憶之門。於是瞬間，久遠的往事帶著笑容含著淚水重新走了回來。

　　這棵長在我家後院樓房與樓房之間空地上的老槐樹，從我孩童記事起就比兩層樓高了，兩個與我同齡的小姑娘曾伸直手臂拉成一圈還摟抱不住它的腰身。春天來臨，槐樹雖然無法像楊柳樹早報春曉，然而，一旦枝條上掛滿了一串串雪白如珍珠般的花蕾，濃鬱的

槐花清香便伴隨著春風沁入家家戶戶的窗口屋內，香得令人陶醉。夏天到了，繁茂的枝葉搭疊成一把巨大的天然傘，為在大樹下面那些跳皮筋、跳方格、踢毽子繫著蝴蝶結的女孩們和玩彈弓、拍香煙盒、彈玻璃球滿身灰塵的男孩們遮擋起驕陽細雨。秋天時分，滿樹的槐葉色彩斑爛得猶如一幅層次有序的油畫，使整個後院裡充滿了盎然生氣。冬天季節，伸展有力的枝杆托起了皚皚白雪，更是另有一番風韻。我家住在三層，從客廳西邊的窗口由高向遠處眺望，老槐樹呈現在四季的絢麗風采盡收眼底。也正是這棵老槐樹目睹了周圍人們的悲歡離合。

在那個血雨腥風的“文革”年代，善良人們的命運橫遭踐踏，情感強行扭曲，周遭的一切全都變成了黑白顛倒。爸爸被無情地奪去了生命的時候，媽媽僅有三十八歲。爸爸去世後的很長時間裡，我和媽媽睡在一起。每當夜深人靜，我時常聽見從被子下面傳來媽媽的哽咽聲。直到有一天深夜，我被輕關大門的聲響驚醒，起身一看，媽媽不見了！我叫醒了二哥一同追出去，剛拐過樓角就遠遠看見，媽媽依偎在老槐樹下。我們不敢走過去，只是靜悄悄地看著媽媽抽動的背影，不讓媽媽發現。此時，只有夜幕下的老槐樹聽得見媽媽的傾訴。第二天清晨，看到的媽媽卻像沒有發生任何事情一樣，仍然是剛強自信的媽媽。在我們幼小的心靈中，媽媽是我們唯一的依靠，根本不懂得媽媽還是那樣年輕，也不知道媽媽肩負的生活擔子會有多麼沉重。

幾年過去後的一天下午，學校臨時提前放學。我打開家門，從客廳裡傳來了媽媽的聲音。我走進客廳，看見一位叔叔坐在沙發上。媽媽滿面笑容地對我說：“這是王叔叔。”突然，我腦子裡冒出了一個不祥的念頭，“這個人是不是要把媽媽從我們身邊搶走了?!”因為這段時間裡，媽媽經常到一個熟識的朋友家裡聊天。離家之前，媽媽換上鮮亮的衣衫連髮型也改變了，整個人變得歡愉起來，有時還輕哼著歌曲。通常有禮貌的我沒說一個字，而是不友好地瞪了他一眼,轉身走進另外的房間還重重地把房門"砰"的一聲關上。晚上,我把下午的情景一五一十地告訴了大哥。大哥帶著我們兄妹四人圍在媽媽的身邊,問起了那位叔叔。媽媽告訴我們:"他是一位老朋友,最近剛剛聯絡上,太太已去世幾年了。我們談得來,他是個好人啊。"敘說著這些話語,在媽媽暗淡許久的眼睛裡出現了喜悅的光華。如若當時我們能夠略微理解媽媽內心深處的苦澀與渴望,或許媽媽今後要走的路途就會不一樣。但是,我們的腦子裡裝滿了不要陌生人來我家的想法,邊哭邊苦苦地哀求媽媽不要離開。年長幾歲而且三從四德思想極為嚴重的哥哥竟在媽媽的面前發誓:要一輩子照顧媽媽。媽媽沒有再說什麼,只是感覺到了抱住我們的雙手在微微顫抖。那天的深夜,我又看見媽媽在老槐樹下哭泣了許久。家裡恢復了以往的平靜,而媽媽的眼睛裡卻永遠失去了一度出現的光華。

我從美國回家的最後一次探親,媽媽已經不能行走了。每天傍晚,媽媽總讓我推到窗前,久久地凝視著老槐樹。媽媽對我說:"人老了,樹也老了,等你再回來的時候,也許都不在了。"聽見媽媽說出這樣的話,我強忍著淚水從背後緊緊地摟住了媽媽。

就在幾天前的睡夢中,我又夢見了這棵老槐樹,並看見媽媽站在樹下。我趕快跑了過去,媽媽卻找尋不見。夢醒來時,我已是淚流滿面。心中在愧疚自責地哭喊著:"媽媽啊,女兒已經長大,長到了超過媽媽當時年齡的今天,才真正懂得了,兒女們對父母親的孝敬,是無法代替夫妻之間的恩愛。媽媽啊,對不起!請原諒兒女們的年幼無知甚至是自私,讓您孤獨一人走到了生命的盡頭。"

如今,媽媽長眠在地下,老槐樹曾經生長的地方也已是高樓聳立。然而,我記憶中的老槐樹,還有那些在老槐樹下的記憶,依然如故。

遺失在十月裡的心願

　　女兒儼然已是迸發著青春活力的大姑娘，然而每逢回家的時候，她依然像小時候一樣的頑皮。從她還是個咿咿呀呀剛學說話的嬰孩開始，每當我的食指輕輕地指在自己的臉頰左邊，她就親一下左邊；又指在臉頰右邊，她隨後親一下右邊。然後，我的食指往上指著額頭，她馬上親一下額頭。往下指著嘴唇，她緊跟著親好幾下嘴唇。最後當我的食指故意停在了鼻尖上，她便鬼笑著並搖晃著小腦袋，可能是怕沾到鼻涕再也不肯多親一下了。隨著年齡的增長，女兒更喜歡伸開柔軟的雙臂擁抱著我，而且湊近了我耳邊，毫無掩飾地嗲聲說：媽媽，我愛你！

　　我時常沉醉於女兒親密無間的舉動所帶來的溫馨之中，而這種溫馨卻悄然地觸及著心底那個後悔莫及的角落。

　　那年的九月初，我一接到電話，即刻從美國趕回家中。不知道究竟是什麼原因，你感冒發燒後既不能站立也無法走動了。出國多年來我無法守候在你的身邊，一個月的探親假期間，我理所應當地擔起照顧你的責任。每天早晨，我需要兩腿分開站在你的腰間，雙手拽緊你的胳膊，口裡喊著：一、二、三！使足勁才能把你拉坐起來。我端來溫水，看著你慢悠悠地刷牙洗臉。我喜歡用寬齒的梳子，一下下地把你茂密的頭髮梳理整齊，並按照我的意願幫你換上鮮亮的衣衫。白天，我絞盡腦汁地做些你愛吃的飯菜。依偎在一起觀看你喜歡的戲曲節目，或聽我津津樂道地講述一些在異鄉的故事。晚上，你睡在大床上，我睡旁邊的小床，隨時為你更換濕了的棉墊尿布。有天夜裡，你心疼我通宵不能睡覺，堅持要試穿成年人專用的塑膠尿片。半夜時分我起來查看，整個尿片裡面浸透了尿，你的大腿兩側都被泡磨紅了。我含著淚把尿片扔掉說："咱們絕不用這種尿片了。"你不由得像個小孩子似的哭起來，但我知道，你心裡是暖和的。

　　在我自小到大的記憶裡，你的性格一向剛強，不管發生了如何天大的事情，全都自己扛起來。你歷來對孩子們的管教非常嚴格，我們除了聽話以外也從不跟你頂嘴。可如今，從你輕喚著我小名的聲音中，在你注視著我一舉一動的眼神裡，我偷偷地發覺，你老了反而改變許多。或是由於歲月的洗滌，帶走了你表面的剛強，露出了內在的溫柔。連前來探望你的鄰居們都說，你笑得像蜜一樣甜呢。

　　相聚的日子總是過得最快，一轉眼就到了我要走的那天。那天的清晨，當我轉身離去的時刻，分明聽到了你摸索著想要站起來的聲響，也看見了你臉上成行流落的淚水，我仍然快步走出了家門。後來，妹妹告訴我，你一直在念叨，小平怎麼連頭都不回地就走了呢？但是，你怎會看見，我邁出家門口的瞬間，早已是淚如雨下，唯恐讓你看見，惹得你更加傷心。你怎會知道，我徹夜無眠地挑走了多張留下你身影的照片。你又怎會想到，其實當時我很想緊緊地擁抱你，可恨我的那雙手臂在眾目睽睽下，始終沒能自然而然地伸出來。

抵達了聖地亞哥，我剛一走出機場，女兒迎面奔跑過來，親昵地擁抱和叫喊著："媽媽，我好想你呢。"我連日來的憂慮與疲憊，瞬間被這纏綿綿的親情融化著。但女兒的舉動，竟讓我感到無比的後悔和自責：為什麼從未對你說過"我愛你"的話語？為什麼臨走前不曾好好地擁抱你？天底下的父母親，誰不渴望著孩子們的真情回報呢？！一股沉甸甸的愧疚哽噎在我心頭。

我不好意思講明這些悔悟，只是給你多打電話關心問候。你不斷地告訴說，兩腿已經有些知覺了，能夠站起來一會了，快可以走路了。你還說，等病好以後，還要再到美國來。我樂觀地以為，你會逐漸恢復健康的。並且暗自想著下回探親時，一定要當面把以往的心願盡情地表達出來。

可我萬萬沒有想到，五個多月過後你突然間走了。上次的分別竟成了今生的永別。從此，我失去了對你說出任何話語或表示什麼的機會。僅僅剩下我夢見了你的每個深夜裡，抽泣地醒來後湧現出的那幾句歌詞："女兒有個小小心願，再還媽媽一個吻。吻乾她那思兒的淚花，溫暖她那孤獨的心……。"我多麼渴望著實現曾有的願望，哪怕只是在睡夢中。

當我既是媽媽的女兒，又是女兒的媽媽，甚至到了媽媽與世長辭後，我才終於懂得了：表達愛的心願，是不能等待的。

時間，會慢慢撫平心中的痛

　　幾天前的一個清晨，我從睡夢中睜開眼睛，淚水忽地流淌下來，濕了整個臉頰。就在剛才的夢中，你悄然出現並輕聲地詢問，近來好嗎？我驚喜地摟緊了你說："只要你好，我一切都好。"這一瞬間的情景竟然栩栩如生，你依舊是年輕英俊，笑起來儒雅的樣子仍能讓不少女孩子著迷。我翻看著日曆，7 月 28 日這一天又來臨了，你離世已整整 17 年。

　　你是我的孿生哥哥，咱倆從小就非常親近，平日裏總是我粘著你，你護著我。正如人們常說的那樣，雙胞胎孩子在生活中默契相知，

同一磁場永恆在彼此之間。當疾病向你襲來的時候，你是我無時無刻的牽掛，我是你充滿希望的依賴。我們共同面對著可惡的病魔，我知道你奮力抗爭的背後難以言喻的痛苦和煎熬，懂得你一直到生命的最後時刻心底深處的不捨和期盼。而你也十分清楚，我是如何竭盡全力來拯救你的生命。你留給女兒的遺言其中有一條是，無論什麼時候，也不能忘記我這個姑姑。

你在媽媽去世後不久也離開了人世，在很長的一段時間裏，我不願相信親人們從此天人永隔，一種難以抑制的疼痛與我如影隨行。我經常會坐在地上無緣無故地痛哭起來，也記不清楚有多少次由於思念從夢中哭醒，有時甚至懷疑自己得了憂鬱症。此時，那些人死不能復生和節哀順變等道理全都蒼白無用，我如同深陷在一個痛徹心扉的漩渦中，越掙扎越沉沒下去。可我明白，這種時候誰也幫不了我，只有自己能救自己。我選了一個簡單的方法：在忙碌中釋放解脫自己。

春夏秋冬的每一天清晨，我做的第一件事情就是快步行走。我喜歡在清新的晨風沐浴中，深深呼吸花草樹木的清香，細細聆聽鳥兒清脆的叫聲，遠遠眺望晨曦中一輪紅日冉冉升起。於是，一陣陣朝氣蓬勃的活力迎面而來，每個嶄新的一天就從這裏開始了。我在會計師事務所工作數十年如一日，日常的工作並不深奧高端，還時常重複瑣碎。但面對每一組數字，每一張表格和每一年的稅務申報，總讓我的內心在這些平凡的工作中得到了充實自信，而且體會到能夠回報社會的自身價值。工作之餘，從 2002 年 9 月開始我與《華人》不期而遇。寫作，是我兒時的一個夢想。能在異鄉實現這個夢想，這讓我的心靈找到了一個家。我含淚寫下的第一篇文章《再給哥哥買塊表》，寄託了我對剛離世兩個月的哥哥無盡的思念。從那時開始直至現在，雖然我只是一個普通的作者，通過文字卻與眾多讀者在精神世界裏分享了共鳴。近幾年，我經常和一群朋友們行走在旅途中，去遇見大自然的美麗，去探尋未知世界的精彩，從而感受到身體裏仍然跳動著一顆年輕的心。就這樣，運動鍛煉、工作學習、寫作閱讀和旅遊攝影，我在每天的忙碌中努力做最好的自己。而這一切忙碌，都是源於心中對生活的那份熱愛。

日復一日，年復一年，果真應驗了這句話："時間是最好的良藥，能讓痛的，不再痛了。能讓放不下的，放下了。"如今，我終於可以含笑地翻看相簿中的一些老照片，每張照片都喚起了昔日裏的甜蜜。這張，小時候你個子比我矮一些，你站著神氣地肩挎小搶，我開心地騎著大公雞。這張，那年你從部隊回家探親時，身穿綠色軍裝，佩戴著紅色的領章帽徽，具有一股軍人特有的帥氣。我欣喜地依偎著你一同凝視著遠方。還有這張，應是咱倆最後的一張合照。那是在國慶五十周年之際，我們來到玉淵潭公園，你擁著我的肩頭親熱地站在一起。我終於能夠平靜地重讀你以往寫的來信，重溫那些熟悉的字跡裏曾經帶來的溫暖。我從美國回北京後去看望了你的老師和好友們，與他們談起你生前的一些事情。儘管每當提起你，我還會不由得落淚，但心中的疼痛已經減輕了許多。

失去親人那種撕心裂肺的痛，只有經歷過才知道究竟是怎樣的一種痛，而我們無一不身在其中。然而時間，就像海浪一點點磨去了岸邊岩石的棱角，也會慢慢撫平著人們心中最疼痛的角落。人生是單行線，過去了的時光不會複返。但重要的是，每個人願意選擇什麼來填充過往的時間。

捏起小喇叭

常言道，天有不測風雲，人有旦夕禍福。我在一次例行的年檢中，突然被查出了甲狀腺癌。連續做了兩次手術，切除了左右兩側的甲狀腺，緊接著又做了放射性治療。可壞事情還遠遠沒有結束，我在關汽車門時，鬼使神差地把右手夾在了車門縫裡，又造成了中指骨折。果真應驗了祖先們總結出來的那條倒楣的規律：禍不單行。

女兒在我動手術期間，晝夜陪護在身邊。即將返回外州工作之前，緊緊地摟著我說："媽媽，對不起，我不能一直照顧著你。醫生說，你不能多說話，也不要提拿重東西。我買來一個小喇叭，你需要爸爸幫忙時就捏響它。"

小喇叭的前部分是鋁合金製作的，好似一朵完全盛開的喇叭花，大大的，亮亮的。後面連接著一個形狀可愛的膠皮球，黑黑的，圓圓的。只要用手輕輕一捏，小喇叭就會發出了特別響亮的聲音，無論在家中的任何角落都能聽到響聲。

多年以來，我對先生的稱呼時而有著改變。最初相識時，我喚他的名字；結婚後，我喊他為老李；而有了女兒後，我就跟著女兒一樣也叫他"爸爸"了。我笑著告訴先生，這個小喇叭應該是專門為他製作的。因為每當捏起了小喇叭，小喇叭便發出了"叭叭，叭叭"的聲音，聲調像極了呼喊他"爸爸，爸爸"。先生欣然接受了這種說法。

從此，無論是晨霞初起的清晨還是忙碌的白天，不管是寧靜的午後或是幽深的夜晚，只要是我捏起了小喇叭，就立即聽見先生一邊答應著"來啦！"一邊快速地從家中的任何地方出現在我面前。每天，他要幫助我穿衣服，上下樓梯，做飯洗碗，打掃衛生和上廁所等等。

由於碘放射性的治療，我需在房間裡單獨禁閉七天。在主臥室的門外，放有一個長方形的大紙盒。每日三餐，先生總是絞盡腦汁地換放著新鮮的魚湯，瘦肉小米粥，各種蔬菜和雞肉類等營養食物，還不忘放上幾顆切去根葉的草莓或者剝了皮的甜橘，並且樂此不疲地喊著："吃飯嘍！"就在這些熱乎乎的飯菜中，我盡情地細嚼著溫暖的滋味，慢咽著快樂的味道。

在放射性治療的第二天，我從鏡子裡看見了一張十分醜陋的臉。我的整個下巴和脖子十分腫大，肌肉下垂了足有一寸多，連說話也變得粗澀嘶啞。再加上面色慘淡灰白，頭髮凌亂無形，衣衫鬆懈不整，明明看起來一下子蒼老了十幾歲。可先生從門縫裡遠遠看過來，然後興奮地說："下巴比昨天小了，臉色也發紅了，還比以前漂亮多了！"聽見他這樣說，真讓我有點哭笑不得呢。

我喜歡晚霞映紅了半邊天際的黃昏時分，餘暉中層層疊疊凝集著的柔美色彩，格外沁人心脾。剛做完手術的前幾天，先生攙扶著我，只能在後院裡慢悠悠地來回行走。等我的體力恢復了一些，他拉著我的手，漫步在四周樹木林立的小路中。就這樣一步步一天天，不需要用任何語言來表達的關愛，悄然在彼此之間傳遞著，無聲無際地蔓延開來。

患病期間，我經常回想起以往的許多事情。年輕的時候，儘管先生是一個學業有成和知識淵博的人，但在生活中卻缺乏情趣，更談不上有什麼浪漫。至今我記得，兩人初次約會去看一部香港電影，他幾乎從頭至尾全在酣睡。他從想不起來買花，也不會主動買禮物送給我。然而，能夠撥動起我青春的心弦，讓自己產生了最初的信賴，竟是先生寫來的第一封信中的那句話：「我這個人除了內心的誠實和忠誠以外，什麼都沒有。」而徜徉在多年歲月的流逝中，我卻逐漸感受到他不浪漫背後的體貼，體會出他在自己生命中無可替代的位置。

有一首歌很多人在傳唱：「最浪漫的事情，就是和你慢慢變老……。」其實，在逐漸老去的日子裡，並沒有太多年輕時的花前月下，經常要面對的是疾病和磨難。如若有一個人不嫌你醜，不怕你髒，仍然不離不棄地陪伴著你向前走，即使是前面的路越走越窄，甚至走向無路可走的盡頭。如果說這也是一種浪漫，那麼，它來自最深最暖的親情。

在生病的這段時間裡，我總是不停地捏起小喇叭，隨著一聲聲「叭叭，爸爸」的聲音，被人在乎與疼愛的溫暖頃刻間由極深的心底傳遍全身，這種感覺好暖好美好知足。我深切懂得了世上有一種愛，叫做相守，相互守護。只因為一切都是平平淡淡，真真實實，才感到那麼幸福。

是媽媽，也是朋友

　　母親節的那天早晨，我打開不知道什麼時候女兒悄悄放在茶几上的卡片，還沒有讀完，淚水已經完全模糊了視線，剎那間，湧動在心頭處的是那一股股的溫暖與快樂。

　　卡片的扉頁上印著幾行溫馨的話語：給我的媽媽，我的朋友。有時候您是我傾訴心中哀怨的密友，有時候您是我熱情鼓勵的聽眾，有時候您是我隨時可以依靠的臂膀，有時候您是我在低沉中向前走的溫暖。女兒秀氣的字跡又接著寫到：「媽媽，不要以為我忘記了今天是媽媽的節日。我花費了好多時間，尋找一件讓媽媽喜歡又能表達我是多麼深愛著您的禮物，卻一直沒有找到。最終挑選了這張卡片，告訴媽媽我想講出的話。我要對媽媽說，今後，無論我在什麼地方，都會回來和媽媽一起度過這一天。」

　　我細讀著女兒寫下的一字一句，情不自禁地暗自想：女兒啊，你昨晚乘飛機從舊金山返回家中，就是帶給媽媽最意外的喜悅。你許下的那個心願，在媽媽看來更是千金難買的禮物。而讓媽媽特別開心的是，在你心裡，我不僅是媽媽，還是你的朋友。

　　我不由得回想起來，在女兒的心裡，從媽媽到了也是朋友的這一段路，走得不容易呀！在現實生活中，並不因為是媽媽，就意味著可以成為女兒信任的朋友。

　　女兒的性格從小開朗外向，但和很多孩子們一樣也有著叛逆的一面。在女兒上初中期間，有天為了一件我認為是犯了很大錯誤的事情，女兒不服氣地與我爭辯，我重重的懲罰了女兒。那天夜深時分，女兒的房間裡還亮著燈光，我忍不住走進去探看。女兒早已睡著了，疲憊得連衣服都沒有脫去，臉頰上仍留著幾道淚痕，似乎睡夢中還在委屈地哭泣。

我剛要把檯燈關上，無意中看見了女兒沒有合上的日記本，上面寫著：「為什麼媽媽不聽我說話，為什麼大人總要這樣對待孩子，為什麼父母親可以擁有謾罵的權力，為什麼……！」女兒一連串的提問，讓我徹夜難眠，不停地反省著自己。同時想起了曾讀過的一段話，父母親動手打兒女，其實是對自己沒有信心的表現，是對發生的問題找不到解決方法的最後防線。我思前想後終於明白，女兒逐漸長大了，會有著自己的想法和自尊，也需要父母親的理解和尊重。第二天早晨，我誠懇地對女兒說，：「從今天開始，媽媽保證不再懲罰你，一定耐心的講道理。」女兒哭了，並承認了錯誤。

從此以後，每逢週末或假期，我和女兒經常一起鍛煉身體，隨時隨地探討著中西方文化習俗的差別；經常一同看電影看電視，互相交換著從影視中得到的一些感受；也經常一塊吃飯喝咖啡，各抒

己見討論著每個人應盡的家庭和社會的責任，我們還坦率談及著對男女之間交往的看法。隨著女兒的逐漸長大，我們彼此之間的談話內容越來越由淺入深，並且日益廣泛。女兒告訴我發生在周圍的大小事情，我也對女兒講述起自己年輕時的經歷。我知道女兒喜歡什麼類型的男孩子，偏愛哪種顏色樣式的衣裝。如今，女兒離開家去伯克利大學讀書，小至生病做飯，大到選課交友，女兒時常會打來電話和我商討。我們幾乎每天都在電話中交談著，女兒仍然近在咫尺身邊。

就這樣隨著不知不覺的日積月累中，在女兒的心裡，媽媽早已是無話不談的朋友了。我曾對女兒說：「你有我這麼通情達理的媽媽應該很幸福。」女兒馬上回答說：「那你有我這樣懂事孝順的女兒也應該很高興啊。」我們笑著擁抱成一團。我們一直為擁有彼此而親情無價，為懂得彼此而牽掛相惜。

宇宙風雲變幻，世間萬物更新，而生命能夠世代延續，是因為有一種愛從未改變，那就是天底下血濃於水的父母摯愛。我手捧著卡片，幾句心裡話油然而生：根深才能葉茂，勤耕才有收穫。總在忙碌的父母親多花些時間和陪伴吧，兒女們的信任是要靠自己來建立。認真聆聽，耐心交流，面對面的溝通，才能走進兒女們的內心世界裡。

當女兒回家的時候

　　聖誕節的腳步越來越臨近了，自己的心情也跟隨著越來越興奮起來。這是因為，出門在外的女兒，無論在什麼地方都要回家了。

　　每逢女兒回家之前，先生經常笑話我過於忙碌。我通常是提前幾天，將女兒的房間和浴室打掃得乾乾淨淨，並換上一套整潔的被褥，順便把一直擺放在桌上女兒珍藏的小玩偶們擦拭一遍。仔細地整理一切時，我總會情不自禁想起了女兒去上大學前的問話："媽媽，這個房間是不是給我保留著？""當然，家裡永遠會有你的一個房間。"

　　先生雖然笑我，其實他比我更為在意。他不時地拿下貼在冰箱門上的一張紙條逐條核對著：更換車庫房頂處的燈泡，請人修理噴水裝置，檢查空調等等是否全部完成了。這些可都是女兒上次臨走前，給先生佈置的工作。然後，他一定會按照我寫下的菜單，把雞鴨魚肉蔬菜等購買齊全。全然是一副萬事俱備，只等女兒回家的樣子。

　　這是女兒上大學後的第

一個聖誕節，終於到了要去接女兒回家的時刻。接女兒，始終是我最喜愛做的一件事情。女兒從三歲開始全托在幼稚園，只有每週三晚上和周日回家。每次去接女兒，只要我剛走進教室，女兒便急不可待地拿起外衣，一邊大聲喊著："老師再見，小朋友們再見。"一邊伸開小手臂撲向我的懷裡，如同小鳥兒歡躍地歸巢一樣。就在那一瞬間，我的心裡一下子湧滿了無限的溫暖。女兒走出了飛機場門口，就像小時候一樣飛快地向我們奔來，並且緊緊擁抱著每個人。當女兒柔軟的胳膊環繞著我，那種難以言喻的溫馨又濃鬱地縈繞著我。

一回到家中，我立即動手做飯炒菜，都是女兒喜歡的幾道菜肴：清蒸秋魚、宮爆雞丁、椒鹽大蝦、乾煸四季豆和冬瓜魚丸湯，全家三口人圍坐在圓桌前香噴噴地吃喝起來。而女兒總忘不了提醒先生，咀嚼時不要出聲也不能說話。父女倆還悄悄地討論著吃完飯誰洗碗的事宜。一時間，飯菜的香味，親密的話語，愉悅的笑聲，為靜寂許久的屋內增添了數不盡的歡樂與情趣。

在白天的時間裡，四處逛商店買東西，就是我和女兒必不可少的事情了。我的一些漂亮衣服和首飾都是在女兒的參謀下添置的。晚上，女兒搶著和我睡在一起，先生只好讓位睡到了客房。我們鑽在一個被窩裡談論著學習、工作、男朋友和近來發生的大小事情。有時候，我還高興地念給女兒新寫的文章。深夜裡，我看著熟睡在身邊的女兒，回想起一些從未有過的感受。

女兒前往伯克利大學上學，這是女兒來美後第一次離開家。週六，我們開車把女兒送到學校，幫助女兒安置好了食宿後，本來準備周日返回，但女兒小聲地挽留我們多陪她一夜。第二天清晨，在學校門外告別的時候，女兒哭泣著說"再見"並擁抱我們。極少流淚的先生，這時早已是眼睛發紅。而我注視著女兒逐漸走遠的單薄身影，連日來的萬般不捨和無法放下的牽掛合著淚水不停地流淌下來。從舊金山返回聖地亞哥的路途上，開車的時間多久，我就哭了多久。

　　第二天，我下班回到家中，聽不見女兒熟悉的呼喚，四周顯得十分冷清，內心中感到了前所未有的失落。可先生卻又對我說到："今天下午連叫著女兒的名字，沒人答應。我才想起來，女兒已不在家了。"我隨手拿起了一張《世界日報》，本想閱讀一篇文章消磨時間，反而更加重了心中的感傷。這篇文章的題目是：《孩子，媽媽的憂傷你知道嗎？》文章的內容則是關於空巢期媽媽的一些感受。面對這一切變化讓我突然清楚地意識到，我們的生命歷程已經進入了另一個階段。兒女們長大了，就像小鳥一樣展翅飛翔在自己的一片天空中。而伴隨著年齡的不斷增長，原本擁有的許多東西包括親情，同樣會隨著歲月自然而然的流逝。

　　與女兒的分離，這讓我更加體會到了相聚時的珍貴。我暗自計算過一筆賬：從女兒上大學算起，如果我可以健康地再活三十年，如果女兒每兩月回家一次，每年回家六次，三十年一共一百八十次。如果每年回家三次，只有九十次了。如果次數再減少，那麼，結果是不敢設想了。這樣的計算結果，令我感到有些惶恐不安：今後能夠見到女兒的日子，竟然是屈指可數了。

　　當人們越來越年邁，更深的眷戀或許是"愛"字之中的擁有吧。我期盼著女兒每次回家的時候，也格外珍惜與女兒在一起度過的分分秒秒。

當女兒結婚的時候

2011年8月27日，我們唯一的女兒結婚了。圍繞著這個日子，柔軟的、感傷的、新穎的、溫馨的、喜悅的情景，構成了多少我難以忘懷的一幕幕啊！

一

女兒在結婚前夕，從舊金山返回家中並毫不遲疑地對我說："結婚前，當然要住在娘家啦。"我暗自偷笑，女兒居然還會運用"娘家"二字。連著好幾個晚上，女兒竟像小時候那樣，穿好睡衣光著腳跑到我的床邊詢問："媽媽，我能和你睡嗎？""當然可以啦！"寬大的雙人床，女兒翻來覆去地佔據了三分之二的地盤。我始終喜歡女兒親昵地睡在身邊的那種感覺，時常摸摸她露在外面的胳膊涼不涼，不時地把她踢開的薄被蓋好。女兒一旦依偎著我，便很快進入了夢鄉。而我卻輾轉難眠，一些昔日的記憶在腦海裡反復回蕩起來。就是這個可愛的小人兒，最初總是躺在我的懷抱中甜甜酣睡；她無論是餓了睏了不高興了就只管大聲的哭鬧；任何時候她隨意的張開嘴巴嘎嘎一笑，甚至打個飽嗝或哈氣的小模樣都能引起父母親會心的笑聲。可如今，小人兒竟然這麼快的長成了大姑娘，就要出嫁了！

女兒結婚前的這段時間裡，我一直陪著她挑選結婚的地點，尋找有經驗的花店，約見專業的攝影師和理髮師，試穿著各式各樣的婚紗，隨著日子一天天地過去，離女兒要結婚的日子越來越近了。

年輕時的我，不僅不愛哭而且很倔強。而現在，只要觸碰到女兒結婚的幾個字時，就會情不自禁地鼻子發酸，那些平時不知道藏在什麼地方的水源，頓時凝結成百感交集的淚珠，不爭氣地成滴結串的流落下來。至今我才察覺，自己的內心裡藏著太多深不可測的不捨。

二

女兒的婚禮儀式在一個天主教堂裡隆重舉行。當莊嚴的兩扇大門緩緩地打開，伴隨著美妙動聽的結婚樂曲，所有人的目光全都投向了我們。女兒穿著白色高雅的婚紗，一層層的裙擺柔美地飄逸到地面，捲曲的長髮自然地披散下來，嬌媚的臉頰上洋溢著甜蜜得化不開的笑容。從我的視線看過去，女兒猶如一個羞花閉月的小公主。

按照教堂以往的結婚程式，通常只有爸爸前去把女兒交給新郎。而女兒早就撒嬌地叮囑我，媽媽也一定要陪伴，因為這是她人生最重要最幸福的時刻。

我站在女兒的左邊，先生站在女兒的右邊，女兒的手臂輕挽著父母親。我們一家三口一同緩步走過聖水池，走過花壇，走到最前面。於是，在我心底深處升起了一種神聖的感動，這是帶著女兒走向了更美好的未來。當我們把女兒的手輕輕地放在女婿的手掌中，我含笑的雙眼中一下子又湧出了無法抑制的淚水，太多的重托與祝福全都盡在這不言之中。

就在此時此刻，我豁然悟出，父母親是把愛的接力棒，交給了在女兒生命歷程中同樣重要的另一個人的手中。

三

女婿是個美國小夥子，不僅長得帥氣，而且性格開朗善良，待人彬彬有禮。儘管前來參加婚禮的親朋好友中，美國朋友的人數遠遠超過了華人朋友，但我仍然期待著大家在婚禮中，都能感受到溫暖的中華文化氣氛。

經過我和女兒的精心設計，每張餐桌上的桌名上面，沒用數字來標明，而是用了含意相近的兩行中英文。比如：心心相印／Sweet Hearts，比翼雙飛／Lovebirds，天長地久／Forever，情真意切／True Love，還有快樂、恩愛、分享、浪漫、知音和情趣等等二十二個詞彙，分別擺放在每張桌子的中間。

橘紅色的鮮花把晚宴大廳裝扮得格外絢麗多彩，當伴娘和伴郎、雙方父母親、新娘和新郎逐一入場後，原本已經緊閉著的大門出人

意料的再次敞開，中國傳統的舞獅表演閃亮登場。瞬間，鑼鼓齊鳴的伴奏聲響徹了整個大廳，只見兩隻大獅子帶領著兩隻小獅子突如其來地奔跑出來。跳躍、直立、翻滾和搭疊，一個個精彩的動作震撼著大家。人們手中的照相機不停地拍攝，驚喜的喝彩聲此起彼伏，一直持續到亮出了兩條紅綢帶，上面分別用中英文寫著：熱烈歡迎您 /Welcome！喜慶的舞獅表演結束了許久，孩子們還不停發問著，小獅子還回來嗎？這是當地一個著名的武術學院的學員們，送給女兒別具一格的結婚禮物。

當輪到父親和女兒跳舞的時候，樂隊特別播放出一支動人心弦的中文樂曲，這是女兒挑選的。"你問我愛你有多深，我愛你有幾分？你去想一想，你去看一看，月亮代表我的心。"聆聽到樂曲結尾的這句歌詞，女兒張開了雙臂，深情地擁抱著父親。含情脈脈的淚水，流淌在女兒的臉龐，流過了父親的臉頰。

在婚禮結束以後，按照這裡的習俗需送給各位來賓一份禮物，我專門從國內訂購了結婚喜盒。這個正方形大紅色的喜盒，四面全都呈有一個雙喜字，裡面裝滿了十顆喜糖，寓意為：十全十美。

我與女兒一起將濃鬱的故鄉情感，從內心中傳揚到結婚現場的每一個角落。

四

從很久以前，我就開始思考：女兒結婚的時候，我要送件什麼樣的禮物呢？

女兒結婚的這一天，我終於站在大家的面前，親手把自己的禮物送給了她們。這是我用了八年的時間書寫，並趕在女兒結婚前彙集出版的第一本散文集。書中描述了我們這一代人來到美國後經歷過的奮鬥，執著的追求以及從未說出來的情感。其中也有關於家庭親情和女兒成長起來的文章。我期待著女兒能閱讀這些真實的故事，並將一些優秀的品質傳承下去。我在扉頁上寫了這樣的一句話："永遠深深地祝福著你們，擁抱著你們！"

我想，這應該是一份特殊的禮物和心願：即使有一天媽媽永別了世間，但願我的文字能夠繼續陪伴著女兒，抹去她一行行思念的淚花，增添一縷縷曾經的溫暖。

五

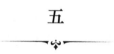

女兒去度蜜月的臨行前，附在我耳邊又說起了悄悄話，將來想給爸媽買大房子呢。我擁著女兒說，爸媽不要更大的房子，只有一個小小的期盼：你們能常回家看看。

　　曾有人的一段話分析得透徹：「世上所有的愛都是為了合，但有一種愛是為了分，那就是對孩子的愛。如果你永遠不放手，那你的孩子永遠也無法長大。心痛，但要學會放開我們做父母的手啊！」然而我知道，從今以後，女兒無論走到哪裡，我們的牽掛與關愛依然會跟隨到哪裡。

女兒，永遠祝福你

　　這天，加州洛杉磯的天氣時晴時陰，到了下午天空才逐漸變得晴朗起來。這一天是 2010 年 6 月 11 日。

　　下午四時整，洛杉磯大學碩士研究生的畢業典禮準時開始，偌大的操場上坐滿了人。白髮蒼蒼穿著整齊的老人，四處奔跑的孩子，手拿著大束鮮花的夫婦，神采奕奕的年輕學生，每個人的臉上全都洋溢出喜氣洋洋的笑容。當廣播喇叭裡呼喊出你的名字，我由台下望過去，只見你身穿著黑色長袍，頭上戴著四方形的畢業帽子走到了講臺中央，從老師手裡接過了畢業證書。場內響起了一陣陣掌聲還夾雜著幾聲俏皮的吹哨聲。經過兩年的努力學習，你獲得了企業管理的碩士學位。

　　遙望著你矯健的身影，我竟有些不敢相信，從小愛哭的你如此快速地長大了，就像一隻羽翼已豐滿的小鷹將要展翅高飛。那麼多的往事忽地一下子湧出來，溢滿了我的腦海。

　　翻看我記憶中與你息息相關的頁數，你幼稚的模樣至今記憶猶新。在你沒有出生前，我並不像有些書中所描寫的那樣期盼著當媽媽。可從

我第一眼看到你，內心中的感覺卻悄然發生了奇妙的變化。護士把你抱給我餵奶時，我好奇地打量起眼前的小人兒。你酣睡的特別香，頭頂上還沒有長出頭髮，肉嘟嘟的小手腕上掛著一張小卡片，上面寫著我的名字。當你依偎在我胸脯前，甚至連眼睛也不睜開，就蠕動起小嘴巴吃奶了。就在此刻我猛然意識到，從此人世間增添了一個與自己血脈相連的小生命，也從而喚起了我年輕的母愛情懷。

你生來是個性格外向活潑的孩子，快滿一歲時在玉淵潭公園的草坪上，胖乎乎的小腿晃悠悠地邁出了第一步。你說出的第一個字不是媽媽，而是邊用小手指著邊說出了吃飯用的“碗”字，由此而來你的食欲一向非常好。接下來你時常說出令人大笑的話語：“姥姥說我，好玩不好看。奶奶說我，好玩又好看。”而你每當看到周圍的鄰居們總會主動大聲喊著：“爺爺好！姥姥好！阿姨好！”你自幼就是一個禮貌待人的孩子。

在你沒上小學之前，爸爸和媽媽先後來到美國，一直等到你讀完小學四年級的暑假，才把你接到身邊。而來自中國的孩子，要在美國的社會和教育環境下健康地成長起來，對於父母親和孩子們來說，都將面臨著一種嶄新的挑戰。面對著物質條件的日益豐富，以及許多觀念習俗的截然不同，曾有年輕人感歎到：當中國父母親的美國孩子不容易。其實，當美國孩子的中國父母親也同樣不容易。每當你呼喚著媽媽的時候，我總在思考著如何才能成為一個合格的媽媽，能讓你從父母親的言傳身教中學習到一些良好的品行。

你上初中時做了來美後的

第一份工作。那是在聖誕夜，去一個美國人家裡看護三個小孩，工作從下午五點開始。原來要和你同去的朋友臨時改變了主意，我不放心想陪你一起去，但你堅持要一個人前往。我在不斷打去的電話中得知，到了晚上，你先把一歲多的弟弟放在搖籃中搖晃得睡著了，然後給三歲的妹妹換尿布時放反了方向，還是七歲的姐姐教你放對了位置。你把妹妹抱到自己的小床裡哄睡後，最後再給小姐姐講故事，直到她睡著。等到他們的爸媽回家時，已是深夜十一點多鐘了。你掙到了第一筆工錢並得到了額外的獎勵。最重要的是你懂得了做事情要信守承諾的道理，那時你剛十二歲。從那以後的課餘時間裡，你上左鄰右舍的家中照顧小孩，去附近的電影院清掃衛生，到著名的連鎖店推銷內衣，在一家律師事務所工作，從未間斷外出打工，不斷增強了你自信自立的能力。

在高中一年級的暑假裡，你與三個女孩一同到殘疾兒童的夏令營裡當義工。第一天晚上，你就在電話裡哭著對我講，你想回家了。因為你負責照顧的男孩，是一個很胖又不能行走只能坐輪椅的孩子。你推著他要上一處大斜坡，使出全身力氣也沒有推上去，還把手掌劃破了。他反而衝著你大發脾氣，並說些不好聽的話語。我耐心地啟發你，殘疾兒童的內心中藏有很多創傷，你應該嘗試著更多地理解和幫助他們。你擦乾了眼淚，堅持工作下去。等到一個半月的夏令營結束時，你和這個男孩還有其他的孩子們都成了好朋友，大家開心地合影留念。分別的時候，男孩緊緊擁抱著你捨不得離開。在後來的暑假裡，你在夏令營中連續做了三年的義工。這段經歷，讓你真正理解到能夠幫助別人和付出愛心的價值觀。

在你報考商學院研究生的表格中，其中有一個問題是：你認為，什麼對你最重要？你的答案是：珍惜。你回答到，父母，朋友，家庭，事業，健康等等許多事情對你都非常重要，所以你要珍惜自己已經得到的一切，並且繼續爭取和珍惜每一個新的機會。懂得珍惜的人，任何時候都是最富有的。

　　你研究生畢業前的這段時間，每個學生除了要完成各門功課的考試以外，還要申請今後的工作。由於當時美國的經濟狀況十分低迷，所以找工作的競爭極為激烈。儘管你花費了大量的時間做準備，仍然遭到不少公司的拒絕。我鼓勵你說，用中國人的話來形容目前，這是黎明前的黑暗。而每一次的拒絕，其實都是離屬於你的成功走近了一步。在某家美國大公司的最後一輪的面試時，你抽籤排在當天全部考生的第一個，根本沒有時間多加思考。當你這個身材嬌小的東方女孩面對著上百個高級總裁，從容不迫地闡述著自己的方案，隨時回答著各種提問，你給大家留下了深刻的印象。最終在畢業前夕，你已經得到了三個公司的錄用通知。你在電話中用中文興奮地告訴我說，你終於走過了黑暗，看到了黎明。成功屬於永不放棄的人。

　　然而，長期以來最讓我們感到無限溫馨的是，你一向和父母親十分親近，尤其與我更是親密無間。當你成為了一名伯克利大學的學生後很認真的表示，爸媽以前講過的道理全都牢記著呢。每次從

　　學校回家，你和我們總有各種各樣說不完的話題。每逢聖誕節來臨，你總會精心地挑選每一件禮物。特別是母親節，你常從別的城市返回家，出乎意料地出現在我面前擁抱著說：「母親節快樂！」

　　隨著歲月年復一年的過去，我驚喜地發現，小時候並不太漂亮的你，不僅越來越出落得秀美大方，而且在你身上一脈相承地延續著中國人勤勞善良、富有責任感和積極向上的優秀品質，同時也潛移默化地吸取了西方人獨立自主、勇於探索和熱情包容的很多長處。在日積月累中，你逐漸形成了自己不自卑、不自負和不自私的氣質和品行。

　　很多次我暗自感謝上蒼，把你這樣一個可愛的女兒給予我們，你帶給我們的快樂是無法用語言完全表達出來的。在你畢業的今天，我們送你一條刻有“H”的金項鍊，那是你名字的開頭字母，但願你戴上這條項鍊便能感受到父母親那份厚重的愛。我在卡片上寫了幾句心裡話：在這個值得慶賀的日子裡，我們想告訴你，你是我們最自豪和最心愛的女兒，永遠都是。

　　親愛的女兒，中國人有句常言說，兒行千里母擔憂，這句話真切地說出了天下父母親的心聲。在我們眼裡，你永遠是個被牽掛的孩子，而家永遠是你可以停泊的地方。今後，無論我們在哪裡，都會深深地祝福你，快樂幸福！

生命中因為有你

女兒寄來的卡片

親愛的爸爸：

在父親節這一天，我特別想告訴你，你對我有多麼重要，我是多麼愛你！而你一向溢滿父愛的眼神，總讓我溫暖得笑起來。你那含情脈脈的目光告訴我，你愛我，你相信我！你那閃閃發亮的眼睛告訴我，無論我長得多大，你對我的愛，永遠不會變。每當我打電話回家，你總是那樣開心地呼喚著我的小名，讓我無數次重溫著童年時的快樂。

我經常在回想，你來美國後為了開始新的生活，從沒有一個朋友，沒有任何的物質基礎，一切從零開始所做的付出。我希望你知道，我非常敬佩你的勇氣，你的恒心和你的學識。因為你的努力，帶給我一個充滿機會的生活。因為你的努力，我從  來不把機會當作一件理所當然的事情。多年以來，我從你的身上學到了艱苦奮鬥，永不放棄地朝著自己的理想努力。謝謝你為我作出的榜樣。謝謝你，讓我看見了美好的事情，總是屬於那些堅持夢想的人。

爸爸，我永遠愛你！

就在女兒寄來的卡片的封面上描繪著一幅圖案：鵝黃色的荷葉裙邊下面，露出了兩隻光著的小腳，站立在爸爸兩隻穿著黑皮鞋的大腳上面。並印著一句這樣暖人心扉的話語：爸爸的愛永遠不會變小。

父親的新婚致詞

各位來賓，親愛的女兒：

今天，是女兒結婚的喜慶日子，我深深地祝福你們幸福恩愛，白頭到老。

時間過得太快了，你已經由一個可愛的小嬰兒長成一個美麗的大姑娘。但你成長過程中許多細小的事情，我全都記憶猶新。我記得你第一聲會喊的不是"媽媽"，而是"爸爸"，這聲呼喊讓我興奮了很長時間。我記得曾有一次把你丟了，急得我騎著自行車四處尋找。後來再外出時，你的小手緊拉住我的手，再也不敢鬆開。我還清楚記得，你小時候學走路以及歡笑、撒嬌、調皮、耍賴和哭啼時的各種小模樣。

當你上完小學四年級，剛從北京來到美國的時候，連一句英文也不會說。可你一直依靠堅持不懈的努力，以優異的成績考上了伯克利大學，以後又順利完成了碩士學業。並在美國經濟極為低迷的期間，同時被三家公司錄用。我為你迄今為止所獲得的一切成功，感到無比的高興和自豪。而且在我心裡，你還是個時刻牽掛和孝順父母親的好女兒。今後，我希望你繼續做一個正直善良和懂得回饋社會的人。

各位來賓你們看，今天我的女兒是個多麼漂亮的新娘啊！此時此刻，我想告訴大家，我這輩子感到最幸運的是有了這個好女兒。她帶給我們的快樂，那是用多少語言也表達不完的。

女兒，爸爸永遠愛你！

在婚禮中，父女倆在《月亮代表我的心》這首樂曲的伴奏下，一同翩翩起舞。曲終時，女兒緊緊擁抱著早已紅了眼眶的爸爸，並貼在耳邊柔聲地說：「爸爸，我愛你！」

一個美麗的傳說

我家的一個鄰居，在他家的前院裡種了二十幾棵玫瑰。每逢春末夏初的季節，沐浴在明媚的陽光下，深紅色、淺粉色、杏黃色和乳白色的玫瑰花，總是肆意地競相爭豔。如若細雨過後，一朵朵沾滿了小水珠的玫瑰花，猶如暢飲了甘露，更加放任地嬌吐芬芳。伴隨著一陣陣的清風，沁人心脾的花香便不斷地飄散過來。於是，我不由得放慢了腳步，腦海裡時常浮現出另一個美麗的傳說：女兒，是父親前世栽種的玫瑰。

親　人

一

　　她第一次來我家時，剛剛21歲。初次看見她，我眼睛不由得一亮：她長得特別漂亮，中高的個子，苗條的身材，身穿著一件紫色帶白點的上衣。自來卷的長髮梳起兩條辮子，還有一些頭髮蓬鬆自然地飄逸在前額。她的一雙大眼睛不時地閃爍出善良的目光，一開口說話更是彬彬有禮，親和的聲音格外招人愛聽，難怪媽媽一見面就對她喜愛有加。她是哥哥交往了一段時間的女朋友。

　　那時候，媽媽在河南息縣社會科學院的幹校，只有我和哥哥在北京。每當她與哥哥約會或去看電影，她總不放心把我一人留在家裡，經常帶在身邊。我就像個小尾巴似的粘著她，有時幫助她們拍照，也有時待在她父母親的家中。自從她來過我家以後，媽媽隔三岔五的時常寫信給我們，而每封信裡一大半的內容全是寫給她的，並稱她為自己的"心肝

寶貝"。媽媽這種親昵的稱呼，連我這個當女兒的也有點吃醋呢。

沒過多久，媽媽終於如願以償，她嫁進了我們家。媽媽和她這對婆媳一直親密相處得如同是母女，她始終是媽媽嘴裡上得了廳堂，下得了廚房的好媳婦。她是我們家中的主心骨，裡裡外外的大小事情全能撐起來，從來不用媽媽操心。大院裡的鄰居們也都誇讚說，媽媽有個又能幹又孝順的媳婦，好福氣！而且全家人都非常喜歡圍著她聊天，我有什麼心事也總會對她講出來。我們的家由於有了她，變得十分和睦幸福。

二

然而，誰也沒有想到多年過後，她竟然提出了離婚。我在國外得知了這個消息時難過得哭了好久，心底裡有太多的捨不得。作為小姑子，我真不想讓她離開我們這個家。但作為一個已婚的女人，我清楚知道無論出於什麼原由，在那個極為保守的年代裡，如果不把她逼到無路可走，一位母親是難以做出如此決絕的選擇。我更無法想像出她一旦邁出了這一步，今後又需要多大的勇氣才可以面對人們異樣的目光和言論。

我給她寫了一封很長的信，訴說了自己內心中複雜的想法。但是，媽媽歷來對她的寵愛，我們三個弟妹真誠的挽留，全都沒能留住她那顆早已被傷透了的心。後來聽說，我的這封信竟在法庭上被作為旁證。我雖然理解她為何要這樣做，卻存有著些許的責怪。

她毅然決然地離開，不僅熄滅了媽媽唯一的期盼，也帶走了媽媽生活中曾有的快樂。但在媽媽去世後的追思會上，她前來並痛哭著送別了媽媽。我時常設想著：如若我不出國，如若她沒有離去，或許媽媽還能開心地多活幾年呢！

三

　　當我第一次回國探親再見到她的時候，先是猶豫了一下，因為我不知道要如何稱呼她。可她卻微笑著伸出了雙臂，我一下子奔向前去緊緊地摟住了她。曾經想過無數遍責備她的話完全不見了蹤影，不爭氣的眼淚卻唰唰地流下來。我一邊哭著一邊不停地對她說著："你怎麼忍心丟下我們不管啦？！"她哄著我說："咱不哭了啊，不哭了。"那天晚上，我們幾乎聊了整整一個通宵。這時我才明白，我還是從前的我，她也是以往的她。其實，我們之間一直都深深牽掛著彼此。無論她和我們家庭現在的關係如何，也不管我對她的稱呼是什麼，而我心中對她的敬重與信任從未改變。

　　2016年的9月我又回北京探親的期間，在旅途中摔斷了右胳膊。我打電話對她說，我要住在她家裡。她毫不猶豫地答應了。住院前，她帶著我去做了各種不同的檢查，我還像小時候那樣乖乖地跟著她，全都按照她的吩咐去做。我動完手術以後，在她家裡休養了一個多月。她每隔兩天要帶我去醫院換藥，每天清晨一起床就為我煮粥，精心地烹調著一日三餐，還經常包我愛吃的餃子。我們天天坐在一起聊父母孩子，聊往事家常，聊事業愛好，還聊老友新朋，總有聊不完的話題。我們細細敘說著昔日裡的許多人許多事，頗有"記得少年騎木馬，轉眼已是白頭人"的感觸。重享著她的守護，我的整個心整個人是溫暖的，快樂的。

　　這些年來她沒有再婚，在各方面一直努力進取。她對本職工作十分負責任，還在工作之餘完成了成人大學的學業。她自幼喜歡文學，經常去聽一些寫作的課程，還和一位老師成了忘年之交。最近，她又參加了一個繪畫班，先要從基礎課開始學起。多年以來，她為女兒奉獻了毫無保留的母愛，她對周圍的朋友們處處以誠相待。從年輕時代開始到現在，我越來越發現，我們在諸多方面都有著相同的思想和行為。我也越來越確信，遇到任何困境時她會對我說一聲："別著急，還有我呢。"

何為親人？因為她，我產生了一些更深層的解析：在平常的生活中，人們相互之間如果沒有心靈與情感深處的相通交流，有些即使是有著血緣關係的親人，也會淪為最熟悉的陌生人。反之，有些不是親人，卻勝似親人。而她，我曾經的嫂子，始終是我最信賴的親人。

給您拜年嘍！

　　剛過了溫馨的感恩節，又盼來了熱鬧的聖誕節，緊接著是送舊迎新的新年。接二連三的節日，讓忙碌了整整一年的人們在愉悅的氣氛中，隨心所欲地輕鬆著，快樂著。但接踵而至，還有一個令我們更為翹首以待的節日，那就是春節。「爆竹聲中一歲除，春風送暖入屠蘇；千家萬戶瞳瞳日，總把新桃換舊符。」王安石的這首七絕詩，描繪出了古代人民歡慶春節時的情景。

　　新春佳節，正是中國闔家團圓的隆重節日。而其中一項非常重要的內容，就是拜年。根據史志記載：「正月元日，五鼓時，人們盛服焚香，禮天地，祭祖考，拜尊長及姻親摯友。曰：拜年。」從此拜年的習俗世代相傳，延續至今。

　　孩童時，我總覺得春節期間，北京的氣候特別寒冷。在呼嘯的冷風中，街道兩旁的樹木光禿禿地搖晃著，甚至連大地也凍得裂開了一道道細小的縫隙。有時候，無邊無際的雪花靜悄悄地飄落下來，一夜間疊落得能有半尺多厚。當西北風夾雜著冰雪迎面吹來，更是寒氣逼人。然而，無論是怎樣的天氣，父母親照常會帶著小孩們去拜年。

　　大年初一清晨，兄妹們早就興沖沖地從上到下換了新衣褲和新鞋襪，我與妹妹還繫上了紅綢繩。我偷偷對著鏡子照看，覺得比平時漂亮了許多。當我們走在大街小巷時，時常小心翼翼地踩著乾淨的地方，千萬不能弄髒了這一年才買一套的新衣服。在去挨家挨戶拜年的路上，街頭巷尾不時傳來了「劈啪劈啪」放鞭炮的聲音，一股股的青煙飄逸在晨風中，連風兒也變得喜氣洋洋起來。最讓我們興奮的是遇見了賣糖葫蘆的老爺爺，一串串長長的紅紅的糖葫蘆插在高高的草把上，格外誘人垂涎欲滴。我們摘下毛線織的小手套，拿出來手心中幾個焐熱的硬幣，仰起了凍得紅撲撲的小臉蛋，嘴裡甜甜地喊著：「爺爺，新年好！我買一根糖葫蘆。」而後，每個人邊走邊拿著糖葫蘆相比著個數和大小，誰也捨不得立即吃掉，只是一小口慢慢地舔嚼著。那時候，吃一根糖葫蘆，就算是過年了！那紅山楂果裹著冰糖的味道，可真是又酸又甜又脆喲！

我們跟在爸媽的身旁，來到街坊四鄰的家中。只等房門一打開，馬上大聲喊著："叔叔阿姨，春節快樂！"大人們便笑盈盈地往我們的口袋裡塞滿了糖果，而且互相親熱地寒暄著："拜年了！恭喜發財！"等等吉祥如意的話語。頓時，滿屋子溢滿了從心窩裡飛出來的歡聲笑語。此刻，縱然屋外面是寒風凜冽，屋裡面卻是暖意盎然，一下子暖近了彼此間心的距離。

時間的年輪一刻不停地轉動到了今天，大家的生活節奏越來越快。電子賀年卡，手機短信，拜年的方式也跟隨著越來越現代化。而我，依然懷念兒時的拜年方式。這種面對面言出的情誼，那種人與人之間親近的情分，留駐在腦海裡經久難忘。我雖然來美多年，仍然喜歡打電話拜年。因為在我的內心深處，始終眷戀著那樣一種聽見了聲音如同見面的感覺。

初來美國的幾年，國際長途電話的費用比較昂貴，我提前給家裡寫信約好了時間。媽媽和兄妹們，還有幾個要好的摯友準時等候在電話機旁。每當除夕夜電話一接通，媽媽總是第一個和最後一個接聽兩次，問寒問暖並重複著說過無數遍的話語。然後其他人輪換著講幾句話，而講話的速度快得就像打機關槍似的沒有任何間隙。當我耳邊聆聽著一句句熟悉的聲音，整個人便徜徉在無以言表的溫暖中。時至今日，越洋電話每分鐘僅幾分錢。我仍舊打電話回家拜年，但在電話的那一端，再也沒有了媽媽千叮嚀萬囑咐的聲音，我才黯然品味出那是世間最動聽的天籟。

多年以來，在萬家燈火的年夜，每當我打電話給童年時的鄰居，小學母校的老師，多年失去聯繫的同學和朋友，小小的電話筒牽繫起電話兩端的人們。無論多少年未見，儘管相隔千萬裡，那些曾在風雨飄搖中還輕輕接住落葉的日子，那些即使再艱難依舊執著追尋心中理想的歲月，那些屬於彼此珍貴的青春時光，伴隨著一聲聲的拜年，沁人心脾的溫馨就一下子迎面而來。於是，我們沉浸在欣喜的回憶中，情不自禁地想說，過去的日子，真好呢！而如今，每當春節來臨，我依舊打電話給親人和好友們拜年。我們關注著彼此的近況，述說著各自有趣的事情，並由此發出了難以回味的笑聲。

人們常言，小孩子如同一張白紙，畫什麼就會有什麼。以往，在我年幼的心裡僅僅覺得拜年真好。現今，我終於悟出拜年，拜年，它親切地蘊含著中華民族的文化，歸根結底它是一種牽掛之情，把最美好的問候與祝福送給他人。

冬日裡孕育了春天的溫暖，異鄉中心系著故土的情結。每逢春節一步步姍姍而來，我總期盼著對家鄉的親人們，對身邊的親朋好友，對素不相識的每位讀者熱忱地說一聲：給您拜年嘍！

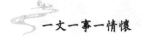

洋女婿回家過春節

今年，這可是我女兒和洋女婿結婚後第一次專門從西雅圖到聖地亞哥回家過春節。如何讓洋女婿在短短的幾天時間裡，感受到濃濃的中國年味呢？作為媽媽的我絞盡腦汁，開始緊鑼密鼓地安排起來。

除夕前一天的下午，我們從飛機場接到女兒和洋女婿後，開車直接來到了 99 大華超市。我們剛一走進超市，熱氣騰騰的過年氣氛一下子撲面而來。超市門口和室內高高掛起的大紅燈籠，首先吸引住洋女婿的視線。而超市內四處擺滿了各式各樣的年貨，更讓他眼花繚亂。在女兒的指點下，光是各地的小零食如九福煎餅，廟口茗點，南乳花生，五香瓜子，怡達山楂片，糖果年糕等等，洋女婿樂呵呵地挑選了一大堆。

　　除夕當晚，按照中國人的習俗，全家人一定要吃團圓飯。我們來到了一家頗具特色的中餐廳，點了一桌地道的年夜佳肴，其中有北京烤鴨，貴妃子雞，清蒸全魚，梅菜扣肉，椒鹽大蝦等，每道菜都讓洋女婿大飽口福，而他最喜歡吃的一道菜是紅燒獅子頭。我們也告訴洋女婿丸子和湯圓為什麼是圓形的緣由，那是寓意著闔家團團圓圓。我們吃過團圓飯回家後，我和女兒一頭，先生和洋女婿一頭，打撲克的娛樂大戰便嚴陣以待地拉開了序幕，一直持續到了午夜時分。

　　大年初一上午，我們從父母親傳下來的習慣是全家男女老少一起包餃子。我精心地調好了豬肉韭菜餡，一家四口人圍坐在圓桌旁開始包餃子。女兒儘管很久沒包餃子，但從姥姥那裡學來的一番手藝仍然沒忘，包出來的餃子還是圓鼓鼓的。而洋女婿要學會包餃子，可有些困難了。他有時餡放得太多，就把面皮撐破了；有時餡又放得太少，包出來的餃子總躺在那裡。不過，洋女婿還是樂滋滋地包好了二十多個餃子，並興致勃勃地端起餃子合影留念。我擔心他包的餃子被煮成面片湯，索性整齊地擺在平底鍋裡做成了煎餃，竟沒有一個餃子破裂。當一大盤底部焦黃的餃子，香噴噴地冒著熱氣放在桌上的時候，洋女婿睜大眼睛，笑得別提有多開心了。

　　享用完了好吃的餃子，緊接著的就是重頭戲：拜年。女兒和女婿並排站在我們面前，洋女婿學著女兒的樣子，雙手抱拳並且來回搖動，同時用生疏的中文大聲說著："新年快樂！"我們拿出事先準備好的紅包，分別送給他們。洋女婿一如既往緊緊地擁抱著我們，而女兒卻嬌嗔地說："媽媽，我們都是大人了，不用給紅包了。"我摟著女兒說："紅包是要給的，無論你長多大，永遠都是媽媽的小女兒呢！"只因為這句話，惹得女兒的小眼淚"噗噠噗噠"地掉下來。

　　互相拜年後，我又提議了一件不可缺少的事情，拍張全家福。我們驅車來到了一個公園，這個平日裡很安靜的公園，今天顯得特別熱鬧。許多膚色不同的人們正在庭院中間載歌載舞，廣播喇叭裡還意外傳來了熱情的祝福：中國新年快樂！而中國館的大門上，兩個倒寫的"福"字在餘暉的映照下格外鮮豔奪目，仿佛要把過年的喜慶氣氛分享給每一個行人。當我們漫步到一條林蔭路前，心頭更是掠過了一陣欣喜。遠遠望過去，小路兩側的梨樹一棵接著一棵，每棵樹上全都簇擁著無數朵雪白色的梨花，天然交織成了一幅白色浸染的圖畫。微風吹過，我們全然陶醉在"忽如一夜春風來，千樹萬樹梨花開"古詩句形容的美景中，並如願拍下了全家福的照片。

在女兒小倆口回家過年的三天多的時間裡，溫暖如春的親情，吃喝中蘊含著的中華文化，趣味盎然的傳統習俗等等都給洋女婿留下了極為美好的記憶，他興奮的已經查好了明年春節的日期。而我的心底卻有著一個期盼：將來，女兒和洋女婿一起把中華文化的傳統與禮儀繼續傳承下去。

隔輩人親

含含的爸爸和媽媽先後去了美國，五歲多的含含與姥姥朝夕為伴，唇齒相依地度過了多個春夏秋冬。讀完四年級以後，含含也來到了美國。到達美國的當天，含含要做的第一件事情，就是馬上打給早就等候在電話機旁的姥姥。當國際長途電話接通了好幾分鐘，竟連一句整話也說不出來，含含在電話的這頭哭，姥姥在電話的那頭哭。最後，倆人約好了要互相寫信。

親愛的小含含：

　　姥姥真的好想你，經常想得一個人偷偷地哭。這一說，眼淚就又流出了。那天，姥姥整理你用過的學習書本，拿出你揹過的小書包，看著你臨走前和姥姥的照片，一個人坐在書櫃前哭了好久。有時候姥姥真傻，早晨一睜眼還喊你起床上學呢。

　　今年北京的天氣特別冷，昨晚已開始下雪，積在地上的雪有半尺厚了。姥姥一下子想起了去年的冬天。那天清晨，你和姥姥一塊去買過冬的儲存白菜，整整排隊等了一個多小時。凍得你的小臉紅紅的，小手也是涼涼的，可你還對姥姥說：「一點也不冷。」姥姥推起裝滿白菜的小車，你撅著小屁股，在旁邊使勁地幫著姥姥推車，並幫助姥姥把白菜一棵一棵從樓下搬到了三樓。看著你站在樓梯上大聲地喘氣，累壞了的樣子，姥姥心疼極了。

　　姥姥從心裡捨不得你走，但是姥姥明白，含含不能總跟在姥姥身邊的。姥姥從一年級開始，就十分注意培養和樹立你不甘落後的堅強性格。「世上無難事，只怕有心人。」你說對嗎？世界上的大小事情，都是用心人做出來的。小含含要給姥姥爭氣，學習得第一，將來當個女科學家。

　　小含含，你的腳有些平足，每天放學回家後，要讓媽媽像姥姥一樣給你揉一揉，走路就不會累了。遊泳時千萬注意安全，還是膽子小點好！姥姥不在你身邊了，晚上睡覺自己要蓋好被子，小心著涼。

　　姥姥等著含含報告好消息，盡快寄來你的照片。

時刻想念你的傻姥姥

親愛的姥姥：

　　您的來信收到了，都是姥姥不好，惹得含含也哭了好久。我也非常想姥姥，隨信給姥姥寄了幾張照片，是剛在海洋世界公園裡照的。要是姥姥也能在這裡和含含一塊去玩，那該有多好呀！

　　姥姥，告訴您一件事情。爸爸和媽媽背後叫您"老太太"，讓我聽見了，我大聲對他們說："不許背後叫姥姥是老太太，要叫媽媽！"他們趕快改正了，誰也不許在背後不尊敬姥姥。

　　姥姥，您的小含含長高了，頭髮也長過了肩膀。報告姥姥一個好消息，我期末的幾門考試都得了"A"，還得了獎狀，老師在全班表揚了我呢。每個星期六下午，媽媽帶我去上中文學校。學校裡教的是繁體字，剛開始上課時我看不懂，現在已經慢慢學會了許多字。不過，我一定會堅持學習中文。因為如果不學習中文，我怕以後忘記怎樣寫字，就無法寫信給姥姥了。

　　姥姥，你要聽含含的話，每天早晨到公園鍛練身體，然後別忘了喝一杯牛奶。我不在家時，姥姥也要按時吃飯，多吃些排骨和青菜。

　　快點給含含回信，我又想姥姥啦！

傻姥姥的小含含

　　多年裡，一老一少遵守著約定，一來一往地互通著信件，無話不說無事不寫。祖孫倆人雖然遠隔千山萬水，卻如同近在咫尺身邊。直到 2000 年的年初，姥姥給含含寫了最後的一封信，而信中的每個字幾乎都是歪歪斜斜的：

親愛的小含含：

　　兩封來信都收到了，是別人讀給姥姥聽的。知道你的近況，姥姥的心裡別提有多高興了。姥姥的眼睛已經模糊，字也看不清楚，以後不能親筆給你寫信了，千萬不要生姥姥的氣。

　　姥姥老了，身體也越來越不好，只是天天都想見到你。這個暑假能再回來看姥姥嗎？姥姥等著小含含早點回來。

盼望你回家的姥姥

　　含含很快寫了回信與姥姥約好，暑假一定回去看望姥姥。但是這一次，姥姥沒能夠守約，姥姥沒有等到含含回來，就永久地離去了。姥姥帶走了一張含含的照片。

含含的媽媽做了一個夢。在夢中，媽媽見到了姥姥，並跟隨著姥姥來到了居住的房間裡，豁然看見就在牆上面，端正地掛著含含的那張照片。無論在哪裡，姥姥始終牽掛著心愛的外孫女。

我和我的小孫女

　　我只有一個寶貝女兒，對於女兒的孩子，情願省去了那個"外"字。自從我有了小孫女以後，每當她仰起圓圓的小腦袋叫著："姥姥"，或者伸出軟軟的小手拉著我，整個人即刻間被溶化，連說話的聲調也變得格外柔軟。那份第一次當姥姥的甜蜜感覺時常湧滿在心間，甚至一旦想起一件有趣的小事，常會情不自禁地笑出聲來。

　　小孫女出生的時候，我也在產房裡。由於女兒是剖腹產，小孫女來到世間僅用了幾分鐘。我親耳聽到了她分外響亮的第一聲啼哭，親眼看見了她肉嘟嘟的小胳膊和小腿不停地亂動，而且很快就睜開了一雙小眼睛，好奇地盯看著爸爸和媽媽，注視著這個陌生的世界。我還親手輕輕地抱起了她，儘管她是那麼嬌小，然而卻具有了成年人的一切器官。此時此刻，一種無法言語的情感震撼著我：一個小生命的降臨竟是如此的神奇與美妙，而在新生嬰兒的哭聲中將迎來了一個家庭的未來與希望。

　　我一直在詢問女兒，小孫女叫什麼名字呢？女

兒總是笑而不答。直到女兒出院回家後，當著全家人宣讀了小孫女的出生證。小孫女中間的名字，竟然取了我的名字："平"字。瞬間，我紅了眼眶，內心中湧起一種前所未有的感動。女兒夫婦按照美國人的習慣，把他們最敬愛的人的名字加在了第一個女兒的名字裡。

在我眼裡，小孫女長得很漂亮，白白的皮膚，大大的眼睛，彎彎的長睫毛，一頭棕色的頭髮，猛一看是個混血小女孩，但細看眉目之間卻蘊含著東方人的神韻。小孫女還長了大半個中國胃，除了喜歡吃披薩外，大米飯，餃子，餛飩，炒雞丁和青菜等都是她的最愛。小孫女的性格開朗活潑而且頗為獨立，笑起來的小模樣十分惹人喜愛。

因為我的女婿是美國人，所以教小孫女學說中文就落在了我的肩上。而我，也樂此不疲地擔當起了這項重任。小孫女處在中英文兩種語言的轉換之中，能夠流利地講中文並不是一件容易的事情。最初小孫女只是毫無反應地聽著，然後不知道在什麼時候就會蹦出了一個新詞。我最早教她叫："姥姥"，她反而先學會了叫媽媽、爸爸和爺爺。終於有天吃午飯期間，小孫女望著我，突然第一次大聲叫著："姥姥"。雖然她的發音不太準確，我開心得捧起她的小臉蛋親了又親。每當我們從樓梯上下走動時，我教她一層一層的數數："一，二，三，四，五……"。每當我們一起玩遊戲時，我教她說歌謠。我時常拉起一隻小白兔的長耳朵反復念著："小白兔白又白，兩隻耳朵豎起來，愛吃蘿蔔愛吃菜，蹦蹦跳跳跑得快。"我經常舉著她的小手左右搖擺著說："我有一雙小小手，一隻左來一隻右，小小手小小手，一共十個手指頭。"說起來好笑，小孫女學說正統話比較慢，可學說有些話特別快。有一天，我給她換尿布時，聽見她放了個小屁，不由得自言自語地說了幾個字。沒想到小孫女一下子就學會了！她躺在那裡一邊露出了得意的笑容，一邊一聲比一聲高地喊著："放屁屁，放屁屁！"害得我遭到了女兒的批評："姥姥盡教不好聽的話呢。"我偷笑著並小聲嘀咕著："童言無忌嘛。"

　　在小孫女的身上既然有著一半中國人的血統，我願從平常普通的小事中，教她逐漸傳承到一些良好的品德，比如：懂禮貌，知錯道歉和誠實等等。現在每當早晨見面時，小孫女會用中文說：“早晨好！”晚上分別時，小孫女會說：“再見！我愛你！”有的時候，小孫女光顧著玩耍，不來跟我道別，我會用中文告訴她：“你不跟姥姥說再見，姥姥會傷心的！”小孫女一聽見我這樣說便馬上放下玩具，就像一隻可愛的小企鵝一樣搖搖擺擺地跑過來，擁抱著我說：“姥姥再見！”頓時，滿滿的愛意又從我眼睛中流淌出來。

　　今年的 1 月 17 日，小孫女滿兩歲了。我曾是媽媽心中的好女兒，也是女兒心中的好媽媽。如今，我還想當一個小孫女心中的好姥姥。就這樣，一路且行且快樂和幸福著。

我家的妹妹

我女兒的第二個女孩出生後，父母親給她起的名字是：Victoria。或是因為英文名字較長的緣故，我們一直喜歡叫她：妹妹。以至到妹妹第一次上中文學校時，老師問她："你叫什麼名字？""我叫妹妹。"逗得老師不由得笑起來。

我家的妹妹有一雙圓圓的大眼睛，一頭柔美略卷的長髮，奶聲奶氣地一說起話來便露出

了無比甜美的笑容，這讓人們頓時掩不住對她的喜愛。當妹妹剛剛兩歲多的時候，她一看見媽媽坐在沙發上睡著了，小小的手就會拉著一條大毛毯，輕輕地蓋在媽媽的身上。每天清晨起床後，她會圍著床鋪爬上爬下地把被子和枕頭一一整理好。妹妹比姐姐小了一歲多，可每當有好吃的食品時，她首先想著留給姐姐一份；當收到一些無署名的禮物時，她常會讓姐姐先挑選。我們住的地方離女兒家很近，我幾乎每天去女兒家。妹妹一見面或分別的時候總會親昵地喊著"姥姥好！姥姥再見！"同時張開雙臂緊緊地擁抱我。看著她

可愛的小臉蛋，撫摸著她柔軟的小胳膊，我整個人頓時被這濃濃的快樂融化了。人們常說，三歲看大七歲看老。而妹妹幼小的年齡，這些源於本性的善良和謙讓以及禮貌待人的品行，時常使我的內心裡湧起了許多感動和欣慰。

妹妹特別喜歡的中國食物是豆包，她每天至少要吃兩個豆包，有時還自編了幾句吃豆包的歌詞，一邊唱一邊吃。有一次，她一見到我便指著一個雜誌廣告十分興奮地告訴說，姥姥，這是豆包！可我一看，那個擺放在盤子中的豆包好小啊。妹妹不僅愛吃豆包，還喜歡學習中文。因為爸爸是美國人，所以學習中文對妹妹來說也不是一件容易的事情。但每個週六的上午，妹妹總會興致勃勃地去上中文學校。她學會了說些歌謠，還時常給大家表演著："我是一個大蘋果，小朋友們都愛我。請你先去洗洗手，要是手髒別碰我。"她學會了寫字和數數，不時大聲地從 1 數到 100。我們是從北京來到美國的，妹妹多次指著地圖表達著自己的一個心願：我也要去長城！我們一定會讓妹妹如願以償的。

妹妹最喜歡的動物是小兔子，她有好幾個長毛絨的小兔子，還有多件設有小兔子圖案的毛衣和裙子。妹妹得到的第一個小兔子玩具，曾是爸爸買的用塑料製作的一捏就會叫的小兔子。當時她拿起胖乎乎的小兔子，不停地捏著並咯咯大笑著，歡快的笑聲引得大家也跟著哈哈笑起來。妹妹自小就非常喜歡畫畫，每

逢感恩節和聖誕節或母親節等等節日時，她總會悄悄地製作成各種
不同的卡片，送給每個人。經常讓我們感到驚喜的是，我們和父母
親也被畫在了卡片中。這些簡單稚嫩的卡片傳遞著妹妹心中的愛，
時刻溫暖著我們。

　　我到加拿大旅遊時，無意間看見的一個小掛件竟令我眼睛豁然
一亮：那是一個美麗的張開一雙翅膀的小天使，身上刻印的名字是
Victoria。我情不自禁地覺得，這就是我家的妹妹啊！她恰如一個可
愛的小天使，把那麼多純真的快樂和美好全都帶給了我們。

　　再過些日子，就是妹妹 6 歲的生日。我想通過這些文字告訴妹
妹和孩子們，你們帶來的快樂是無價之寶。我們願用深深的愛，陪
伴著你們一天天健康地長大，擁有一個快樂與幸福的童年。

第二章

這裡有一種
情誼
撥動你的思念

天鵝湖 - 芭蕾舞

>> 兒女們隨時隨地的牽掛與感恩，才是父母親享用不盡的幸福；兒女們無時無刻地孝敬與承諾，才是父母親千金難買的快樂。所有父母親的微薄心願，尤其是在過年的時候，他們都在等待著期盼著，兒女們常回家看看，回家看看。

>> 不只是我一個人，也許是很多人，面臨危難的時候，最深的眷戀不是那些能用金錢買得到的貴重東西，而是那些失而不能複得滿載著回憶的東西。而深藏在它背後的，正是每個人心底裡那一份永不褪色的曾經付出或得到。如果濃縮成一個字來概括，那就是：愛。

>> 我們竟然都是同此情懷，不管走到天涯海角，一種對根的深摯盤繞，對故土的質樸熱愛，早已融化在骨髓血液中。生活環境改變了，甚至連國籍也改變了，無法改變的是，那人，那心，那情，依然與"中國"兩個字相連在一起，周而復始息息相通。

>> 許多人持之以恆地收藏著各種類型的東西。而我，則喜愛保存起周圍每個人用心並且親筆寫下的小小卡片。無論歲月過去了多久，不管彼此是否還能重逢，從而逐一收藏起與自己真誠交往過的朋友們珍貴的友情。

>> 時間的年輪飛轉向前，我僑居在異國他鄉已經數十載。可故鄉，永遠是我心中最深的牽掛。而鄉音，也始終是最親的天籟之聲。

>> "鄉愁是一灣淺淺的海峽，我在這頭，大陸在那頭。"而如今，詩人早已返回了魂牽夢繞的故鄉，也將會有更多的人來回越過那灣淺淺的海峽。

>> 夢悠悠，景切切，那夢那景源於人們心底處最柔軟的地方。情深深，魂依依，那情那魂是思念，是牽掛，是回憶，是重逢，是人們彼此之間無論是生是死，永遠散不去的一份真情。

《華人》，祝你生日快樂

夏去秋來，每逢辭別了夏日的初秋季節來臨，《華人》便迎來了又一個生日。在十月一日這一天，我們總想捧上一束最美麗的鮮花，送去一個最深情的祝福：《華人》，祝你生日快樂！

今年，《華人》已滿二十歲了，請讓我們仔細數一數，在此期間，曾有 240 位出類拔萃的人物榮登了封面。他們每一個人的故事，激勵著許多身在異鄉奮鬥不息的人們。且讓我們認真讀一讀，刊登出的每一篇文章全都凝聚了每一位作者的心聲，而且沉澱著漫長歲月中難忘的記憶。再讓我們回首看一看，《華人》的發行者、作者、編者與讀者們同在這個極為豐盛的文學田園中，不斷收穫著來自成功、知識、情感、趣味和快樂等各種的精神食糧。

歲歲月月，《華人》始終如一地提供了一個寬闊的平臺，讓喜愛寫作的人們實現著內心的夢想。而我，多年以來也由此與《華人》結下了珍貴的不解之緣。我不僅有著父母親給起的名字，還增添了一個由於寫作所起的筆名：一舟。

我清楚記得那是在 2002 年 8 月 10 日的中午，我和《華人》的創刊發行人馬平一邊吃飯，一邊商議著開設《真情世界》欄目的具體事宜。吃完午飯，我從幸運簽語餅中抽出一張紙條，上面寫著一行字：You will make a name for yourself。當時，自己的腦海裡忽地閃過一個好笑的念頭："是啊，我應該給自己起個筆名。即使文章寫得不好，那也沒人知道是誰寫的。"隨即，我想好了發表文章時專用的名字。從那天開始，我拿起了手中的筆，忐忑不安地寫下了初涉文壇的第一篇文章，並且一篇接一篇不間斷地寫了下去。我就像童話故事中的那只雖然沒有小兔子跑得快然而從未放棄前行的小烏龜，經過多年的累積竟能出版了一本二十萬字的散文集。我喜歡我的筆名，因為它得到了不少讀者的認可。我珍惜我的筆名，因為它提醒著自己在浩瀚無邊的文學海洋中，要做一葉不斷揚帆行進的小舟。我鍾愛我的筆名，因為它一直連接著我與《華人》那份歷久彌新的緣分。

在我持續寫作的過程中，十分難能可貴的是收穫了一種特殊的友誼。通過寫作，我認識了一群情投意合的女筆友們。有時，我們歡聚一堂，爭相恐後地笑談起那些昔日寫作時的趣事。有時，我們穿著時尚的衣裙，輕鬆地遊玩於山水之間。還有時，我們早已忘記了個人的減肥計畫，開心地聚餐在不同風味的餐廳裡。套用一些新近頗為流行的詞彙來形容，我們逐漸從文學女青年變成了文學女閨蜜。

一提起每個人的文學夢，大家都會首先想起馬平。我第一次與她見面的時候，曾隨意問起："你為什麼要出雜誌呢？"她充滿自信地告訴我："這是我年輕時的一個夢想。上大學時，總想能出一本自己創刊的雜誌，來美後終於有了這樣的機會。"而《華人》自2001年10月創刊以來，已成為當地華人社區中幾乎無人不曉的中文雜誌，她也如願以償地實現了年輕時的嚮往。

原哈爾濱電視臺編輯李峴不僅是雜誌創刊號的封面人物，還開設了《李峴視點》欄目。她在慶賀雜誌發行100期時寫到："《華人》從一個理念到一本雜誌的誕生，從當年的三十幾頁到如今的一百多頁，從一個幼芽長成枝繁葉茂的果實，我看到的不是繁花，而是一棵生命力極強的奇葩。《華人》如奇葩在一片綠洲上脫穎而出，而這片綠洲就是華人的魂。"大學畢業後在國內做了十幾年記者的郭俊麗，現是雜誌封面人物的專欄作家。她深情地說出了大家的心裡話："續夢在《華人》，心存感激。願《華人》雜誌茁壯成長，為我們這些文學愛好者們提供一片可哭泣可歡笑可耕耘可收穫的綠洲。"

如今，《華人》正以腳踏實地的步伐邁進了新的一年。馬平謙虛地說過這樣一句話："不求最好，但求每期雜誌比上期做得好一些。"那麼，就讓我們滿懷敬意地共同祝願：《華人》，祝你一年更比一年好！

吻 別

這是一個發生在許久以前的真實故事，唯美而淒涼，始終讓我無法忘懷，總想把它寫下來。因為好友曾經問我："假如遇到相同的情況，會怎樣去做？"我暗自思索了許久，答案許是和她做出同樣的選擇。

聽到他突然住院的消息後，她和大家一同前往醫院去看望。才短短十幾天的時間不見，因為胃癌晚期住院的他竟然變成了另般模樣，不禁令人大吃一驚。他的臉色慘白，整個人由於消瘦顯得格外虛弱，似乎連講話或下床的力氣也消失殆盡，只能無力地斜靠在病床上。不勝痛惜的感覺擊中每一個前來探望他的親朋好友，她也不知道要講些什麼話語才能安慰他，只是輕聲地附和著其他人。臨走時，大家和他一一握手告別，當輪到她的時候，她明顯發現，他的眼睛裡一下子閃爍起亮光，同時感覺有一個小小的東西不為別人察覺地塞到了她的手心中。她沒有出聲，一隻手緊緊地捏著。

在家中的洗漱間裡，她打開一看，只不過是一張寫了幾個字的小紙條：“能單獨來看我嗎？”讀著這幾個字，她不知所措地回想起來。他是她的同事，同一年從學校分配到這個單位工作。他的性格較為羞怯內向，再加上不愛多講話，平時相互之間並沒有什麼來往。說實話，她從未過多地注意到他的存在。然而如今，她的腦海裡總是反復閃現著他那期盼的目光。能不告訴先生，單獨去看他嗎？如果被別人看見了，會如何猜想呢？她內心裡一再猶豫著。

遲遲沒有做出決定，直到聽見了他病危的消息，她才決定去看望他。當她意外地出現在他面前時，他的臉色由於極度的興奮，竟呈現出些許清淡的紅暈。他緊握住她的手，語無倫次地低聲說：“你知道嗎，我一直都喜歡著你。謝謝你能來看我，此生我再也沒有什麼遺憾了。”他停頓了片刻又說：“我知道自己沒有多長時間了，能答應我最後的一個請求，讓我吻你一下，好嗎？”聽見他突然說出這樣的話，她卻連一個字也說不出來，更沒有力量拒絕。任憑他在她的臉頰上輕輕地吻了一下。他的嘴唇好涼，但眼裡卻滾落下炙熱的淚花。

數天之後，他去世了，走的時候剛滿 26 歲。

回想起我們的青春歲月，那是一個清規戒律頗多且極為保守的年代。男女之間絕不能隨便擁抱，當然更不可以親吻了。如若行為稍有不檢點，輕者被批評教育，重者則被扣上作風不正派的帽子遭受批判。這件事情她始終沒有告訴先生，因為不知道世俗輿論將會如何看待她。只是不忍心拒絕他，一位年輕朋友生前最後的一個願望；只是不願傷害她不曾知道而為自己存在過的一份情意。

淡淡的花香

情人節的第二天清晨，她坐在辦公室的桌前，打開電腦首先查看有什麼新的來函或資訊。突然間，她不由得眼睛一亮，心頭隨之怦然而動。她看到了屏幕上盛開著一束美麗的花，花兒競相開放，吐露芬芳。如若是在昨天，她會遐想：有一個遠方的朋友在祝福她。她不曾收到過來自異性的禮物，也從沒有收到過鮮花。但她承認自己真的十分渴望，是對感情的渴望。她期盼著得到關心與呵護。

她的眼睛又意外地讀到了下面的幾行文字：花是祝願你快樂，時間是有意錯過的。我走了以後，唯一牽掛的就是你。只因為打開心窗，心中有家有你也有著一份情誼。作為朋友，當你需要我時，我總在那裡。

竟然是他！她和他在同一個公司工作，由於來自相同的故鄉，又有著同樣的成長背景，他們很快就成了要好的朋友。在工作中，遇到任何問題時，他們經常互相磋商和幫助。幾年的朝夕相處，她在不知不覺間積累了對他的信賴。當她遇到困難，感到沮喪或受到委屈，甚至生病時，她最想告訴的第一個人就是他。在她的心中，他是師長，是摯友。不過，她對他從來不會逾越朋友的那條界限，因為他已有個幸福的家庭。

直到因為工作變動，他即將搬遷到別的城市。他這一離去，或許此生彼此就不能再相見。聽說了這個消息，她的心在痛，像是被一塊石頭重重地撞擊著，痛得一直默默地流淚。為什麼會有這麼多的不捨？為什麼會有如此深的眷戀？每個人的感情瞞得了別人，卻瞞不了自己的心。她終於暗自承認，她喜歡他。也許，有時候喜歡一個人並不需要任何理由的。然而，當他們離別的時候，她卻什麼也沒有說，僅把這一切悄悄地藏在了心底。她以為，他永遠不會知道她曾有過的感傷。

看見他送來的花和寫下的文字，她才明白，其實他早已懂得她。她相信緣分，人與人之間真誠相待而得到的緣分。她贊同書中的一些見解，每個人最值得珍惜的感情，不僅限於一世的擁有，也包括了人們在無論或長或短的相處中，共同有過的無數珍貴的經歷與回憶，也就和誰共同擁有了與自己生命有過交集的一段緣分。她喜歡並始終信奉著一段話：「友情，它既不同於友誼，又不是愛情，但它卻能在人生道路上走得最遠最長，即使是和一個異性。友情是一種付出，不求任何回報的付出。」

屏幕上的花散發出淡淡的花香，輕柔地沁入了她的心田，溫暖著整個人，整個心。

萬物皆有情

　　我翻看滿載著自己記憶的筆記本，隨意地閱讀起人生路上的其中幾頁，不禁怦然心動。許是為以往那份濃濃的情意，在心底深處不曾隨著歲月的流逝而褪色，依然是如夢的美麗，似水的眷戀。

一隻老母雞

　　雞年，我懷想起了我家的那只老母雞。

　　在我童年時，由於各地連年遭受自然災害的影響，即使在北京這樣的大城市，每個家庭的糧食和蔬菜等均是按人限量供應。城市裡的居民們為了改善生活，紛紛在住家樓房的四周，圈起來一小塊地來養雞和種菜。

　　春天來臨，近郊的農民們常挑著擔子來到市區，叫賣剛剛孵出來的小雞。筐中的那些小雞們尖尖的小嘴巴，圓圓的黑眼睛，毛茸茸的黃毛，嘰嘰喳喳地擠在一起，別提有多可愛啦！據有經驗的人說，抓住小雞的兩條腿朝下，如果它的頭是垂

直朝地面，那是公雞。如果它的頭是倒回來朝上，那就是母雞。

　　那年，媽媽挑買了四隻小母雞。我們高興極了，天天盼著小雞們快快長大。在四隻小雞中，有一隻小雞長得特別顯眼。它一身雪白的羽毛，挺直的腿杆，走起路來神氣十足。媽媽說它是一隻會下蛋的"來亨雞"。果然，這只小雞是第一個下蛋，而且下得很勤，每週至少能下四五個蛋。這隻小雞生性乖巧，每當我們小孩追趕它，如有蛋時，它會一聲不吭地臥在地上，任憑我們伸進一個手指，摸一摸屁股裡的雞蛋，然後把它放進專門下蛋的雞窩裡。如沒有蛋時，它會跑開。但一貫調皮的小哥哥，喜歡緊追不捨地去摸它，常會摸到一手指的臭雞屎。每當小雞下完蛋，總是大聲地"咯咯噠,咯咯噠"叫個不停，欣喜地報告著"又下蛋了"的好消息。媽媽格外疼愛這只小雞，時常單獨的喂些碎米渣和砸碎的骨頭沫，而小雞也最聽媽媽的話。有一次，我們不服氣地做了一個測試，全家人圍在小雞身邊兩米遠的地方，每個人都大聲"咕咕咕咕"地叫喊，看它究竟首先跑向誰。只見小雞沒有絲毫的猶豫，照直朝著媽媽跑了過去。

春秋交替，年復一年，小雞逐漸變成了老母雞。我不曾記得這只來亨雞活了多少年，只記得它跑得越來越慢，媽媽擔心它跑不動，還細心地把它的翅膀修剪得短一些。它下蛋的次數也越來越少，每週才下一兩個蛋，但媽媽反而更加疼愛它，單獨喂它的次數也越來越多。直到有一天的清晨，媽媽打開雞窩門，別的雞一下子全都跑了出來，可任憑媽媽怎樣呼喚，老母雞也沒有跑出來。媽媽趕快把雞窩上面的木板掀開一看，老母雞已經死了。媽媽輕輕地把老母雞抱起來，竟然看到，就在它厚厚的胸脯下面，藏著一個暖暖的大大的雙黃雞蛋！

媽媽傷心地哭了，我們也跟著媽媽哭起來。媽媽找了個紙盒子，把老母雞放進去，深埋在菜園裡。不知道經過了多久的時日，在這片土地上長出來的青菜，比其它地方的青菜不僅茂盛許多，還閃爍著一片綠油油的光澤。

如今，當我又回想起這只老母雞的時候，心裡仍像媽媽當年那樣喜愛著它。我仔細琢磨，人與許多動物在彼此間的相處中，經常由衷地付出了真情。雖然沒有相通的語言，但當人們給予了溫暖，動物便會以它的形式來回報。這就是自然界中一種互通互換的愛。

一隻舊鞋

熟悉我的朋友都知道，有一隻鞋一直陪伴了我十幾年，它僅是一隻極為普通黃色軟皮面的平底鞋，而且由於穿的時間太久，鞋面的邊沿早已出現了整整一圈的黑色油蹟，可我至今仍然捨不得丟掉它。

我來到聖地亞哥不久，便開始學習駕駛汽車。而在學習開車期間，我穿的就是這雙平底鞋。從此，這隻右腳穿的鞋陪伴著我從最初直到現在，而另外一隻鞋早已不知道了去向。說出來有些不好意思，因為我只有穿上它，開車時腳底才能感受到輕重有別的規律，心中才會保持著一種鎮靜與安全的感覺。我曾經也嫌麻煩每次開車都要換上它，多次試圖換穿著上班的高跟鞋或鍛煉的運動鞋。可我一旦換上了別的鞋開車，腳底下面頓時失去了往日熟悉的感覺，不是覺得鞋底太硬，就是覺

得鞋底太厚，心裡也立刻跟著慌亂起來。由此我不再做任何其他的嘗試，開車時踏實地穿起這只鞋，走過了來美多年的一程又一程。我穿著它，從不會開車到瀟灑自如地奔駛在高速公路上；穿著它，每天準時上下班；穿著它，到過拉斯維加斯和旧金山以及更遠的地方。這只鞋是我隨時相依的夥伴，它帶給我一路平安。

在現實生活中，一套衣裙、一個行李箱、一隻手錶或是一件在別人看起來並不重要的東西，如若自己使用習慣了，如若它陪伴你度過了一段難忘的人生里程，那麼，在你的內心裡自然而然地會產生出一些極深的眷戀。

世間啊，人有情，動物有情，萬物之間皆有著一份緊密相惜的情緣。

曾有一个地方

　　從美國返回故鄉，我迫不及待地奔向了一棟新穎的高層大廈。

　　我按響門鈴，跟隨著清脆的鈴聲，那扇陌生但在內心中深切思念著的大門打開了。我還未曾開口說話，忍不住的眼淚卻搶先一下子流淌下來。快步走上前去，第一次緊緊地擁抱著他們。幾十年沒有見過面，他們已是八十幾歲的老人了。仔細地端詳過去，曾在我年少的目光中，一直是瀟灑英俊的楊叔叔儘管黑髮已變成了滿頭白髮，眼角處增添了不少的皺紋，但依然是身材挺直，目光炯炯有神。身穿著一件粉白豎條相間的襯衫，顯得格外的神采奕奕。而和藹可親的林阿姨頭髮也完全白了，耳朵上還戴著一副助聽器，比從前更為清瘦，講起話來仍是昔日裡的輕聲細語。他們不停地呼喚著我的名字，緊拉著我的手，敘說起記憶中的往事。在他們的面前，我仿佛又回到了久遠的童年時代。

　　童年時的記憶往往是模糊的，殘缺不全的。然而，一旦記住了什麼事情，那麼，一定是當時印象最深刻的。

　　孩童時候，我家住在北京西城區。那是國家計委、國家建委和統計局的機關宿舍，統一的建築樣式和深灰色的樓房，每一棟樓有四層，每一層有左右兩家。整個樓群的頂部是寬敞的平臺，將不同走向的各棟樓連成了互通的整體。

　　在這個大院中，附近的鄰里之間彼此全都相識。父母親常在同個單位工作，孩子們常去同個幼稚園或小學校，大家和睦相處得就像一個大家庭。夏日傍晚時分，大人們圍坐在樹蔭下乘涼聊天，女孩們三五一撥的跳皮筋，男孩們則成群結隊的捉迷藏。寒冬季節，每當漫天飄起了鵝毛大雪，層層疊疊得足有半尺多厚時，便有人在大院中堆起一個笑容可掬的大雪人，眼睛塞了兩個圓圓的黑煤球，鼻子插上一根又長又尖的胡蘿蔔，嘴巴竟是一塊朝上彎曲的灰瓦片，還戴著一頂破了邊的舊草帽。每逢國慶日的夜晚，男女老少全都聚集在樓頂的平臺上，觀看著四面八方騰空而起的焰火，喜慶的氣氛籠罩了整個平臺。一到春節期間，你來我往挨家串戶的相互拜年，大人們的臉龐上充滿了愉悅，小孩們的口袋裡裝滿了糖果。大人笑，小孩樂，一年四季裡大院內到處洋溢著歡聲笑語。

我們住在二十九單元三層五號，楊叔叔一家四口人住在同層的六號。楊叔叔大學畢業後分配在國家統計局工作，而林阿姨任職於小學的語文老師。在諸多鄰居中，我們兩家人最為親近。每天做飯菜時，香噴噴的味道透過敞開的門窗隨即交融起來。有時醬油用完了，媽媽連煤氣火也不用關上，讓我拿小碗到對門要來些許，根本耽誤不了炒菜。爸爸出國訪問帶回來的巧克力，媽媽過年包好的豬肉韭菜餃子，總忘不了留給他們一份。而我二哥的閒餘時間，喜歡粘在他們家裡，幾乎成了另一個兒子。

翻閱我以往無法忘卻的記憶中，幸福與悲痛同樣刻畫了清晰的痕跡。在黑白顛倒的"文革"歲月，周圍的一些大人們被停職抄家和批鬥遊街，甚至被奪去了寶貴的生命。而年幼的我生平第一次目睹的死亡，竟是與爸爸的生死離別。二月裡的一天，爸爸清晨去單位上班，應該回家的時候再也沒有回來。爸爸沒能看見一個親人，沒有留下一句話，突然間被吞噬在黑暗彌漫的盡頭。隨之而來的是家中配製的電話拆除了，原來的待遇取消了，難以置信的是過去經常出現某些畢恭畢敬的面孔不再出現了。

然而，我始終記得爸爸離去的那天深夜，當我們兄妹哭泣著從醫院返回家中，剛走上第三層樓梯時，楊叔叔輕輕地打開了房門，林阿姨早已做好了飯菜等候我們。我也從未忘記爸爸的老戰友們照常到家裡看望，總是撫摸著我們潸然落淚，然後留下了一些食品。

而四周的一些鄰居們平時或過節仍然一如既往地問寒問暖。涓涓細微的暖流，融化著我心靈深處最冰涼的角落。並使我開始用自己的眼睛辨別出世態的炎涼善醜，從而逐漸懂得了面對人生起落的努力自強。

分別了數十載春夏秋冬，如今終於重新見到了楊叔叔一家人。我們幾個童年時的小夥伴們相聚在一起，互稱著小名，揭發著兒時的糗事，嬉笑打鬧著拍照。大家一邊擀皮包餃子，一邊搶說著各種各樣的往事。兩位老人樂呵呵地看著每個孩子，還不時地插話講些新觀念舊道理。重溫著久違了的一切溫馨，讓我捨不得歸去他鄉。臨別前，他們叮囑我說："孩子記住，這裡就是你的家。叔叔和阿姨惦記著你呢。"頃刻間，胸中湧起了一股濃濃鬱鬱對父母親般的眷愛。

曾有一個我童年居住過的地方，由於同住著這些不是親人勝似親人的人們，帶給了我那麼多純樸的溫暖。觸摸心底，這溫暖將永遠都在。

鄉 音

　　那年的九月下旬，我懷揣著滿滿的思念和期盼，又返回了故鄉。抵達北京以後，每打通一個電話，電話那頭便立即傳來了熟悉的聲音："你回來啦，太好了！哪天有時間咱們聚一聚。"我在電話這頭，一雙眼睛早就笑成了一條 縫，這麼多人都記得我呢！

　　這次回家恰逢中秋時節，我先和家人們熱鬧地團聚了一番，然後去看望了小學時的兩位班主任老師，後來他們結成了夫婦，現今已有 80 多歲。聊天時我問管老師："在您的印象中，我小時候是個什麼樣的孩子啊？"管老師回答說："我教了許多屆學生，但一直記得你們這對孿生兄妹。你啊，學習十分刻苦努力，做事情也很認真仔細。而且小嘴巴可會說話了，特別討人喜歡。"而一位小學同學直言不諱地說："你總想當第一，總也沒當上"。另一個發小則笑嘻嘻地提醒說："你還記得嗎，當年你考初中時，算術做錯了一道題，沒考上第一志願。接到第二志願的錄取通知書時，你哇哇大哭。"聽著大家有趣的描述，瞬間把我帶回到那純真的童年時代，並初次知道了在他們的眼中我是怎樣的一個女孩。

　　北京女八中是我的初中母校，"文革"期間，同學們在這裡僅讀完了第一個學期。此次探親，我們六個曾經最要好的同學也相約見面了。當五十年後的再度重逢，我們瞬間就變回了當年的那群女學生，一見面就緊緊地擁抱著，手拉手大聲地歡笑著，圍坐在一起親切地攀談著。我們攜手一同走在昔日的上學路上，並不時地合影拍照。聚餐的時候，我們爭先恐後地回憶起上學的往事，互相揭發著一件件糗事，並且笑著鬧著擠成了一團。我更不曾想到，自己在中學好友們的記憶中竟是那麼清晰。有的同學說，我腦子裡從中學到現在，你都是活潑開朗的。有的同學說，你喜歡給別人起外號，誰誰的外號就是你起的。還有的同學說，你臉色總是紅撲撲的，還有兩條又長又粗的大辮子呢！我的同桌珠珠說，你沒有變，還是那個正直樸實和聰明的同學。摯友小奇深情地說，當咱倆重新聯繫上後，我是喜極而泣。而遠在大連的同學劉萍則在微信中寫道："小平少女時痛失父親的那件事刺痛我，讓我每當想起心就在隱隱作痛。多少年過去，許多人和事淡去，但此痛卻存住了。"同學們你一言我一語的述說，猶如一股股暖流穿過久遠的年少時光流淌在我心間。

聚會以後，熱愛攝影的元元立即把照片製成了"金秋之約"的音樂美輯。有位同學有感而寫道："上下五十年，真的是把望斷秋水的思戀，迢迢千里的重聚凝集到了小小的鏡頭中；真的是人美字美天地美，拍出了友情和戀戀不捨情；真的是沒有真情投入，哪來的滿面春風的笑容，姹紫嫣紅中情深意厚的相擁。"是啊，少年時同學們的短暫相遇，但相互的思念卻悄然沉澱了半個世紀。

臨回美國前夕，我還去看望了曾經的老鄰居。從我上小學開始到初中，楊叔叔一家人就住在我家同樓層的對面，他今年已是89歲的高齡。我和妹妹一進門，楊叔叔馬上樂呵呵地拉著我的手說："小平從小就又懂事又穩重，每次回家都來看望我們，叔叔和阿姨一直都非常喜歡你啊！"我們和幾個發小一邊包餃子一邊談笑，竟得知了一個小秘密，楊叔叔夫婦當年還曾想讓我當他家的大兒媳婦呢。分別時，楊叔叔已把剛拍攝的照片編輯在一起並對我說："你林阿姨已不在了，我也不知道還能不能再見到你。好好保存著照片，如果想我們了就看看啊！"我轉頭離去時，淚水已然湧滿了整個眼眶。

歲月漫漫，時光匆匆，一些昔日往事我早已模糊淡忘，可這些親朋好友們仍然記得並有聲有色地講敘出來。儘管他們口中的詞彙各有所異，但讓我一下子回想起自己孩童和少年時各種天真的模樣，從而沉醉在美好的回憶裡開懷大笑。他們每一點一滴的描述，不僅帶來了無限的樂趣，而且使我心底裡溢滿了極深的感動。

"少小離家老大歸，鄉音無改鬢毛衰。"如今，我無比珍愛除了家人之外還能聽到的鄉音。這些娓娓道來的鄉音那麼真誠、坦率和親切，它是我們彼此生命中或長或短的交集後長久的一份惦念，也是世間最溫馨的一種語言。因為，只有一直記掛著我的人，才能帶來這份無可替代的親近與溫暖。隨著年齡的增長，我開始害怕失去他們。如若有一天知道我這些久遠往事的人越來越少，自己的內心深處會有怎樣的失落和感傷。這種不敢言說或觸碰的情感，更讓我越來越珍惜每一次的相聚。

時間的年輪不停地飛轉向前，我居住在異國他鄉已經數十載。可故鄉，永遠是我心中最深的牽掛。而鄉音，也始終是最親的天籟之聲。

發 小

當互聯網迅速發展起來以後，在手機中的微信上除了家庭、同學、同事和聯誼會等不同的群外，還有一個群是不可忽視的。這個群裡的成員不分年齡大小，大家親昵地互稱為：發小。在北京一提起發小，那就是指大院或胡同裡一群自幼一塊長大的孩子們。

在我童年時，父母親的同事們即在同一個單位上班，幾乎也都住在同一個大院的多棟樓裡。不但左鄰右舍的鄰居們互相認識，而且各家大大小小的孩子們全都一起玩耍。我記得那幾年連續遭到自然災害，大人和小孩們時常吃不飽。許多人在樓房的周圍圈起了一小塊地，自己養雞和種菜。"正月蔥，二月韭"，當誰家的小蔥或韭菜等稀罕青菜熟了的時候，常會給樓裡的鄰居們分上一把。曾有一次，有幾個餓得發慌的男孩子聞見了樓道裡煮黃豆的香味，竟悄悄把人家煮熟的黃豆連鍋端走，不一會兒工夫就吃了個精光。其實，在屋裡的阿姨早已看見了他們，卻只是自言自語："孩子們，餓啊！"那時鄰里之間的關係，真的是遠親不如近鄰。

我們大院內有一棵很大的老槐樹，許多大人經常圍坐在大樹下天南海北地聊天。每天小孩們一寫完了作業，大院裡的角角落落便成為他們嬉笑打鬧的樂園，而每群孩子中通常有一個孩子王。女孩們經常一起跳皮筋，跳繩，跳方格，丟手絹，還喜歡玩老鷹抓小雞的遊戲。男孩們經常一起彈玻璃球，拍洋畫，滾鐵環，騎馬打仗，並且到處你追我趕的瘋跑。還有的男孩子用粗鐵絲做了彈弓，想裹著小石子打小鳥。往往小鳥沒打到，反而把鄰居家的玻璃打破了，被家長狠狠地打了一頓屁股。大院裡的男孩子幾乎每人都有專屬的外號，什麼疤瘌眼，老頭兒，法寶，喜子，阿胖……有些女孩子也有外號，什麼小辣椒，小眯眼，小迷糊，菜包子……這些從兒時開始叫起的外號，等到大家數十年後再見面時，仍然一聲接著一聲地叫著。那迎面而來的親切呼喚，一下子就把彼此帶回了無比快樂的童年時代。

在我們小時候，每當賣冰棒的老爺爺推車過來，小孩們紛紛圍上去買一根三分錢的紅果冰棒，或五分錢的奶油冰棒，然後舉著冰棒慢慢地舔著。每逢過春節，又脆又甜的冰糖葫蘆是孩子們最愛吃的。錢不夠的小孩就兩人合買一串，而後一同坐在臺階上輪換吃著糖葫蘆。最開心的是大院裡來了爆米花的叔叔，如有小孩能從家裡拿出半碗大米，大家全都興致勃勃地圍在四周，觀看著如何爆出大米花。只見叔叔首先將大米倒進了一個黑長的爆米花機中，隨即架在火上轉動著烘烤了好幾分鐘，最後聽見“砰”的一聲巨響，大米花就爆好了。那剛剛爆烤出來的大米花特別香，幾個要好的小孩們馬上湊在一起，你抓一把我抓一把的吃起來，別提有多開心了！那時候，雖然我們沒有錢，卻有數不清的歡樂。

　　我有個十分要好的發小，她叫小增。我們的爸爸在不同的國家單位工作，但在同一個辦公大樓裡上班；我們的媽媽都在社科院的世界經濟研究所工作。孩童的時候，小增總會毫不吝惜地把糖果和零食分給我吃。我媽媽每次包了豬肉韭菜餡的餃子，總也忘不了給她家端去一大碗。每逢春節，兩家人總是來來往往的互相拜年，每個孩子的小口袋裡塞滿了花生瓜子。我和小增上了同一個住宿制的小學，並分到了同一個班。小學的六年期間，我們總是手拉手的一起去上學和回家。後來，我們又考上了同一所女子中學。再後來，我們先後來到了美國，住在不同的城市。每當我們在電話中聊起了童年的往事，一聊就是很長時間。我們的父母親一直是非常要好的朋友，甚至去世後全都安葬在北京的萬安公墓。我倆去掃墓時，一定會看望兩家的父母親。這份從父輩們傳承下來的深厚情誼，無論相隔多遠分別多久始終是一如既往。

　　歲月荏苒，我童年居住過的計委大院，連同那棵載滿記憶的老槐樹早被拆除得無影無蹤。孩提時的小夥伴們已經邁入了中老年時代，見面的機會也越來越少。曾經有人深情地寫道："想你！在每個頤和園柳絮紛飛的春天，在每個北海泛起漣漪的夏日，在每個西山楓葉染紅的秋時，在每個萬里長城銀裝素裹的冬季。想你！在我夢裡常把你的名字喚起，那來自童年的發小。"如今，儘管日月流逝，縱然容顏變老，只要聽見那一聲："我是你的發小！"久違了的親近感便油然而生。在我心裡，發小不僅是兒時的玩伴，年少的影蹤，更是一段純真與快樂的時光。那些沒有任何攀比的童年歲月，永遠讓人倍感難忘。

母愛無邊

　　生活中許多感人的情景，往往是在不經意間看見，卻悄然在我們心底深處留下了最美的痕跡，一旦想起，它便輕柔地溫暖著自己。

　　那年夏天，天氣很燥熱，熱得連一絲風都沒有，樹上的知了也“知了知了”地叫個不停。有一天中午，我從廚房的窗口毫無目的地向外張望，隱約看見高掛在涼棚架上的一盆花中，似乎有一團黑影。幾天過去後，我又看到了那盆花中的黑影還是一動不動。我感到十分好奇，索性搬來把椅子，站在上面看個究竟。哎喲！居然是一隻非常漂亮的小鳥藏臥在裡面。只見它深綠色的羽毛環繞著圓圓的頭和脖頸，灰色的羽毛覆蓋著全身，尖尖的小嘴巴緊閉著，還睜著一雙圓溜溜的黑眼睛與我對望著。但它看見我，怎麼不飛走呢？客從天上來，我唯恐驚擾了小鳥，便悄悄地離開了。

　　這天晚上，很少下雨的聖地亞哥，竟然下起了整整一夜的瓢潑大雨。半夜裡，我耳邊聽著重重地敲打在玻璃窗上的雨點聲，心中一下子牽掛起淋在雨中的小鳥。第二天清晨起床後的第一件事，我立即出去看看那只小鳥還在不在，小傢伙依然靜臥在花叢中。直到有一天，我突然發現小鳥的影子不見了，立即又站在椅子上探望。哈哈，竟有三隻身上沒有羽毛，眼睛緊閉著的小鳥兒躺在那裡。噢，原來那只小鳥是位鳥媽媽呢！我驚喜地在它們的窩邊放了一小盒水。

　　鳥媽媽回來了，不顧剛生產後的疲憊，尋找食物回來了！我從窗口處目不轉睛地眺望著，以為它會去喝水。誰知鳥媽媽剛停落下來，馬上又飛起來，停落在後院的圍牆上，驚慌失措地四處張望。

然後，鳥媽媽飛來飛去了好多次，終於沒有了動靜。我再次站到椅子上去查看，鳥媽媽已經帶著兒女們離去，或許搬到了一個它認為更安全的地方。

我若有所失地站在院中，久久地惦念著那只在烈日炎炎下，在狂風暴雨中，不吃不喝日夜臥在花盆中等待生育的鳥媽媽。一份生命誕生的艱辛與無所畏懼的付出深深地觸動著我，大自然中的動物界尚且如此，更何況有著思維情感的人類呢。

母親對兒女們的愛，就像放眼望不到邊際的大海。而兒女們能夠回報給母親的點滴，與大海的寬廣相比卻是微不足道。我情不自禁地讚美著天地人間：母愛無邊。

珊瑚影音

夢中情魂

朋友，你可曾經常做過難忘的夢，你可曾在夢中輕輕地微笑或哭泣，你可曾久久回想著為什麼會有這樣情景的夢？

有文章寫道："人生的旅程，是一條單行線。每個人手上握有的都是一張有去無回的單程票。細數過去以往的歲月，曾經擁有的剎那便是永恆，那失去的必然不再屬於你，就讓它成為過客。"儘管我知道，在人生的旅程上

確實沒有回頭路。然而我卻看見，在另一條虛幻的路途上可以短暫地回到以往，那就是夢境之中的回返。

人們常說，日有所思，夜有所夢。

媽媽去世的時候，我剛剛動了手術，又出了一起車禍，血壓高得不能乘坐飛機，所以無法返回北京為媽媽送行。魂牽夢繞的我，就在那夢境中，連續五天清晰地夢見了媽媽。在夢中，我跪在了媽媽的墓碑前泣不成聲地說："媽媽，對不起，我不能前來為您送行。媽媽，千萬不要生氣，女兒心裡好想您。"那不捨的淚水一直從夢

裡流到了夢外。在夢中，媽媽緊摟住我不願放開。媽媽對我說，她很冷很餓，沒有東西吃。那無盡的牽掛也一直從夢裡延續到夢外。

我撥通了一個好友的電話，講述了我的夢。朋友解釋說："這是她七七四十九天的最後五天，你燒些紙錢紙衣和食物，送她平安上路吧。"雖然我不信什麼宗教，可我願為媽媽做些事情。午夜過後，我和女兒在後院中靜靜地燒起各種紙錢和幾炷香，一縷縷的青煙帶著我們極深的眷戀縹緲地飛上了夜空。我不知道女兒說了些什麼話，只看見淚水不時地從她的眼角流淌下來。

同年中秋節的前一天，聽說是正逢陰間的中秋節。媽媽仍然惦記著遠在異鄉的女兒，又來到夢中看望我。臨別前，媽媽手拽著褲子還問我："肚子長胖了，穿緊身褲好不好看？"夢醒來時，我會心地笑起來，笑媽媽還是一如既往的愛美。

我常在想，或許真的有來生轉世，也或許真的有美麗的天堂，如若能再見到逝去的親人，再見到離別的朋友，我倒希望這一切都是真實的存在。

人們常說，夢是心中想，夢是情分緣。

從孩童歲月到成年時代再到生命盡頭，一生會相遇一些知己好友。就在那夢境中，以往和現在的好友們也時常前來相聚。有時同行在歡快的旅途中，有時相互敘說著離別後的牽掛，有時卻連一句話都沒有來得及講，難捨難分的問候全都深藏在無言的目光中。清晨醒來的時候，夢中的情景仍然記憶猶新，深切的思念便在內心裡時隱時現。

對於一些初識的人們，只要心存關注也會有夢。我曾應邀去參加了一個教會的活動，大家在一起為一位坐在輪椅上已不能走路的師母禱告，希望她能早日康復起來。就在那晚的睡夢中，我清楚地夢見了師母獨自一人坐在輪椅上，面對著一片平靜且發光發亮的海，居然從輪椅上站了起來，平靜地向前走去。我還大聲對站在身後的人們說："快看啊，師母站起來了！"後來，我告訴了與師母同教

會的一個姐妹在夢中看到的情景。她說，這是聖經啟示錄中提到的
"玻璃海"，是一個人們得救的地方。我同樣祈盼著師母能有一個最
美好的歸宿。

　　我常在想，或許真的有靈魂，也或許真的有人類還沒有探索出
的奧秘，如若能重溫難忘的時光，能留住情系的一切，我倒期盼著
世間曾相愛的靈魂都能再相遇。

　　夢悠悠，景切切，那夢那景源於人們心底深處最柔軟的地方。
夢中的情景很暖也很真，暖得令人捨不得醒來，真實得讓人難以忘
懷。

　　情深深，魂依依，那情那魂是思念，是牽掛，是回憶，是重逢，
是人們彼此之間無論是生是死，那永遠散不去的一份真情。

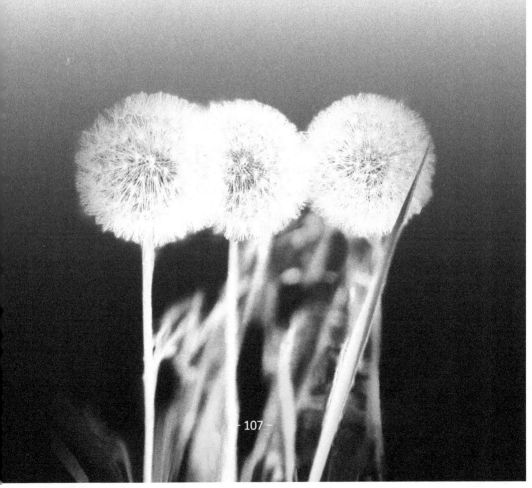

難忘的聖誕禮物

● 一年尾端的聖誕節，掛滿了彩燈的聖誕樹美，怒放似火的聖誕紅美，期盼拆開聖誕禮物孩子們的笑容更美。 而讓我對聖誕節有了最初的感動，是我來美後認識的第一位美國朋友：菲黛麗亞。

菲黛麗亞是加州州立大學英文系的教 授，她對中國留學生特別友好，許多早期在此校讀書的中國學生都得到過她的熱情幫助。我剛抵達聖地亞哥的晚上，就住在她家。當我見到菲黛麗亞時，因為不會講英語，只能對她微笑著打招呼。但她拉起我

的手親切地說：" 你的笑容就像花兒一樣的美麗 。"先生把她的話翻譯成中文，我從未聽過這樣被人讚美的話 ，不禁臉頰緋紅起來 。而陌生與拘謹的感覺悄然融化在這來自異鄉的友好中。

我來美後的第一個聖誕節的夜晚，菲黛麗亞邀請了二十幾個中國朋友們 到家裡過節。在她的家中，聖誕樹早已是掛滿了彩燈，長長的餐桌上擺滿了各式各樣的飯菜和水果。前來參加聚會的人們紛紛穿著亮麗的衣裝，有的聊天，有的下棋，有的跳舞，還有人哼唱起了十分熟悉的歌曲。滿屋子裡洋溢著節日的氣氛，一下子卷走了大家平日裡異鄉孤獨的感覺。

聚餐以後，菲黛麗亞身穿紅衣褲，頭帶紅帽子，站在了聖誕樹前。原來，菲黛麗亞還為每個人準備了不同的聖誕禮物。當她念到了我的名字，這是我收到的第一件聖誕禮物呢！我打開包裝漂亮的盒子一看，竟是一條漂亮的珍珠項鏈。小小的卡片上寫著："祝賀你找到了新工作，有個新的開端。"頓時，我的心間炙熱起來，上前緊緊地擁抱著她。菲黛麗亞帶給我的那份親人般的溫暖與關愛，讓我至今難以忘懷。

● Oreo 是阿慧自小養大的一隻小狗，阿慧定期要帶 Oreo 去獸醫院洗牙、剪頭髮和剪指甲，細心地待它如同兒子一般。多年來的週末清晨，阿慧經常帶著 Oreo ，與我一起到湖邊走路。Oreo 看見我的時候，總會使勁地搖晃起尾巴表示友好，我便會拍著它的背大聲說："快走路吧，胖得快變成小豬啦。"每逢遇到天太熱或下雨，阿慧還要抱起早已走不動的 Oreo 。然而，就在聖誕節的前夕，Oreo 不幸離世，因為得了癌症。

在我們幾個好友之間有個約定，聖誕禮物只送孩子們，大人們免去了互送禮物的習俗。可那一年，我沒有遵守這個約定。當我無意間路過一家寵物的禮品商店時，一隻雕刻精細的小狗站立在櫥窗裡，那眼神，那低垂在兩側的耳朵，那面部長長的毛髮，還有那全身白色僅在頭部帶有黑點的皮毛，太像了！真的太像 Oreo 了！它從裡向外深情地望著我，滿眼的依依不捨。這讓我一下子想起失去 Oreo 時，傷心得眼睛哭紅腫了的阿慧。

我把聖誕卡片也放進了禮盒的裡面，並在卡片上寫道："阿慧，它長得太像 Oreo 了，我把它帶回家，願你能每天看到它。"聖誕節的晚上，阿慧打來電話說，拆開盒子後一看見它，她忍不住哭了，全家人也都哭了。

阿慧把它放在了 Oreo 曾經每天等她回家樓梯口的地方，至今，它一直在那裡。

● 有一年的聖誕節，當女兒打開了眾多禮物裡其中的一個盒子時，開心的情緒無可置疑地濃縮在她 一聲聲的呼喊中了："噢，太漂亮啦，好暖和呀！"那是一條棗紅色粗毛線的長圍巾，樣式和顏色都是當時最流行的。女兒馬上打電話給我的好友燕子："阿姨，謝謝您送的毛圍巾，我非常喜歡。我明天就戴著它上西雅圖啦！"聽著女兒的歡聲笑語，我的心間泛起了一股感動與欣慰的浪花，為朋友一針針親手編織的毛圍巾裡面對女兒的疼愛，也為女兒逐漸懂得了感謝別人的成長。

我鍾愛一年年溫馨的聖誕節，也喜歡一 份份精美的聖誕禮物。因為我知道，自己送出的，亦如別人送來的，都不僅僅是一件普通的聖誕禮物，更是沉澱在彼此心底裡的那份牽 掛。濃濃的一份情誼，可直到永遠。

收藏起友情

　　年曆剛剛翻到十二月初，不僅千家萬戶的人們開始忙碌地佈置聖誕樹和購買聖誕禮物，而且連手機中的微信也繁忙起來，不是這個好友發來能歌善舞的聖誕卡，就是那位親朋轉入廣為流行的新視頻。當我注視著螢幕上美觀但經常同出一轍的畫面與文字時，總覺得缺少了一些能觸及自己內心的東西，腦海中卻閃現出更深的期盼。

　　早已入鄉隨俗的我，格外喜歡這裡彼此之間表達情感的一種方式。我有兩個長方形的鐵盒，裡面裝滿了大小不一的卡片。一張張精美或普通的卡片，不同的筆跡，不同的言詞，不同的署名，如同眾多作者們彙編在一起的短文集。我既不會覺得字體潦草雜亂，也不會認為內容平淡乏味，反而給我帶來了那種最美好的感受：＂愛，是雨過琴書潤，風來筆硯香。＂

　　如今，每當我重新翻閱起各式各樣的卡片，那些字裡行間散發出的情真意重即刻間溫暖了整個心懷，任何時候讀起來也仍讓我感動不已。那是因為，每一張卡片的背後，都有一段彼此難以忘懷的經歷。

　　溫馨的慰問卡——
　　來到美國不久，我躺在病床上收到了來美後的第一張卡片。那是我做完耳膜修補手術的第二天，成人英語班的同學代表送來的一張卡片。上面寫著：＂我們知道你昨天動了手術，今天的感覺好一些了嗎？我們想念你，希望你儘快恢復健康，早日回來上課。＂下面是二十七位同學們密密麻麻的簽名，他們分別來自越南、法國、日本、泰國、墨西哥和印度等國家。看到卡片上的寥寥數語，我卻悄然落淚了。從未想到在如此陌生的地方，竟有這麼多並不熟識的人們關心著自己。

親切的感謝卡——

我工作過多年的一家會計師事務所，來自臺灣的老闆曾在一張謝卡中表示：“謝謝你的關心和協助。你知道，我父親也很珍惜你的情誼。我仍然十分思念我父親，時間會是最好的醫藥，只是我一直感受到父親離去後那刻心入骨的痛，久久不能散去，真艱苦。”而有位同事寫道：“時間過得真快，一眨眼已經和你一起工作一年多了。你不僅教我工作，還教我做人。你是我的老師，也是我的親人，我萬分感激上蒼能讓我遇到你。我不知道這是不是我們一起工作的最後一個聖誕節，每當想起走進辦公室後你不在熟悉的位置上，就忍不住想哭。我是多麼的捨不得你呀！你是我在美國的最親的人，無論將來走到哪裡，我都不會忘記你。最後祝你平安幸福。”

難忘的自製卡——

雖然這張卡片上潦草地手畫了流下兩行熱淚的卡通臉龐外，只有簡單的幾個字：“我對著月亮吃月餅呢。”我卻會心地笑了，因為月餅是我計算著日子寄出的。在中秋佳節的夜晚，如若有親人或朋友們的牽掛，是不會感到孤獨的。我曾和一位好友發生了不愉快的爭吵，並在氣頭上說了一些出言不遜的話。其實爭吵後，我內心中暗藏著不少的懊悔。可我還沒想好如何道歉，卻收到了這位朋友用兩片紅楓葉製作的卡片，並在卡上面寫著：“紅葉兩片，好友兩人，暖話兩句，凡是全齊。節日愉快！”我一邊讀著字句一邊開心地笑起來，短短的二十個字不僅溫暖著我的心，也讓我找回差點丟失了的友誼，並從中深刻悟出：懂得包容，才是最好的珍惜。

愉悅的祝賀卡——

2001 年 5 月 10 日是母親節，我收到了女兒禮物的同時，還意想不到的收到了一個可愛的韓國女孩的賀卡："首先恭祝母親節快樂！雖然您的年齡不可能有我這麼老的女兒，但在短短的一年之間，幾乎每次與您談話時都覺得您有一種媽媽的味道，很親切。或許是因為在沒人的時候，我們什麼都談，而且哈哈大笑。有時，真希望自己年輕幾歲，這樣就有可能做您女兒啦。"

甜蜜的邀請卡——

一位年輕的臺灣女孩寫在結婚邀請卡上不拘一格的話語，令我耳目一新："在愛情的流域裡，我們找到了共同的脈動，緣分的牽引，拍擊起你我共度此生的願念。誠摯地邀請您與我們共用這份喜悅。"而在另一張結婚邀請卡裡，那個韓國女孩俏皮的話語同樣讓我記憶猶新："您再也不用為我費心睜大眼睛，尋找未婚男生了，因為我這個老掉牙終於要結婚了。等房子整理好，一定請你好好吃一頓！嘻……。"

真誠的分享卡——

在我珍存的眾多卡片中，也有多張是《華人》雜誌的讀者近年寄來的。有人評說："非文而文，難能可貴，實乃因著一個真字。生活之真，情感之誠，乃作品之生命所在。"有人寫道："每次讀你的文章，總感到精神振奮，倍受鼓舞。文如其人，所以你是我喜歡的那類人：真、善、美。願創作之神永遠眷顧著你，讓你新年裡繼續寫出更多更好的好文章。"還有人寫道："友誼之樹長青，一舟之筆長綠。你我的友誼又將進入一個新的年頭，有你這樣的朋友是我此生的一大幸運。"這些來自讀者的熱情鼓勵，始終是我繼續寫作下去的動力。使我能夠鼓足十萬分的勇氣，從初涉文壇的第一篇文章開始，一篇接著一篇寫到了今天。

溫暖的聖誕卡——

除了朋友們轉來的電子聖誕卡，我終於滿心歡喜地收到了好友燕子郵寄來的卡片。在每年的聖誕卡上，燕子書寫的文字十分娟美並如同一股穿越心底的暖流："我在想，生命中有多少偶然的相識，竟鑄就了一生的友情。我想起剛來美國時參加的第一個聚會上，同樣的年齡和經歷讓我們相識了，這一相識就直到了現在。這期間我們收穫著相互的關心，相互的愛護。心靈深處時時被感動著，溫暖著。這裡我想說一句話：朋友不需要經常提起，但需要經常想起。"

如今，我們生活在網路資訊迅速變幻的時代，早已不是"家書抵萬金"的歲月。以往寫信或卡片的時候，每次筆與紙碰撞而出的火花，那種文字與情感交融下的溫度，我們越來越難以感受到了。而這些我保存多年的卡片，每一張都是深藏在自己記憶裡一段美不勝收的時光。

生活中，很多人持之以恆地收藏著各種類型的東西，而我，則喜愛收藏周圍的每個人用心且親筆寫下的小小卡片。無論歲月過去了多久，不管是否還能重逢，從而逐一收藏起與自己生命歷程有過或長或短交集的朋友們珍貴的友情。

靜如止水

感恩節一過，沉寂的城市逐漸熱鬧起來。一棵棵散發出清香的松樹，一盆盆開放得如霞似火的聖誕紅，一個個熱衷於採購的男女老少，營造出濃鬱的聖誕季節氣氛。不知道從何時開始，我也喜愛起這個節日。尤其是每當聽到教堂裡傳出來的歌聲，心底深處便悄然泛起了輕輕的漣漪，時常會想起一個已經遠去的故人。

那是多年前，我剛抵達聖地亞哥不久，看到報紙上一則尋找管家的廣告。周日早上，我如約來到對方的家中。接待我的是一對年輕的夫婦，帶著一個大約兩歲的男孩，全家人穿裝整齊，看樣子是要準備外出。我暗自打量起他們：女主人十分秀美，長長的披肩卷髮，臉頰上有一對可愛的酒窩，大大的眼睛裡流露出一股文靜的氣息。男主人身著深藍色的西裝，但似乎有些寬大不太合體。一頭茂密柔軟的黑髮，戴著一副寬邊的黑框眼鏡，顯得格外的斯文儒雅。而最引起我注意的是，他的身材過於消瘦，並且臉色格外蒼白。我們互相交談了片刻後，我就被雇用了。

週一清晨，當我剛走進家門，女主人馬上悄聲地對我說：“等一會你看到我先生時，不要吃驚。他得了脾癌，因為連續做化療，頭髮全掉光了。”聽見她這樣說，我心裡乍然一驚。

在客廳裡，我見到了男主人。他只穿了一件襯衫，顯得比昨天更為消瘦。還沒等我想好如何講話，他便主動對我說：“半年前我被查出癌症時，已是晚期了。現在一直做化療，上周剛做完了第二個療程。”我盯著他的面孔，竟然看不到絲毫的恐懼。

“我能問您一個問題嗎？”

"當然可以。"

"一般人知道得了癌症以後，精神狀態通常會處於幾乎崩潰的邊緣。您為什麼還能坦然地談論自己的病情呢？"我小心翼翼地詢問。

"我是一個基督徒，已經把自己的生命交給了神，能夠在世間停留多久，什麼時候離開，完全由神來帶領。"他微笑著回答，這微笑中有一種我從未見過的平靜，靜得像是一潭沒有波動的水面。

男主人從茶几上拿給我一本書，封面上寫著書名《聖經》。他簡單地介紹了這本書，還講述了有關聖誕節由來的故事。在他緩慢的講話過程中，我一直目不轉睛地注視著他。這是我第一次近距離地接觸癌症患者，第一次遇見基督徒，也是第一次聽見這本書中的陌生話題。我不太相信自己的眼睛和耳朵，半信半疑地猜想：難道真有人不怕死嗎？！我捫心自問，自己既擔心失去健康，更害怕面對死亡。

週三的晚上，家裡來了許多彼此間互稱為兄弟姐妹的人們。大家虔誠地跪在地上，閉上雙眼，手拉著手，一起為男主人祈禱，並在鋼琴的伴奏下合唱了一些歌曲。令人不可思議的是，儘管這些歌曲的聲調極為平緩，但具有撞擊心靈的感染力。即使我是第一次聽到，內心中也莫名地湧動出了些許感動。在大家祈禱和唱歌後，男主人清晰地讀了《聖經》中的一段話："我求神將我的痛苦挪走，神回答說，不，痛苦不是由神挪走，而是自己要放棄。"然後，他接著說道："感謝神在病痛中賜給我的恩典與力量，世間的生命是短暫的，我隨時等候著神接回天家的那一天。"站在一旁的我，又看到了他的那種由內到外的平靜。

第二天上午，男主人的精神十分清爽，他換上了西裝，系上領帶，請我給全家拍攝幾張照片。在鏡頭裡，當我看到他們三人緊緊地相擁在一起，臉上的笑容竟是那麼甜蜜。我的眼裡反而濕潤起來，無法預料他們共同生活的日子還能有多久。因為，在夜深人靜的時候，我經常聽見男主人由於疼痛而忍不住地呻吟和喊叫。

我和這個家庭相處了很短的時間後，找到了其他工作。半年以後，我從一位牧師朋友的口中，聽到了關於男主人的消息。我離開後的兩個多月，男主人的病情急劇惡化。在人世間停留的最後片刻，他不願讓太太過於難過，執意讓她回家去取早已準備好的衣裝。離別的時候，男主人緊握著太太的手深情地說："再見，再見！"牧師告訴我說，他才剛滿三十四歲。而他所說的"再見"的含意是，將來在天堂再相見！我再次被他面對死亡時呈現出的平靜強烈地震撼著，他用生命讓我看到了來自一種精神信仰的淡定與力量。

每年歲末，當人們在松樹、紅花和禮物的前面添加了聖誕兩個字，這個季節便帶著它特有的內涵欣喜而至。我雖然沒有任何宗教信仰，然而，我常會默默地想，如若真的有天堂，遙祝男主人在那裡沒有病痛而得到喜樂平安。如若人們能像他一樣，凡事持有一個平靜的心態，坦然地面對世間的種種紛爭與境遇，或許，也就因而擁有了更美好的時光。

心中的一輪滿月

　　五月中旬，他從聖地亞哥返回了故鄉，她從另外的一個城市也來到了這裡。

　　三十一年過去了，他們已經離別了這麼長那樣久的時間，真的都老了。兩人由十幾歲的中學生變成了頭髮斑白的中年人。在重逢相望的一瞬間，只因為知道是對方，所以還能從變得蒼老的臉龐上尋找到昔日熟悉的印象。他們不由得熱淚盈眶，緊緊地擁抱在一起。這淚水，是久別重逢的無比喜悅。這擁抱，是多年牽掛的無聲表達。此時的淚水，此刻的擁抱，不再帶有著青春時期的羞澀與衝動。

　　他和她，曾是東北建設兵團的知識青年。更準確說，曾是一對戀人。在他看來，她長得非常漂亮，高挑的身材，白淨的膚色，再配上一雙明亮的大眼睛，更襯托出她與其他女孩們不一樣的文靜氣質。用他的話來形容，她長得像一個叫做吳海燕的電影演員。而在她看來，他不高也並不帥氣，但在眾多的追求者中，她仍然選擇了他。那是由於他的忠厚真誠和勤奮好學，深深地打動著她。

　　他們一同度過了長達八年的青春歲月，在那一眼望不到邊的壠溝農田中，灑下了並肩勞動的汗水。從幼稚園的教室內，時常傳出同拉手風琴與小提琴的合奏聲。水壩大堤旁，曾是兩人常去聊天的地方。分別的日子裡，一來一往的書信傳遞著彼此之間的思念。他們的滿腔熱情和努力奮鬥毫無保留地奉獻給了那個稱為北大荒的地方。然而，就在她從農場返回城市工作後，他也在同個城市的大學生物系讀書的期間，她竟然提出了分手，也沒有絲毫可以挽回的餘地。

　　那時候，他們太過年輕。無法明白在七十年代中國式的婚姻中，婚姻大事通常不是兒女們能夠自行決定的。家庭背景的區別，居住城市的不同，大學畢業後的分配去向，特別是家人親屬們的意見等等客觀存在的因素，往往會將一對年輕人的純真愛情變得複雜化甚至徹底扼殺。

　　以後的多年裡，他一直奮發向上，在中國科學院研究生院完成了碩士學位後，又在美國加州大學順利地完成了博士學位。而她，畢業於國內某中醫藥大學後，現在是當地頗有些名氣的中醫師，他們各自擁有了幸福的家庭。分別後他們從未再見過面，後來費盡周折才打聽到了彼此的消息。

　　在現實的生活中，任何人離開了誰總會繼續向前走的，並帶著昨天的一切向前走。每個人一生中最值得珍惜的感情，不僅只限於夫妻間的一世擁有，而且還包括了與知己摯友的珍貴友情。朋友，同樣能在人生的道路上走得長遠。

　　久別相見後，他們並肩漫步在寬闊的街道旁，敘說著許多經歷過的往事還有誤會和歉意。當路過附近國家紅十字會為四川地震災區設立的賑災捐款站時，曾經靈犀相通的內心竟不言而喻地再度相連在一起，他們分別向捐款箱裡投下了相同的金額。重逢後的第一天，做了同樣的一件事情，或許在他們更年邁的時候，又增添了一個共同的美好回憶吧。

　　僅有短暫的兩天，他們剛見面就又要分離了。臨別前她猶豫許久，詢問了一個積壓在心底多年的問題："你恨我嗎？"他誠實地回答說："我不知道那是不是恨，在你提出分手後，生氣得心都痛了。不過，隨著時間的消逝，每當想起你，全是一件件難忘的事情。而現在，我更覺得無論過去發生了什麼，不愉快的事情就讓它過去吧，只要記住最快樂的時光。"

　　幾天後，他在電腦上讀到了她的來信。其中寫道：我始終喜歡作家席慕蓉所寫的這段話，如今更加體會到了它的內涵："在年輕的時候，如果你愛上了一個人，不管你們相愛的時間有多長或多短，若你們能夠始終溫柔地相待，那麼，所有的時刻都將是一種無瑕的美麗。若不得不分離，也要好好地說聲再見，也要在心裡存著感謝，感謝他給了你一份記憶。長大了以後，你才會知道，在驀然回首的剎那，沒有怨恨的青春才會了無遺憾，如山崗上那輪靜靜的滿月。"但願我們之間是這樣的。

　　無怨的青春，是人們心中永遠溫馨的春天。他在美國，她在中國，他們相約在每月月圓的夜晚互通電話，直到很老很老的時候。

那人・那心・那情

　　一個普通的人，一顆跳動的心，一種根深蒂固的情，常會在不經意間或特定的境況下，被深刻地觸及著，感動著，交融著……。

　　在一個春末夏初的季節裡，我隨旅行團來到了法國的首都巴黎。世界三大博物館之一的羅浮宮，曾隸屬於皇親貴族的名街香榭麗舍大道，享有盛名的凱旋門與協和廣場，著名的巴黎歌劇院……，每個名

勝古跡和人文景點真是令人流連忘返。傍晚時分，我們興奮地一層又一層登上埃菲爾鐵塔，縱情俯瞰著整個巴黎市區五光十色的夜景。當站在通往頂端最後的電梯門口，我的眼睛豁然一亮，抬頭看見了電梯門框的正中央，並列刻印著和英文意思相同的簡體中文：小心扒手，提醒每位中國遊客看管好自己的東西。就是這四個普通的中文字，卻在我心底引起了意想不到的震動，不禁連連自問自答：這是什麼地方呀？它可是舉世聞名的埃菲爾鐵塔。為什麼要用中文書寫提醒呢？由此表明了口說普通話的遊客人數一定越來越多。接下來的感慨又是什麼呢？打開國門的幾十年中，約占世界人口四分之一的祖國真正走向了繁榮富強，人民的生活普遍變得豐衣足食，已

經成為了各國旅遊事業不可忽視的群體！一股由衷的自豪感，讓我在不同膚色的人群面前更挺直了胸膛。

你，是我的一位好朋友，無意中講述的一件小事，讓我留下了深刻的記憶。有天清晨，你一邊開車一邊聽著總部設在聖地亞哥的KPBS 的播音台。瞬間，耳邊響起了一首熟悉的小提琴協奏曲。在貫穿始終輕柔的小提琴聲中，沉穩的大提琴相互傾訴，並不時地交換加入了悠揚的笛聲，歡快的雙簧管聲，淡雅的豎琴聲，響亮的鑼聲。這些聲音時而深情，時而歡愉，時而悲切，匯成了一曲如泣如訴的旋律。跟隨著樂曲的起伏，一向性情淡然且已經不再輕易感動的你，淚水竟情不自禁地流淌下來。堂堂男兒怎麼會動情地哭了呢？只因為生養你的那片土地，始終是你內心中最關注的地方。僅為了這首被譽為民族交響樂的《梁山伯與祝英台》，如今能在美國的主流社會廣泛傳播，你感到了自己祖國的文化藝術得到世界舞臺的承認。

　　曾有多少遠在大洋彼岸的你們，當四川地區發生了強烈的地震後，那一片片被夷為平地的鄉鎮，一聲聲由廢墟中傳來呼救的聲音，一張張寫滿尋找家人名字的紙板，還有那一句句災區親人的話語："寶貝活著，記住我愛你。""叔叔，別鋸我的腿。""醫生阿姨，給我留只寫字的右手吧。"……這一切全都時刻牽動著你們的心弦，不由地熱淚盈眶。無法放下的牽掛即刻轉化為自願捐款、義演募捐、親臨災區的行動，分別將自己的微薄之力匯入了來自四面八方的賑災洪流裡，源源不斷地湧進地震災區。

　　而她，寫下了這樣一段溫馨的文字，準確地表達了無數遊子的心聲："回國前的這段日子是美麗的，充滿了憧憬、盼望和等待。平淡無奇的日子忽然間變得有滋有味起來，開始尋思著給家人朋友帶點什麼禮物。早早地給年邁的雙親打電話，告訴他們歸國的日期。父母親的日子也呼拉拉地一下子增添了色彩，加了光亮。每次通電話，父母都說：'快了，快了，還有兩個月，一個月，還有兩個星期，一個星期。我們每天都掰著手指頭盼你們呢！'雖然不喜歡國內灰濛濛的天空和悶熱的夏天，可是，親情、鄉情、友情和美食的呼喚豈是那熱浪能阻擋得了的？我歸心似箭。"

　　又有多少身處異鄉的他們，在北京奧運會期間，每天觀看比賽直到深夜，自覺自願地為努力拼搏的運動員們加油喝彩。許多人激動地說："每當五星紅旗在雄壯的國歌聲中，一次次冉冉升起的時候，眼淚總在這一刻掉落下來，伴隨著所有的驕傲與祝福。"短暫的數天時間裡，全世界的目光第一次全都聚集在北京，近距離目睹了這裡的城市建築、歷史文化、自然環境的真實面貌；看到了普通人民的真誠情意。他們為美好的這一切歡欣鼓舞。

　　我非常喜愛一首歌曲，初次聽到時就深深地為之感動，至今更是有增無減：

洋裝雖然穿在身，
我心依然是中國心！
我的祖先早已把我的一切，
烙上中國印！
長江長城，黃山黃河，
在我心中重千斤。
無論何時，無論何地，
心中一樣親。

是啊，我，你，她，還有太多的人們，我們竟然都有著同樣的情懷。不管走到天涯海角，一種對根的深摯盤繞，對故土的質樸熱愛，早已潛移默化的融化在骨髓血液中。生活環境改變了，甚至連國籍也改變了，無法改變的是，那人，那心，那情，依然與"中國"兩個字相連在一起，周而復始息息相通。

當我們再唱起這首歌

2009 年冬季，一個週末的清晨。天剛剛蒙蒙發亮，電話鈴聲便清脆地響起來，驚擾了我的好夢。而在越洋電話中妹妹興奮不已的聲音，更是把我剩餘的幾分睡意清掃得一乾二淨。妹妹大聲告訴說，下周日她要去參加百人大合唱。"什麼大合唱？"我問到。"11 月 1 日在人民大會堂，咱們育民小學舉行建校五十周年的慶祝大會！"

北京市育民小學，這是我學習生涯中的第一所母校。歲月荏苒過去了幾十年，我不曾打聽過任何關於它的消息。然而今天，僅聽見了學校的名稱，就足以在心底裡激起了多層浪花。我才察覺，在自己的記憶深處從未忘記它。

七天後的下午，我急切地撥通了電話，妹妹一氣呵成地告訴

了許多細節。這天，北京的氣溫急劇下降，竟下起了漫天的鵝毛大雪。但人民大會堂裡仍然是座無虛席，來自數十屆的畢業生和老師還有家長們歡聚一堂。"你們唱的哪首歌呢？"妹妹開心地回答道："我們唱的是《在老師身邊》，參加合唱的都是學校最初幾屆的學生。當我們這些兩鬢花白的老學生重新又戴上了紅領巾，心裡感到特別激動，眼淚合著歌聲止不住地掉落下來。最後臺下的所有會唱這首歌的人全都加入了大合唱，嘹亮的歌聲響徹了整個大廳。"我聽著妹妹的敘述，任憑眼中的熱淚不由得流落下來。

與妹妹通過電話後，我立即在電腦中查出了每段歌詞，一個人盡情地唱著：

自從跨進學校的門檻，
我們就生活在老師身邊，
從一個愛哭的孩子，
變成了一個有知識的少年。
雖然離開了媽媽的懷抱，
紅領巾卻披在我們的雙肩。
這一點一滴的進步，
花費了老師多少的心血。

記得有多少晴朗的白天，
我們和老師漫步在校園，
我們談生活談理想，
也談那無限美好的明天。
還有多少寂靜的夜晚，
老師的身影還印在窗前。
他為了我們一點點的進步，
竟興奮地忘記了睡眠……。

　　這些熟悉的歌詞，一下子喚起了我心中那些久遠的孩童往事。我的母校育民小學最初是一所寄宿學校，現為北京市的重點小學。我們從幼稚園進入小學校，每週六天全日制的學習和住宿。當時走進學校大門的是一棟宿舍樓，正對面是一棟教學樓，兩座樓之間是長方形的大操場。操場邊上設有單槓、雙槓和沙坑等運動設施。學校裡面還有餐廳和校醫室。每班有兩個班主任老師，主教語文和算術。而自然、地理、歷史、美術、音樂和體育，也有專門的科任老師，起居住宿上有統一的生活輔導員。

　　或許，只有我們這些寄宿學生更能體會出《在老師身邊》這首歌曲親切的內涵。我們從七歲上學的第一天開始，天天生活在老師的身邊。每天早晨七點起床，洗漱後的第一件事情是做早操。全校學生們分班排列，當廣播喇叭裡響起了健美的音樂，在體育老師的帶領下，大家做起了少年兒童廣播操。我們面對著的恰好是三層宿舍樓的窗戶，時常會看到從不同的窗戶中，曬出了昨晚剛尿濕的被褥，各班的男孩們紛紛偷笑著猜測又是誰尿床了。晚飯過後，女孩們最愛想媽媽，一個小孩哭了其他孩子也會跟著哭起來。老師便帶著我們到操場上玩老鷹捉小雞等遊戲，大家開心地你追我趕，這樣一來誰也不想家了。晚上九點鐘熄燈前，班主任老師准會到每間宿舍裡一一查看。週六清晨，我們一睜開眼睛，枕頭旁邊總會放著一套乾淨的衣服，每個孩子從裡到外都要更換，中午放學後等著父母親接回家。每年的六一兒童節和春遊，都是我們翹首以盼的日子。每逢那一天，女孩們總會穿上漂亮的裙子，頭髮上繫著彩色的綢帶。男孩們同樣穿著整潔的短褲背心，背起鼓囊囊的小書包。動物園、頤和園和北海公園都是大家頗為喜愛的地方。

　　在我們的童年時代，紅領巾伴隨著每一步的成長。我們早就懂得，鮮豔的紅領巾是紅旗的一角，是無數革命先烈的鮮血染成。王二小、劉胡蘭、董存瑞、黃繼光等英雄的光輝事蹟牢記在幼小的心靈中。每當全校少先隊員們過隊日的時候，我們身穿白襯衫和藍褲子，胸前佩戴著紅領巾，右手高舉過頭頂莊嚴地高呼著："人民的利益高於一切"，一顆無比神聖的種子，從此在純真的心田裡播種紮根。我們向雷鋒叔叔學習，從小就立志要做一個德智體全面發展的好孩子。

在老師們一年又一年的諄諄教導下，我們從學會了拼音和寫自己的名字，到能夠閱讀《賣火柴的小女孩》、《一千零一夜》、《小布頭歷險記》、《寶葫蘆的秘密》等等有趣的兒童文學書籍，並且逐漸寫出了一篇篇的美文佳作。從懂得簡單的加減法開始一直學到了解析方程式。我們學習了地理和歷史課程後，才知道了祖國上下五千年的歷史，同學們起勁背誦著各個朝代的名人典故。在自然課上，我們跟隨著老師不斷探尋著無奇不有的奧秘，上課時總有問不完的為什麼。我們不分男女學生都喜歡上體育課，經常有速跑、爬杆、拔河、跳高和跳遠等各項運動，每個人的個子也隨著越長越高。我們學畫畫，學寫毛筆字，學打算盤，還學唱歌。在音樂老師風琴的伴奏下，我們的歌聲十分整齊嘹亮。而這首《在老師身邊》正是大家最喜歡的歌曲之一。因為，老師在我們的心中就像父母一樣親近，老師囑託的話語經常勝過父母的話。

校慶演出結束後，妹妹竟然找到了我小學高年級的班主任管淑敏和楊喜勝老師的電話，他們後來成了夫妻。這兩位老師是我兒時記憶最深刻也是對我影響最大的老師。我緊張地撥下了一連串的號碼，電話裡傳來了管老師熟悉的聲音，我報出了姓名。管老師親切地說，這麼多年來她始終記得哥哥和我這對孿生兄妹。我們班是她師範學校畢業後教學的第一班學生，時至今日她仍能叫出每一個學生的名字。管老師還講起了以往晚上檢查宿舍時，調皮的哥哥搶坐在她腿上的趣事。在電話中，當時教語文的楊老師仍是一口濃重的河南口音。楊老師是由部隊轉業來的老師，在他部隊式的管理下，我們全班同學起床快、疊被子快、排隊快甚至連吃飯都快，幾乎個個都變成了行動敏捷的小戰士。我和兩位老師有太多回憶不完的往事，整整講了三個多小時才戀戀不捨地約好，下次回北京探親時多約一些同學去家中看望老師。管老師高興地說，一定包好餃子等著我們。

我放下了電話，又唱起了這首難以忘懷的歌：

......
將來會有那麼一天，
我們要走得很遠很遠，
告別了親愛的老師，
告別了我們熟悉的校園。
帶著老師深切的期望，
去把少年時代的理想實現。
到那時候我們的思念，
還會飛到老師的身邊。

我默默地對老師說，雖然遠在異國他鄉，我永遠願像小學每天開始上課時那樣，崇敬地呼喊一聲：老師好！

越過那灣淺淺的海峽

屈指數來，曉雲去過的旅遊景點不算少了。國內的蘇杭地區、海南特區、四川的九寨溝、雲南的麗江等；亞洲的新馬泰三國、歐洲的八國、南美洲的智利和美國的加州等。而只有這一次，曉雲的心情竟然格外的期待和興奮，對那片即熟知又陌生的土地曾有過太多的關注，今天即將出發了。

飛機在小雨的氣候中，平緩地降落在桃園機場。曉雲跟隨著人群走下飛機，當第一眼看見了機場的工作人員同樣是黃皮膚黑頭髮，聽到了不用刻意就能一字不漏的語言，讀懂了招牌上一目了然的繁體方塊字時，曉雲發覺，自己或許從小學課本上初次認識了臺灣這兩個字開始，就一直嚮往著此次的旅程。

從桃園開往臺北的高速公路兩旁，雨濛濛中的原野、山丘和樹木，滿目皆為水瑩瑩的綠色，清爽沁人。在曉雲的視野裡更增添了些許一見如故的感覺，仿佛是來到了南方的某個城市。傍晚時分，辦理好入住酒店的手續以後，導遊告訴大家可以自行安排活動。曉雲和女兒還有幾位團友，決定去遊覽一番頗有名氣的西門町徒步區。這時，雨已經停了，但是四周的路面還是濕漉漉的。

曉雲走出了酒店的大門，順著一層層的臺階向下走去。突然間，腳底一滑，整個人失去了重心，幾乎就要仰面滑倒了。情急之下，她用右手按在地面，撐住了往下傾斜的身體。"哎喲！"曉雲疼得慘叫一聲，一下子坐在了潮濕的臺階上。她低頭一看，右手腕處鼓起了一個青杏般的大包，大家趕緊把曉雲送去了附近的醫院。一到醫院裡，立即拍照片子被診斷為橈骨閉索性骨折。緊接著醫生進行了消炎、止痛、打石膏一系列的緊急治療。在治療的過程中，曉雲告訴醫生：

"我今天剛從北京來，特別高興能到臺灣來看一看。"

"歡迎您。去年我從電視上看到了奧運會的開幕式，真的非常好看。鳥巢和水立方體育館都很美觀大方。"

"那也歡迎您有機會到北京來啊。"這位男醫生說話的聲音親和得就像電影演員秦漢呢。曉雲一邊想一邊熱情地邀請。

"好啊，到時候我還想去登萬裡長城呢。"醫生友好地回應。

"我也好想去北京。"漂亮的小護士也在旁邊附和著。

曉雲取了藥和付了醫藥費，返回酒店後疲倦地躺下休息。還不到半小時，帶隊導遊和酒店經理提著水果一同前來看望曉雲。

"旅行社的社長很關心您的傷勢，在電話中讓我盡力照顧好您。"導遊首先說。

"我們剛才研究決定，您的醫藥費用由酒店負責。"經理接著說。

"這可不行，是我自己不小心摔倒的，和你們全都無關。"曉雲一心想著可不能給北京人丟臉，馬上回答到。

"您是在酒店外面摔倒的，說明我們的管理工作沒有做到完善。

醫藥費已批下來了，請您一定收下。"經理滿臉誠意地說。

"謝謝您們的好意，但醫藥費應該由我來付。"曉雲堅持著表示。然而，酒店經理執意拿走了在桌上的藥費單據，留下全部的醫藥費。

第二天清晨，曉雲走出酒店時豁然發現，寬闊的每層臺階上面鋪蓋著紅色地毯，並豎有一個牌子醒目地寫著：小心路滑！曉雲的心底忽地一陣陣炙熱起來，這裡本是自家人呀！

接下來，曉雲舉著裹在石膏裡的手腕，如期參觀了臺北的故宮博物院，走進了 101 商業大廈，遊覽了日月潭，攀上了阿里山等不同的地方，所到之處留下了不少美好的印象，同時相遇了許多素不相識的臺灣人。親切的機場服務員，盛情邀請她到臺北家裡做客的一對老夫婦，喜愛北京的醫生護士，認真負責的酒店經理，照顧她近距離攝影的儀仗隊帥小夥，總為她和女兒拍照的大巴車司機，經常幫忙拿行李箱的本地導遊，熱心詢問著"您要不要幫忙？"的過路人，正是每個人的真誠相待，使曉雲心中親如一家的感受，在不知不覺中一天天地與日俱增。導遊小姐是這樣說的："隔絕了幾十年後，現在民間開始交流了。其實兩岸如同爭吵的兩個兄弟，總要和好的。人民的心願都是一樣，團團圓圓的過日子有多好。"

在十天的旅程中，曉雲盡情盡興地看了一路的山，一路的水，一路的城市。她越來越明白，千里迢迢來到了這個曾是可望不可即的地方，最為關注的還是生活在這片土地上的人。只因為，我們彼此是同根相系的親人。

曉雲情不自禁地想起了余光中先生寫下的詩句："鄉愁是一灣淺淺的海峽，我在這頭，大陸在那頭。"這首小詩曾經牽動了多少遊子思念的心弦啊！而如今，詩人早已返回了魂牽夢縈的故鄉，也將會有更多的人來回越過那灣淺淺的海峽。

這樣的醫師，這樣的情

　　我們靜悄悄地走進病房，目光焦急地找尋然後注視著你。些許日子不見，你竟然變得如此虛弱，眼窩塌陷了下去，臉色也顯得格外蒼白，剛剛動完手術的大腿部緊裹著夾板。曾是高大強健的你，穿著寬大淺藍色的病服，無力地平躺在病床上，不能隨意地翻動一下。

　　看到你消瘦的樣子，我還沒開口說什麼，就已感到鼻子一陣陣的酸楚，從心中湧出了一句話：你是為許多病人們的康複累壞了自己。

　　認識你，那是我來到聖地亞哥的第三年。不知道是什麼原因引起，我的脖子右側凸起了一個紅棗般大小的腫瘤，經過多次的檢查確診為甲狀腺肌能亢進。我首先服用了西藥，但對藥的副作用反應很大。經朋友介紹，我來到你的診所看中醫。

　　第一次走進診所裡，我欣然感到了一種特殊的親切：終於在異國他鄉，遇見了講著共同語言的醫生。我接受針灸治療幾周以後，由於中醫並不包括在醫療保險的範圍內，可當時我每月的打工收入僅有 600 元，只能中斷了治療。而當我惶恐不安地再次返回診所時，病情已經比較嚴重，經常會突然感到頭暈和全身無力。白血球及其它各項的檢驗指數也都很不正常，專科醫生通知我立即停止吃藥。

我至今清楚地記得，曾任台北某醫院的外科主治醫師，來美後獲得了西醫學位和中醫執照的你，仔細看過了我新近的驗血報告，檢查了脈搏，制定了治療方案。你親切地對我說："不要擔心治療的費用，先治病要緊，一定會好起來的。"

每個人都有軟弱的時候，想哭的時候。而患病的時候更軟弱，更想哭。聽到你這樣說，我的淚水止不住地流落下來。無論何時，有一個人真誠地對另一個人承諾和祝願都是珍貴的，更何況是來自醫生的承諾。你可知道，這在病人的心裡具有何等的分量和溫暖！那是因為，醫生給予了病人戰勝疾病的希望與信心。

在長達兩年多的時間裡，我從每周三次、兩次逐漸減少到一個月一次的扎耳針和體針，配合吃中藥，病情被有效地控制，驗血的多項指數恢復正常，連腫瘤也不知不覺地消失了。在看病期間，我的預約通常在當天的最後一個，有時因為路上堵車晚到了，你總是

耐心地等候我。你們幾個醫師認真討論了你的建議，把我的收費降到了最低標准。而看病賒欠的醫療費用，我是後來陸續分期付清的。

在診所中，有太多的病人像我一樣，得到了你的精心治療和照顧。你的病人中大多數是美國人，他們相信源遠流長的中醫，敬佩你以誠相待的醫德。我曾介紹了一位長期坐輪椅的美國朋友來看病，她並沒有先告訴以往的病情。你經過反複的檢查後，誠懇地對她說：“您的病因是在幼年時被槍打傷的，而且嚴重的損傷到神經。根據我的診斷是不能治愈的。”你沒有收費還告訴了她一些有效的中醫保養方法，並親自把她一直推到了汽車上。雖然你無法使她重新站起來，但是你的一舉一動深深地感動著她。

今天，前來看望的人們都是你治愈的病人，我們圍在你的病床邊。歷來以為醫生的身體應該是最健康的，不曾想到你的病情竟是這麼嚴重。你剛做完放射性治療，疲倦地睜開了雙眼，低弱地說道：“這次住院完全是出於偶然。那天不小心摔倒後，由於骨折住進醫院。沒有想到診斷的結果為骨癌，萬幸的是癌細胞還沒有擴散到腦部。”你停頓了一會兒又清晰地說：“不要為我擔心，相信我一定會重新站起來的。”我們對你說：“你要努力，因為你是我們的醫生，也是我們的榜樣，我們都在看著你。”你微笑地回答：“我會的！”

你是一個具有豐富中西醫經驗的醫師，你的病情或許需要比一般人更大的勇氣才能面對。你更是一個有淚不輕彈的七尺男兒，你的無奈或許深藏在內心處的某個角落。臨別時好想輕輕地擁抱一下你，把我們的問候全都傳遞給你，卻擔心碰痛了你的傷口。於是，一個人接著一個人緊緊地握著你的手，那相握的手裡面溢滿了關愛，更有著深切的期盼。你的病人們也是朋友們期待著你早日康複，盼望著你平安回來！

讓他眼睛總發亮的女孩

　　他是一個性格內向和寡言少語的人，難得看到他開懷大笑或忘情稱讚。就像無論品嘗到如何特殊的美味佳餚，他也只是淡然地說上一句：「還可以吧。」不瞭解他的人或許以為，他會不會過於平淡。其實不然，每當看到她的時候，他卻是另外的一種表情。

　　她的中文名字叫靜，是一個長得很漂亮的女孩子。她那雙大大的眼睛裡不時露出甜美的笑意，高挺的鼻樑再配上一張薄薄的小嘴，一頭長長的自來卷黑髮更顯得皮膚白裡透著嬌嫩。她愛撒嬌還時常對他說著討喜的話，難怪他每次一看到她，連他的那雙眼睛總會情不自禁地閃亮起來。

　　他是會計師，也許由於職業的緣故，更多了幾分的老成持重，說話的語調一般比較低沉。但是每逢臨近下班，當電話鈴聲響了起來，同事們連頭都不用抬起，僅聽到他回答的聲音就知道，準又是她打來電話啦。他的語調中充滿了柔情蜜意，既慢又輕聲地說著與眾不同的話語。

　　在報稅的季節，無論工作多麼繁忙，他寧可平時加班到深夜，但總要把周日留出來，陪她去公園、看電影、游泳或做其他事情。總之，他的空閒時間都被她佔得滿滿的了。

　　去年，會計師事務所剛剛搬遷到新的辦公室，同事們買來嶄新的照片鏡框，顏色正好與他的新書櫃配套，看起來既整齊又美觀，就把他原來的舊鏡框全部換掉了，還想給他一個意外的驚喜。萬萬沒有料到，當他走進自己的辦公室，不但沒有太多高興的表示，反而急急忙忙地問著："舊的鏡框丟在哪裡啦？"他從垃圾桶裡揀出了一個發舊的鏡框，用乾淨的軟布擦了又擦，然後重新把她的照片端正地放進去，最後露出了滿意的笑容。不瞭解內情的同事們後來才知道，那個鏡框是她親手做的，是送給他的生日禮物。鏡框四周深淺不一的藍色是她塗染的，十一顆小小的貝殼也是她一個一個粘上的。

　　在那年的一天，她可真的把他嚇著了。她無力地靠坐在屋內的一個角落，十分艱難地喘著粗氣，喉嚨裡還不時地發出一聲接一聲撕扯的聲音。他焦急地詢問哪裡不舒服？她臉色發青，連向他伸出來的手指都是灰白的，而且根本表達不清楚有什麼症狀。急救車將她送到醫院後診斷為：過敏性引起的哮喘病。在病房裡，他整整守護了三天三夜。眼睜睜地看著她弱小的身軀縮在病床中間，大大的氧氣罩緊扣在臉龐上，打著輸液吊瓶的那只胳膊一刻也不能亂動。她不讓他走開，他就緊握著她的手，她睡得非常安穩。望著她熟睡的面孔，他卻怎麼也抑制不住久未流落的淚水，心中裝滿的全是擔憂與心疼。出院以後，他再帶她去任何地方，總會為她隨身準備著

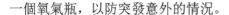

一個氧氣瓶，以防突發意外的情況。

當然，她經常有做錯事的時候，他也會板起面孔壓低了嗓音批評她。如果她堅持不肯承認錯誤，他通常會懲罰她，直到她認錯為止。然而，當她的眼淚噗嗒噗嗒地掉下來，委屈地哭出聲音，兩隻胳膊緊緊地摟住他，嘴巴貼在他的耳朵邊悄悄地叫上幾聲時，他一下子就變得溫柔起來，還會輕輕地撫慰她的脊背，倒好像是他做錯了什麼事情似的。他那深沉的寵愛全都盡在這無言之中了。

然而，最讓他暗自感到欣慰的是，在她心裡，他一直是最親近和隨時可依賴的人。如若問他對她的愛有多深，情有幾分，連他自己也說不清。哈哈，讓他是她的老爸呢，而她才六歲。

珊瑚影音

家有貼心小棉襖

女兒是媽媽的貼心小棉襖，我不清楚這句甜蜜的話語最初是誰說的，但卻知道這句話千真萬確地說到了媽媽們的心坎裡。有位媽媽深情地表示："很多次我都感謝上蒼，把一個努力上進、感情豐富和溫柔善良的女兒送給我，她給予我的快樂遠比我養育她付出的艱辛多。"那麼今天，請跟著我的筆觸，讀一讀我認識的幾個女兒如何來回答媽媽。

●這個可愛的小女孩出生在美國。小人兒藏在媽媽身軀裡的時候出奇地安靜，媽媽竟然沒有絲毫的妊娠反應。她剛來到了人世間，便是白白的皮膚，卷卷的黑髮，圓圓的眼睛，薄薄的嘴唇，更加乖巧無比地躺在媽媽的懷裡。由此媽媽給她起了個小名：小乖。

逐漸長大了的小乖，依然最喜歡和媽媽聊天。並和媽媽一起每天傍晚牽遛狗弟弟雪球，週末逛街買東西，一同看電視，互相之間總有那麼多講不完的話題。小乖還時常湊近了媽媽的耳邊，嘰嘰咕咕說些只有她倆才懂的悄悄話。

從很小開始，小乖每週末都去中文學校。暑假期間也時常返回上海，反復提高著中文的說寫能力。今年，就在媽媽生日的那天，小乖親手製作了一件禮物。她用彩色的塑膠泥，捏成了杏黃色的小花盆。一株翠綠色的小嫩芽生長於盆中央，俏皮地昂起頭。一個中文的"我"字刻在花盆側面，傲然地顯露出來。一根粗線繩連接著小花盆與一張有不規則花邊的小卡片，上面一筆一畫地寫滿了三十個字：

媽咪：

　　謝謝你做我的水和陽光！謝謝你對我的耐心，等著我慢慢地成長。

女兒：小乖

　　輕輕地捧起小乖的禮物，媽媽的心窩暖透了。

　　● 在媽媽的眼中，女兒一直是個勤奮獨立而且聰明懂事的好孩子。不僅是由於女兒通曉中文、英語、西班牙語、義大利語和法語五種語言，現在法國巴黎銀行的香港分行工作。更是因為女兒雖然遠離自己的身邊，但媽媽幾乎每天都能接到女兒打來的電話。不知道從何時起，媽媽遇到的各種挫折和難以啟齒的傷心事，女兒全然懂得，也不知不覺地早已成為了可以和媽媽分享人生心得的知心朋友。當女兒還是初中學生，在一些問題上與媽媽產生分歧後，曾悄悄寫給了媽媽的第一封短信：

老媽：

　　說不定你看到這封信的時候，我已經在飛機上了！我只想對你說，你是世界上最好的母　親。我感謝老天給我了一個這樣的母親，如果我有機會另選一位母親，我一定還會選你的。

　　你是我認識的最偉大的女性和最偉大的母親。謝謝你給了我所有的一切，所有的愛。那麼，請原諒我所做的一切錯事吧。我不敢保證再也不做你不喜歡的事，但是我會努力的！

好吧，就寫到這吧（不要哭了啊）。這可是先到的母親節的禮物，別忘了給我打電話。

你的女兒：夏夏

很多年過去了，媽媽一直完好地保存著這封信，每當思念女兒時，就把信拿出來，反復讀了一遍又一遍。

● 蓮蓮可是媽媽中年得女的唯一寶貝，身處於父母親的萬般疼愛中成長。但在媽媽的言傳身教下，周圍的朋友們都知道，蓮蓮是個充滿了愛心的姑娘。然而，女兒即使是已有了執照的大律師，而在媽媽的面前仍然是會撒嬌還耍些小脾氣的孩子。十月裡的一天，正是媽媽七十歲的生日，收到了女兒的生日卡片。卡片上整齊地寫著：

最親愛的媽咪：

生日快樂！我去律師事務所面試的時候對他們說，如果能得到了這份工作，是我可以給我媽咪最好的生日禮物。我媽咪的生日是這星期六。他們打電話給我的那一天，記得了我在面試說的話，特別讓我跟你說："生日快樂！"

媽咪，我這幾個月心情不好，讓您也跟著我一起也不好。對不起，但這已成為過去的事。星期一開始，我有了新的工作，新的開始。這份工作很難得，好不容易才爭取到的。我知道有工作的寶貴了，一定要用功，要有耐性。

媽咪，我愛您！不管我有多大了，現在已三十一歲，您還是我的太陽，我還是您的小花小草。沒有您，長不大，長不漂亮。有媽咪，才有蓮蓮。永遠，永遠……。

女兒：蓮蓮 敬上

　　而媽媽邊看邊笑著說，媽媽可從來沒有真的生氣呢。

　　是啊，家有貼心小棉襖，媽媽們的感覺多麼溫馨。誰說父母親不要兒女們的回報呢？一定要的。因為兒女們隨時隨地回報的感恩與牽掛，才是父母親享用不盡的幸福。

家有結實小靠背

　　當我寫完了題為《家有貼心小棉襖》一文以後,好奇地猜想,那麼,在人們通常的理念中, 兒子又是媽媽的什麼呢? 便多次查詢並略加修改, 終於也找到了一句暖心的話語:兒子是媽媽的結實小靠背。

　　我僅有一個女兒, 無法知道這句話形容得是否貼切, 隨意找了幾個朋友聊天, 很想得到進一步的確認。我原來以為男孩子一般比較粗心大意, 而讀完了媽媽們手中保存著的那些字跡, 我不禁潸然淚下。竟像有位媽媽所說的那樣, 不知是否人過中年, 而淚腺經過一個圓周的循環, 又回到了嬰兒期。

　　●穎奇今年剛滿十三歲, 是我以往同事的兒子。他小時候每次見到大家時, 總會親熱地喊著叔叔阿姨。連那雙細長的眼睛也會跟著笑起來, 彎彎的, 亮亮的, 好似懸在半空中的小月牙, 十分惹人喜愛。

　　姐姐比穎奇大三歲, 出生時由於缺氧, 造成了部分腦神經受損傷, 智力低於同齡的孩子。由於這個原因, 媽媽一直反復囑託著穎奇, 如果姐姐受到欺負時, 要隨時保護姐姐。如果有一天爸媽不在了, 要一生照顧姐姐。年幼的穎奇豎起了小胳膊堅定地向媽媽表示, 他會的! 今後不管他在哪裡, 姐姐一定跟他在一起。並認真地說, 長大後他娶的太太也要接納和愛姐姐。

　　穎奇從三歲開始, 就常為別人翻譯只有他能聽懂的姐姐說的話。從十歲開始, 他學會了做簡單的飯菜, 每天為姐姐準備好上學校的早餐和午餐。而從很小開始, 他將來的理想就是要成為一個腦神經科醫生, 能夠幫助像姐姐這樣的殘疾孩子。

　　穎奇不僅能說一口流利的中文，還是個善解人意的男孩。他記得告訴工作繁忙的爸爸，今天是媽媽的生日。甚至還時常提醒爸爸，別忘了明天是你們的結婚紀念日。穎奇在小學二年級的母親節，他從學校帶回了一件給媽媽的禮物。仔細觀看，它只是一個用彩色紙包起來的小盒子，中間綁著藍色的緞帶，緞帶上面有他寫的幾行字：

　　這是個特別的禮物，用眼睛是看不見的，禮物特別是因為我送給了你。
　　每當你不高興時就握住這禮物，你知道我正想著你。
　　請不要打開，讓彩帶一直綁著。
　　將這小盒放在你胸口上，裡面充滿我對你的愛。

　　媽媽溫馨地回想，多年以來，每次生氣或覺得挫折的時候，就會拿起這個小盒子輕輕地貼在胸前，的確感受到了，盒子裡裝滿的是兒子純純的愛，還有兒子重重的承諾。

　　●幾年前我見過東東一次，他長得身材瘦高，眉清目秀，性格較為內向。東東現已是高中的學生了，而且極為喜歡哲學、歷史和中國文學。東東的家庭曾是經濟狀況十分優裕，生活非常美滿。然而，近年來卻發生了意想不到的變遷，爸媽離婚了。面對著家中的巨大變化，讓媽媽內心裡最滿足的是和兒女們之間在情感上的真誠交流與理解。在今年媽媽生日的那天，東東給媽媽寫了一封信：

致母親：
　　首先，我想祝您生日快樂。今年很遺憾，沒能給您買一張卡片或鮮花什麼的。再次後悔莫及，希望您能諒解。您可能不知道，您是我心中地位最高的人，我一直把您當成我的榜樣。您是我腦海裡的英雄，每次我遇到困難時，我都會想起您來。您那堅持不懈和自我犧牲的精神多次幫助我度過了自己的難關。雖然我嘴上不說，但是，我很愛您和佩服您。我知道您所做的一切都是為了我，每天看到您下班回來時，我心裡很不舒服。看到您那張消瘦的臉時，我都會在心裡偷偷哭泣。為了不辜負您，我會全力以赴的努力學習，考上一所好大學，以後找到一份好工作來報答您。在這期間，我會好好保護您的，就算是天塌下來了，我會為您頂著。就算是整個世界拋棄了您，我也會永遠在您的身邊。您不用著急，您的晚年，我敢保證我會伺候您一輩子。我真心覺得您是世界上最好的母親，而我很驕傲能是您的兒子。

兒子：東東

　　在任何艱難困境的時候，媽媽總也忘不了兒子說過多遍的那句話語："媽媽，還有我呢！"

　　是啊，兒子和女兒是一樣的。家有結實小靠背，媽媽們的感覺同樣是多麼欣慰。誰說父母親不要兒女們的回報呢？一定要的。因為兒女們無時無刻的孝敬與承諾，才是父母親千金難買的快樂。

我是個流浪漢

"我是個聖地亞哥的流浪漢！"這是在春節前的一次聚餐相互問候時，王伯母拉住我的手說出的一句話。

"您說什麼呢？"聽見伯母這樣說，我似乎沒有聽懂，便不解地問道。

伯母再次重複說："我是個流浪漢！自從你王伯伯去世以後，我是有家不能回呀！"

我滿腹疑惑地打量著面前的伯母，一頭銀髮梳理得蠻有款式，臉頰的皮膚細膩且有光澤，兩道細眉修飾得彎彎如柳，嘴唇上還塗有淡淡的唇紅，還戴著挺時髦的變色眼鏡，全然是一副保養頗佳的模樣，看不出絲毫受過委屈的痕跡呀！

我不由地睜大眼睛，仔細聆聽伯母娓娓道來的緣由。伯母樂呵呵地首先說了一個時間表：

週一到週四：二女兒和小女兒家各住兩周

週五：小兒子家

週六、周日：大兒子家，晚上打麻將

週一至週末：大女兒專職陪同

節假日：另行安排

伯母繼續講下去："輪到我在誰家住，哪個兒女就負責來接，晚上還在同一房間陪我睡覺。每週我要吃幾家飯，而二女兒做的臺灣家鄉菜，大兒子做的香酥雞，都是我最喜歡吃的飯菜呢。"

"有一年春天流傳感冒，我正住在小女兒家。小女兒得了感冒擔心傳染給我，趕快送我到大兒子家。沒想到大兒子也不舒服，又送我到二女兒家。這樣一家挨一家地轉了兩個多月，誰家沒有感冒病人，我就住在誰家。甚至連家鄉的親戚們在春節拜年時，也要打上好幾通電話才能聯繫到我。我到處流浪，他們也跟著流浪呢。"

"我的小女婿是個出生在印度的美國人。美國人結婚後通常不習慣與父母親住在一起，而我住在小女兒家的時間卻很多。"

"那您的老美女婿會講中國話嗎？"我問道。

伯母伸出三個手指興致勃勃地回答說："他不認真學習，只會講三句。第一句是：媽媽好。第二句話也是最常說的一句：媽媽，吃飯了。最後一句就是：媽媽，我愛您。今年八十五歲的我啊，好滿足。能吃能喝能睡能玩，還能天天寫日記呢。"

聽到這裡，我心中悄然湧動出一股感動的暖流，多麼溫馨的一個大家庭，多麼幸福的一位母親啊！

我不需要再多加詢問，每個兒女是如何去做之類的話題。只要從大兒媳婦小心翼翼地攙扶著母親，兒子緊跟在後面打傘遮雨，走

進餐廳的瞬間；只要從兒女們雙手先端給母親第一碗飯和湯，並不時地夾菜添水；只要從母親剛要站起來，幾個兒女同時伸出手去攙扶；只要從孫輩們不斷地跑過來，親一下奶奶和趁機逗趣；這些細微得不能再小再自然不過的一舉一動中，我深切地感受到了千百年來中國傳統美德中的那兩個字：孝敬。

聚餐中間，伯母的大兒子也是我的好友阿威，笑盈盈地背誦起一首我第一次聽到但再也不會忘記，古人早就寫下的美妙詩句：

老母八十不是人，
天上王母下凡塵，
四個兒子都是賊，
偷得仙桃孝母親。

分別的時候，王伯母緊拉著我的手笑容可掬地又說：「今天晚上，我要流浪到兒子家了，還要打幾圈麻將呢！」我注視著伯母溢滿了幸福的面孔，心裡真誠地祝願著：願天下更多的父母親都是這樣富有的"流浪漢"，願世間更多的兒女們都是如此付出的"賊"。

那些走街串巷的童年時光

　　小玲的故鄉有一條大河，名為滁河。它源於安徽省肥東縣，曲折東流兩百多公里，最終於南京六合區附近匯入長江，被稱為江北地區的母親河。沿著這條河流，周圍四通八達的大路小徑，連接起幅員遼闊的田園與村鎮。而爸爸則是沿河方圓幾百里的鄉村中，唯一的中醫生。

　　爸爸通常是上午在家裡門診，下午到各村出診。由於不放心女兒單獨在家，爸爸出診時，必定帶著小玲一同前往。因此從小玲兩歲開始一直到上小學之前，每天在爸爸的身旁，總會晃動著一個可愛的小身影。

　　爸爸有一輛黑色加重型的自行車，它就是爸爸出診時的交通工具。每天一過了晌午，爸爸先把行醫的布包斜掛在車把上，再把小玲放在自行車的橫樑上，嘴裡一邊輕聲說著：「咱們走啦！」一邊熟練地跨上車座，打足了氣的車輪立即滾滾轉動起來。

　　在顛簸不平的路途中，小玲始終雙手牢牢地握著車把，小屁股穩穩地坐在車梁上，小眼睛眺望著四周。時常在前方，有老牛慢悠悠地走著，一條長長的大尾巴不停地左右擺動。偶爾掉落的幾堆牛糞，趕牛的老爺爺隨即把牛糞拾到了竹筐裡。春夏交替之際，蔚藍的天空中飛過些鳥兒，時而傳來了一陣陣十分悅耳的聲音：「布穀布穀」，正在稻田裡插秧的大人們便伸直了腰身，抬頭附和著：「快快播穀嘍！」還有人放聲唱起了頗有味道的插秧歌。一路上，並經常聽見一聲聲親切地打招呼：「曾醫生，您好啊！又帶著小女兒出診呀！」

　　每天經過的土路旁，小玲看見許多鄰家的池塘。在池塘裡面，那些昂首挺胸的大白鵝總是那麼神氣十足，一群輕盈快樂的小鴨子自由自在地游水嬉鬧。等到夏日的微風迎面吹來，一朵朵粉紅色的荷花隨風搖曳著舞姿，似乎在向每個過路人問好。而最讓小玲興奮的是到了采菱的季節，綠茵茵的菱葉覆蓋著半邊的池塘，四散的人們坐在特大的木盆裡，喜洋洋地靠近了菱葉，拎起了菱盤，採摘藏在下麵最肥美的菱角。於是，每當抵達了任何地方，小玲馬上就能吃到又嫩又香的水三鮮：蓮蓬、蓮藕和菱角啦！

　　每逢爸爸到某村出診，附近要看病的人全都等候在這裡。鄉親們都非常尊重爸爸，也格外疼愛小玲。爸爸為病人診斷治療時，其他人常帶著小玲四處串門玩耍。由此而來，小玲變成了爸爸每天最愛聽的小廣播電臺。只要小玲一從街坊四鄰回來，即刻張開了小嘴巴，滔滔不絕地報導起來：“張爺爺家的母豬剛生了兩隻小豬崽，一隻大，一隻小。王奶奶的兒媳婦又生了一個胖小子，有八斤多重呢！劉嬸家昨天剛孵出了一窩小雞，嘰嘰喳喳的可好玩啦。趙叔今天沒給我雞蛋和紅棗，只給了我一根黃瓜吃……。”爸爸笑眯眯地聽著，不用出門就能知道很多有趣的事情。回家吃過晚飯以後，爸爸總喜歡雙手抱起了小玲舉一舉，掂一掂，而且樂呵呵地說：“看看我家的丫頭，又長了幾斤嘍！”小玲仰起了小圓臉緊接著報告：“他

們都說，我的臉蛋紅得像大蘋果呢！"

　　爸爸前去出診的路程遠近不同，最遠的村莊騎車需要一個多小時。有時返回來的時候，滿天的繁星早就閃閃發光，一輪明媚的月亮高掛在夜空中，柔美的月光靜悄悄地撒滿一路，照得滁河水也翻起了一道道銀色的波紋。行進在朦朧的夜色中，小玲大聲地給爸爸背誦著湯頭歌訣。爸爸曾教誨小玲，湯頭歌訣是清代醫家王昂編著，共選名方205首，用韻語編成了詩歌。而小玲學會的第一首歌訣是《四君子湯》：

　　四君子湯中和義　　參術茯苓甘草比
　　益以夏陳名六君　　祛痰補氣陽虛餌
　　除祛半夏名異功　　或加香砂胃寒使

　　爸爸一遍遍的告誡小玲：孩子，如果你今後從醫，一定要謹記中醫的醫德：善良、謹慎、認真。

　　就這樣，年輕的爸爸多年來帶著心愛的小女兒，騎車走過了一條條大街，穿行著一個個小巷。小玲親眼看見，經過爸爸仔細的診治，有的病人躺著推進來，不久後就神奇地站著走出去。有的病人多年不孕，後來抱著剛出生的嬰兒前來答謝。有的病人滿身患有皮膚病，竟被徹底治癒。還有的病人家裡貧窮，爸爸只收一半的醫藥費用。不僅近在咫尺身邊的鄉親們，甚至遠在南京城裡的人們都來邀請爸爸去治病。在小玲年幼的心裡覺得，爸爸真是個無所不能的醫生。並暗自想著，將來也要當一個像爸爸一樣的好醫生。

　　歲月荏苒，滁河水依舊奔騰不息地向東流淌。可如今，小玲已遠赴他鄉，成為一名子繼父志的中醫生。然而，孩童時跟隨著爸爸一起走街串巷的日子從未忘懷。曾經那一串串的笑聲，一樁樁的趣事，一摞摞的快樂，就如同故鄉一顆顆美麗的雨花石，五彩繽紛且又細膩柔潤地鋪滿在小玲的記憶中。只因為啊，那些難忘的童年時光裡浸透著爸爸最深沉最溫暖的愛。

火光中的眷戀

　　周日清晨，我從窗口向外望去，外面的天空早已是黑壓壓的一片，看上去就像是烏雲密佈暴風雨將要來臨的感覺。但空氣中明顯地帶著煙火焚燒的嗆味，灰白色的粉末從空中紛紛揚揚地掉落在後院中。

　　我打開了電視，看到屏幕上火光衝天的畫面，才知道聖地亞哥的好幾處地方正在燃燒著大火。以往在深秋的季節，很少刮起如此燥熱的大風。而今天的風就像是著了魔似的不停地呼嘯著，狂刮著。風助長著火勢，席卷了數十條街道，燃燒著上千座房屋。其嚴重程度波及之廣遠遠超過往年的任何一次。這個城市的四面八方都在告急！

　　電話鈴聲不斷地響起來，住在附近的朋友們相告著火勢迅速蔓延的消息。電視新聞中也不停地播放警告：關上煤氣總開關，不要打開窗戶和空調，隨時注意疏散的通知。這些狀況令人越來越感到萬分緊張。我抬頭仰望這時的天空，竟連一抹藍色也找尋不到，只有一輪斜陽被四周的黑煙熏圍著透露出一層血紅色。這是我初次目睹到山火無情和殘陽如血的情景，更加增添了心中的擔憂。

在上午，我還像往常一樣不經意地覺得，山火不會燒到我們這裡來的。然而，電視屏幕中頻頻播放的火災現場，朋友們屢屢的詢問忠告，讓自己也驟然緊張起來。我從來沒有遇到過要從家中疏散的情況，這可是生平第一次。瞬間有一個念頭閃過，使我倍感不安起來：萬一房子真的被燒毀了，必須帶走一些什麼東西呢？

我首先把幾瓶水和一些食物，禦寒的衣服和被子，還有一些證件資料放到了車內。然後，我隨即盤算起隨身還要攜帶哪些東西。

相冊。十幾本厚厚的相冊，其中有幾本是我從故鄉千里迢迢帶到美國來的。那裡面有著父母親年輕時的英俊面孔；有著我們兄妹一同長大的步履足跡；有著自己從童年到現在的模樣身影；有著不同時期與好友們的合影留念；還有著女兒從出生的嬰兒長大成亭亭玉立的少女喜怒哀樂的真實寫照；還有著許多……。

信件。我保存了多年的信件和各種卡片。那裡面有著已離世的媽媽和孿生哥哥的最後一封信；有著眾多知己摯友們的來信和卡片；有著來自讀者們熱情的回復；還有著女兒從第一張至今親手寫的母親節和聖誕節的卡片；還有著許多……。

物品。存放在紙盒中的物品。那裡面有我隨手寫下的筆記；有著已經變了色的心形項鏈，小小的福字玉墜，西班牙的珍珠項鏈，錄好歌曲的磁帶，寫著題字的書籍，這些只屬於自己的物品，一旦看到，就會想起一段講述著久遠的往事；還有著許多……。

這一張張隨著歲月的流逝有些發黃的照片，這一封封保存了許久的信件和卡片，這一樣樣極為普通的物品，對於別人來講沒有太多的價值，可對我而言，樁樁都是難以忘懷的往事，件件都是戀戀不捨的回憶。我一直都把它們當作無價之寶好好的收藏，並時常拿出來反復翻看。當我把這些東西全都放進了兩個紙箱，然後放在後車箱中。雖然車內還是空空的，但我卻覺得應該帶的東西都帶上了。奇怪的是，原本不安的心情，一下子變得平靜下來。

在火光之中，我思悟出來不僅是自己一個人，或許是更多人，面臨著危難的時候，最深的眷戀不是那些用金錢可以再買得到的貴重物品，而是那些失而不能複得的東西。因為深藏在這些滿載著回憶的東西的背後，正是每個人心底裡一份永不褪色的曾經的付出或得到。如若濃縮成一個字來概括，那個字就是：愛。

思念你，聖地亞哥

　　2017 年的 3 月初，我離別了居住數十年的聖地亞哥，搬去西雅圖。在飛機騰空升起的一瞬間，已忍耐了許久的眼淚一下子流落下來。我淚眼朦朧地俯首看下去，看見了市中心的高樓大廈，看見了那座跨越海面的大橋，還看見了蜿蜒漫長的太平洋海岸線……。飛機越飛越遠了，然而，捨不得離去的思緒卻久久纏繞在心頭。

　　我眷戀這個城市，許是因為一年四季裡無限明媚的陽光。我現在居住的西雅圖，每年的雨季從 11 月開始一直持續到來年的 3 月，陰天數平均為兩百多天。西雅圖經常是一連數天，連綿細雨晝夜不停地飄落下來，整個天空籠罩在一層厚重的灰色之中，有時還不到下午四點，天色早已昏暗起來。據說這裡的自殺率比較高，的確，人們的心情長久沉浸在一片無聲無息的陰暗裡，難免會隨之平添了些許的憂鬱與迷茫。我時常聆聽著滴答滴答的雨聲，仰望著天空灰濛濛的顏色，內心中最留戀的竟是聖地亞哥昔日裡被忽略了的習以為常的陽光。沐浴在那燦爛的陽光下，鳥兒嬉耍鳴叫，花草散播芬芳，人們更是充滿生氣地迎接著每天的黎明。我這才體會到，並不是每一個地方都可以盡情地享受著太陽的寵愛。

　　我難忘這個城市，許是因為這裡留下了我年輕時的嚮往和腳步。自從踏上這片陌生的土地，我必須像爬山那樣從最底層開始，一步步地向上攀登。在這裡，我在別人家中做管家時，很長一段時間睡在小孩房間的地上。曾有一個手指被車門擠壓後還要做飯清掃，導致了指甲內化膿而被拔掉。在這裡，我在餐廳當洗碗工時，每天要上下搬起幾十磅重的碗筷，工作十幾個小時後累得腰酸背疼。洗碗使用的鐵絲團把指甲磨得光禿禿的，甚至連胳膊上也劃出了不少的傷痕。在這裡，我在旅館打工時，屢屢要和妓女賣毒品的人打交道，還經歷過一次持槍的搶劫。在這裡，我在一家會計師事務所工作多年，終於學習了許多專業知識和經驗。後來我與志同道合的夥伴們一起創辦了我們自己的會計師事務所，並竭盡全力地工作了 15 年。在這裡，我有幸結識了《華人》，並在《真情世界》欄目中開始了寫作。我堅持寫了八年以後，結集出版了第一本散文集。如今，我欣然回首，儘管最初的歲月處處是舉步維艱，可我深知，各種境遇都是一種磨練，更好的機會總是給與那些永不放棄努力的人。無論異鄉的路途有多少艱辛，也不管一直向前走的步伐是多麼曲折，但過去的一切經歷卻是我人生歷程中最寶貴的年華。

我牽掛這個城市，更許是因為心系著眾多的朋友。我搬到新城市後，身處在嶄新的環境中，格外想念昔日裡會計師事務所的同事們，共同愛好寫作的筆友們，還有多年相知的摯友們。當分別的時候，好友燕子深情地寫道：「真是送了一程又一程捨不得分手，也許，誰都會有送別的經歷，可這個人，在你心裡的分量如何？只有分別時，才能知曉。二十年吶，一份真誠的友誼，永恆的回憶。訴不完的千言萬語永遠是心中最真的祝福。」筆友海麗還填了一首詞：「今日風急雨驟，清茶辭送一舟。憶摯友情誼，尤歡歲月悠悠。莫愁，莫愁，異鄉難斷電郵。」《華人》發行人馬平熱情的鼓勵我說：「陽光的人，在哪裡都充滿陽光，照亮自己，光照他人。」在彼此分開後的日子裡，有的朋友時常打來電話，有的朋友在微信上互通近況，還有的朋友專程來看望我。曾有一段話說得那麼好：「相逢是緣，相處是情。不論緣淺緣深，相逢就是幸運。不論情淡情濃，相處就是福分。」如今，我更加珍惜出現在自己生命中的每一位朋友，感謝你願把一些時間分享給我。世事變幻難料，生命來去無常，而那些曾經或長或短的真誠相遇與同行，已是我記憶中的永恆。

無論是出於什麼緣由，思念這個城市是一種極深的溫暖。我不時哼起幾句喜歡的歌詞："想你時，你在腦海。想你時，你在心間。只因為，我一直在你身邊，從未走遠……。" 在情人節時分，我格外思念你，美麗的聖地亞哥。

麥當勞裏的家鄉味道

美國的麥當勞有油條買了！我從網絡的一篇文章中讀到了這條消息，立即引起了極大的興趣。這可是正宗的美國店，能有地道的中國油條嗎？儘管我內心裏尚存著一些疑問，但馬上決定要去試吃一下。

第二天清晨，我和先生開車來到了附近的一家麥當勞。我已從網上得知，這個 donut sticks 是新推出的，並不是每家店都有。我走進這家店裏，無意間看見了電視裏轉換著不同的宣傳圖片。隨著其中的幾幅畫面，一根根金黃色的油條雀躍而出。我不由得心中暗喜："這裏肯定賣油條！"果然，我的猜想沒錯。

我們買了兩份油條，一份是無糖的，一份是加糖的。等待的時間略長一些，因爲麥當勞推出這個新品的時候就承諾：每一根油條都是現炸現吃。當我接過食品袋後，迫不及待地拿出了一根油條，興致勃勃地端詳起來。哇，這油條與國內的油條相比，顏色十分正宗，形狀也很像，只是個頭小了許多。我興衝衝地咬了一大口，心頭竟忽地一熱，眼淚差點掉落下來。咀嚼在口裏的油條，油潤麵香，外脆裏韌，滿滿的家鄉味道！這不就是每個北京人一定吃過的"大果子"呀。

記憶的大門一下子被打開，我仿佛回到了童年。我家住在國家計委大院，大院裏就有機關食堂。那時候，人們的生活普遍貧窮，不可能每天吃上油條。只有在逢年過節或週末，才會去食堂買來油條和豆漿。吃早飯時，全家人熱鬧的圍坐在一起，每人一根油條，一碗豆漿，豆漿裏再放上一小勺白糖。我通常先把油條分開兩半，然後掰成小段泡在豆漿裏，又脆又香極為好吃。一向調皮的二哥吃完了油條，不僅把小碗底舔得乾乾淨淨，還把沾在手上的油往頭髮上抹了又抹。並說著，頭髮有亮光多好看。孩童時代的快樂真是那麼簡單，一頓香噴噴的早餐也足以讓我們興高采烈。

　　長大以後我清楚記得，每當天色剛濛濛亮，一些小吃店便在街邊擺出了油鍋，為趕去上班的人們現炸現買油條。人們一邊排隊，一邊觀看油條是如何炸好的。只見幾條軟面放入了熱騰騰的油鍋裏，翻滾著逐漸越變越大，不一會兒就炸得又黃又脆。當街炸油條的香味肆意地向四處飄散，離得遠遠的就能聞到。尤其是在寒冷的冬季，

頗有讓人垂涎欲滴的誘惑力。那時一根油條 5 分錢，一碗白豆漿 3 分錢，僅要幾分錢方可買到美美的一份早餐啦！而北京人十分喜愛各種麵食，如今回想起來，這也是當時街上一道別具一格的景色呢。

來美初期，我常在華人超市中購買有包裝的油條。直至後來，每逢到一家中餐廳吃早茶，我總會點一些現炸的油條和豆漿，帶著幾分童心慢慢地品嘗，而且屢吃不厭。離開時還忘不了對服務員說一聲，下次再來。

每個人對於家鄉味道的描述都不一樣，或許它並不奢華，也不昂貴，可一旦觸及便會悄然撥動起自己的心弦，瞬間流淌出最愉悅的歡聲笑語。無論走到哪裏，我從一根油條數起，還有那一串冰糖葫蘆，一碗炸醬面，一盤餃子，這些普通的食物裏始終蘊藏著我年少時數不清的記憶，也時常喚起我對故鄉道不盡的思念。

麥當勞的油條，由於有了醇厚的家鄉味道，格外好吃！

我們登上了祖國的軍艦

　　盛夏八月的聖地亞哥，海風習習，海浪滾滾。風兒迎來了親人到達的喜訊，浪花聚集著四面八方喜迎的聲音。中國艦隊參加了環太平洋多國聯合軍演後來訪聖地亞哥，停泊在這裡的海軍基地。

　　翹首以盼，迫不及待，興奮不已，究竟是誰滿懷了這樣激動的心情？那就是我們。我們《華人》雜誌社一行四人，前來參觀和採訪祖國的軍艦。

　　當我們一走近海港，遠遠看見在大海的懷抱中，三艘軍艦傲然挺立。我們首先登上了導彈驅逐艦"海口號"，站在甲板上向四處眺望。我們看見了，跟在主艦後面的綜合補給艦"千島湖號"的上方，呈人字形狀掛滿了彩旗。我們還看見了，有一面旗幟飄揚在軍艦的最前方。鮮紅的顏色，黃色的五角星，還有"八一"兩個大字，這正是中國人民解放軍的軍旗啊！我們已很久不曾看見這面旗幟，可如今，如此近距離地仰望著它，一股炙熱而又親切的情感在內心深處油然而生，情不自禁地呼喚著：你好！八一軍旗。

　　隨後，我們又來到了導彈護衛艦"嶽陽號"上繼續參觀。負責接待的值班長身材高大魁梧，身穿著一套潔白的海軍軍裝，配上精緻的寬簷帽，黑皮鞋和白手套，顯得格外英武帥氣，一副標準的軍人形象。然而，當我們親切地稱他為"小白"時，他卻有些靦腆地笑著，平添了幾分男兒的柔情。在他的帶領下，我們逐一參觀了餐廳、會議廳、主副炮臺、導彈自動發射系統、駕駛艙和指揮艙，我們所到之處竟是處處一塵不染。在寬敞明亮的會議大廳裡，鑲嵌在正中央的"嶽陽號"三個大字，展現出無比強勁的力量。而鄧小平等歷屆領導人的題詞，更顯示了建立一支現代化海軍的重要性。

值班長深情地告訴我們：“艦艇，它是全體官兵的家。”曾有一個戰士寫過一幅頗有代表性的對聯，上聯是：東西南北四海兄弟攜手軍旅生涯，下聯是：酸甜苦辣八方戰友共創和諧軍營，橫聯是：以艦為家。就在艦艇走廊兩側的牆壁上，貼掛著很多塊戰士們自己精心製作的園地。這裡有一張張暖人心扉的照片：軍人擁抱著新婚的妻子，兒子依偎著白髮蒼蒼的爹娘，長大後的兄弟姐妹，昔日的同窗好友歡聚一堂。這裡有一封封催人淚下的來信：父母親的思念與叮囑，戀人的不捨與牽掛，小學生們的慰問與理想。這裡還有一幅幅美不勝收的圖片：祖國的名勝古跡，家鄉的千變萬化。我們經過的每一塊園地，深切感受到戰士們那些從未說出口的情懷，仿佛聽見了他們在萬籟俱寂的夜晚裡唱出的心聲：“說句心裡話，我也想家，家裡的老媽媽已是滿頭白髮。說句心裡話，我也有愛，常思念那個夢中的她。既然來當兵，就知責任大。你不扛槍我不扛槍，誰保衛咱媽媽誰來保衛她，誰保衛咱祖國誰來保衛家。”多麼可敬可愛的戰士們，無怨無悔地守衛著家鄉人民的幸福安康。

張副艦長已參軍多年，他是個非常隨和健談的年輕軍官。在陪同我們參觀的過程中，耐心地回答了各種提問。

“這艘軍艦是哪裡製造的？”

“嶽陽號是我國自行研製的，具有多種用途的新型導彈護衛艦，可單獨或協同作戰。”

“軍艦通常屬於哪種編制？具備哪種條件才可當兵或提幹？”

“軍艦屬於團級編制，具有大專畢業以上的人才能提幹，現在很多幹部是碩士或博士畢業。具有高中畢業以上的人才能當兵。”

“艦艇上有女兵嗎？”

“其它艦艇上最近剛有女兵，一般是醫務兵。”

“你們平時吃什麼飯呀？”

“米飯，麵食和炒菜，什麼家鄉菜都有。”

"隨軍家屬可以隨艦嗎？"

"哈哈，那不可以。因為軍艦是執行戰鬥任務的地方。營以上的幹部家屬可以住在海軍基地。"

我們如同久別重逢的親人一樣，總有聊不完的家常話。在參觀結束後，我們還和張副艦長以及戰士們合拍了多張照片。

再見了，祖國的親人們。我們在依依不捨告別的時候，才更加懂得，樹高千丈離不了根，無論我們走得離家有多遠，這種對故鄉的熱愛和眷戀，永遠無法改變。

第三章

這裡有一段
經歷
留住你的關愛

雨中

>> 當我們每一個人來到了美國這片陌生的土地上，講起一種自己不熟悉的語言，開始了一切從零起步的生活。面對著前面是溝，要邁過去；遇水，要蹚過去；見山，要攀過去。曲折的，艱辛的，窘迫的，無知的，有趣的，開心的，時間不知沉澱了多少真實的故事。

>> 如同自然界中，大樹有著大樹的挺拔，鮮花有著鮮花的嬌豔，小草有著小草的清香，它們獨具一格，又互為映襯，彼此不能替代。每個人來到了這個世界上，無論自認為多麼渺小，其實都有屬於自己的那一片天地。

>> 女人的手掌不要只朝上，向別人索取東西。而要學會手掌朝下，這雖然艱辛，但卻能把握自己的命運。女人，為何不讓理想、追求、知識、愛好、快樂和健美等等，持之以恆地都變成無數朵美麗的浪花，在自己的生命長河中翻騰跳躍起來。

>> 一步一個腳印，一個腳印一滴汗水，只有當我回首凝視的時候，才會發現，這一個接著一個的足跡，崎嶇但堅實地已走出了一條屬於自己的路。異鄉的路，就在每個人的腳下。萬事開頭難，邁不出第一步，就永遠沒有第二步。

>> 在千迴百轉的人生海洋中，每個人就是駕馭自己生命之舟的水手。揚起理想的風帆，即使有十個百個消沉退縮的原因，那麼，也更有千個萬個奮力向前的理由。

>> 很多時候，快樂，沒有年齡限制，也不用金錢來買。只要自己有一雙好奇的眼睛，去尋覓那些近在咫尺的美麗，並用一顆熱愛生活的心靈，去感悟許多細微中的美好。而快樂，就會時常在心底裡暢然流淌。每個人精神境界中的豐盈，不是別人給予的，而是要靠自己創造。

>> "除了死亡，其他都是小事。那些沒能將你打敗的，最終都會使你更勇敢。"猶如那些不起眼的小草從不畏懼冬季的嚴寒，當春天來臨的時候，欣然呈現出一片春回大地的綠色。

又是月圓中秋時

　　月圓月又缺，月缺月又圓，從故鄉來到美國，已然度過了數十個中秋夜晚，然而讓我難以忘懷的卻是來美後的第一個中秋節。

　　我像許多初次來美的人一樣，懷著一個美麗的出國夢，萬里迢迢踏上了聖地亞哥這片秀麗的土地，然而來美後的生活並不容易。為了減輕生活負擔，我必須要找一份工作。於是，我來到了一個家庭當起管家。"管家"叫起來好聽，而每天的做飯洗衣、整理清掃、接送小孩以及各種雜事不僅樣樣都要做，並且要不停的做。

　　那天夜晚，高懸在空中的一輪明月，和家鄉以往的那輪明月一樣的圓，一樣的美。皎潔的月光帶著青春少女般的柔美，輕輕地灑向大地。而我，卻站在窗前呆呆地望著空中的明月，回想起發生在白天的一幕幕，眼淚不由得又像斷了線的珠子一下子流落下來，止也止不住。

　　這天清晨，我和平時一樣，等小孩們去上學以後，就忙著整理房間、打掃浴室和擦灰吸塵，然後把每個人換下來的髒衣服分類洗滌。忽然間，開有珠寶商店的男主人匆匆返回家中，在自己的房間停留了片刻後，馬上走出來嚴厲地問道："我放在椅子上的那條褲子，你拿去哪裡了？" 我不知所措地說："剛放進洗衣機裡，正在洗呢。" 他緊接著又問："你有沒有掏褲子的口袋呢？" 我毫不猶豫地回答："沒有，我從不掏別人的褲子口袋，我以為是件要洗的衣服。" 他上下打量著我，眼光裡充滿了疑問，好像是看著一個小偷。他迅速地打開了洗衣機，他愣住了，我也愣住了，那麼多的 20 元、50 元、100 元的鈔票，跟隨著衣服在水中旋轉著，旋轉著。

我馬上關了洗衣機，把濕了的錢一張一張地撈出來，拿著吹風機一張一張地吹乾。由於錢是用特殊紙張製造的，沒有任何損壞。男主人一直站在我身後，拿起吹乾了的錢，反復地數了又數，一元錢也沒缺少。就在他轉身離開的瞬間，我的淚水合著汗水隨即流淌下來。我無法忘記他那懷疑的目光，心中一個聲音在倔強地呼喊：「我人窮志不窮，我可以辛苦做工，但不能遭受到無緣無故的懷疑。」

這一天，正是我來美後的第一個中秋節。如果是在故鄉，我會和全家人圍坐在一起，一邊品嘗著各式各樣的月餅和水果，一邊欣賞著天上的月亮。而今天，這裡沒有月餅，沒有美味佳餚，更沒有親人，只有孤零零的自己和那翻騰在心底深處「抬頭望明月，低頭思故鄉」的思念之情。我拿起筆，攤開信紙，僅寫了幾行字：「親愛的媽媽，我一切都好，請勿惦念。只是特別想媽媽，特別想家……。」淚水，模糊了視線，滴濕了剛剛寫下的字跡。

我久久地站在窗前，遙望著那輪明月。月亮是那樣的明亮，照亮了我胸懷；月光是那麼的柔和，溫暖著我的心房。我似乎看見，嫦娥輕舒著廣袖起舞，吳剛笑著捧出了桂花酒。我堅定地對著明月許下了一個心願：我一定要依靠自己的努力，來改變自己的命運。

從這天開始，我從來沒有忘記為實現這個心願而堅持不懈地努力。我也深深懂得，身在異國他鄉，要改變自己的命運不是一句空話，必須要掌握改變命運的本領。我學會了開車，首先有了自己的腿和腳；我抓緊時間學習英文，逐漸有了自己的耳和嘴；我晚上去學校聽專業課，終於有了自己的腦和手。我不間斷地工作，不斷累積著各種知識和經驗。從當管家到餐廳洗碗打雜，從旅館經理到在一家會計師事務所裡任職，直到如今，我和志同道合的朋友們一起創辦了我們的會計師事務所。社會的磨練造就了一個嶄新的我，從而也擁有了自己的社會位置與尊嚴。

一步一個腳印，一個腳印一滴汗水。只有當我回首凝視的時候，才會發現，這一個接著一個的足跡，雖然曲折但堅實地走出了一條屬於自己的道路。我深知，與其他許多學業優異以及事業有成的人們相比，我幾乎是微不足道。但值得欣慰的是從開始到現在，我從未停止過努力向前的腳步。

今天是 9 月 10 日，再過幾天就又是中秋節了。在 2002 年的中秋之夜，我將面對著明月，為我們 10 月 1 日即將開始營運的會計師事務所，為我首次主持《華人》月刊的《真情世界》欄目再許下一個心願：追逐夢想，自強不息。並胸懷著這個新的願望，朝著更遠更美麗的路途走去。

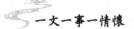

北京來的女孩

　　有一個女孩，從北京出發，抵達了坐落在太平洋東岸的海濱城市聖地亞哥。初來乍到時，女孩傻傻的，既不會說英文，也不會開車，更不知道怎樣打工。可女孩早就懂得一點，無論在何處，一切要靠自己努力。

　　女孩從中文電話簿上查到了李家園的電話號碼，這是一個越南華人家庭開的中餐廳，生意非常紅火。電話打通後有人詢問："有經驗嗎？"找工作已被拒絕多次的她毫不猶豫地說："有經驗。"當她懷著忐忑不安的心情去試工的第一天，剛剛拿起菜刀切肉不知所措的笨樣子，謊言就不捅而破了。

　　"你不是說有經驗嗎？"餐廳老闆恰巧走過，順口問道。

"哦，我曾在單位的食堂幫過廚。"女孩趕緊又編了個理由。

"哈哈！不過，願意做就留下來吧。"老闆顯然不相信她講的話。

"謝謝老闆，我會努力的。"

女孩開心地笑了。就這樣，女孩找到了來美後的第一份工作，開始了生命歷程中的另一段路途。

女孩在廚房裡當洗碗工，這可不是個輕鬆的工作。每天早晨從10點開始，一直工作到深夜。上午一進來首先要做清理雞鴨、洗魚、切肉、剝蝦、擇菜等等各種各樣的雜活，到了中午才開始洗碗。洗碗的過程是，先把碗盤中的剩飯菜倒掉，然後在放了清潔劑的大桶裡清洗一下，再逐一放進洗碗機裡。如果趕上週末生意忙碌時，還要幫忙收拾桌上的碗盤。裝滿了髒碗盤的大塑料盆足足有幾十磅重，需要十分用力才能搬動。女孩最喜歡做的事情是包鍋貼，因為可以坐下來，而媽媽教會的手藝在這裡也派上了用場，她包出來的鍋貼頗為豐滿有形。晚上除了洗碗盤，通常到了10點鐘左右，廚師們還會遞過來一大疊用來備料的鋁盤，外加好幾個四周被煙火熏黑的熬湯用的大鐵桶，必須用一團團的軟鐵絲使勁地搓刷洗淨。女孩一整天要站著辛苦的工作，經常是半夜才回到家中，早已累得精疲力盡連腰也直不起來了。長期工作下來，女孩渾身上下總散發出一股濃重的油煙味道，十個手指甲早被鐵絲磨得光禿禿的，以往光滑細膩的手背和胳膊也刮出了一道道傷痕。

然而，女孩從不叫苦喊累也不偷懶，並發自內心地感激這個給了她最初工作的地方，還有那些始終以誠相待的人們。剛開始工作時，女孩沒有任何工作經驗，餐廳老闆李先生親手教會了她如何斬切第一隻活生生的大螃蟹，並對她說："我剛來美國時給別人打工，受過不少欺負。我當時就想，如果有一天自己當了老闆，一定像對朋友一樣對待我的員工。"老闆的弟弟是餐廳的主廚，耐心地教會她如何做好許多事情；三嫂時常買來特殊的食品讓大家品嚐；而蘭姐喜歡像姐妹一樣的與她聊天。每當結束了一天勞累的工作後，女孩和大家圍坐在一起，一邊吃著剛出鍋的飯菜，一邊天南海北地聊天，好難忘的溫馨一直暖到了心底。

正是經過餐廳工作的這段日子，讓女孩切實體會到：異鄉的路，就在每個人的腳下。萬事開頭難，但邁不出第一步，就永遠沒有第二步。女孩喜歡這樣的一段話："如果在別人的世界裡微不足道，那就在自己的世界裡閃閃發光。"並下決心無論在什麼地方，不管面對怎樣的磨難，竭盡全力地走自己的路，努力做更好的自己。

時光悠悠，歲月匆匆，當女孩已在會計師事務所工作數年後，再回到餐廳拜訪的時候，大家仍然清楚記得這個吃苦耐勞的北京女孩。而我，就是這個女孩。

來美趣事一籮筐

　　當我們每一個人來到美國這片陌生的土地上，講起一種不熟悉的語言，開始了一切從零起步的生活。面對著前面是溝，要邁過去；遇水，要趟過去；見山，要攀過去。曲折的，艱辛的，窘迫的，無知的，有趣的，開心的，時間不知沉澱了多少真實的故事。然而，當我們欣然回首這些往事時，無論其中曾浸透了苦辣甜酸怎樣的滋味，我們卻發出了回味無窮的笑聲。

名字背後的故事

　　來到了美國以後，不管我願意還是不願意，居然有過好幾個名字。最初我在香港人家裡當管家，大人和小孩們都叫我"阿姨"，沒有姓，更沒有人記得我的名字。後來在台灣人家裡當管家，儘管我還很年輕，他們卻叫我"李媽媽"，而前面加上了先生的姓。當我在旅館工作時，則隨意起了個英文名字，一是叫起來方便，二是為減少一些不必要的麻煩。我開始在會計師事務所工作後，才能叫回了原來的名字。

　　自小到大，我聽慣了都是自己的名字。在這裡，聽到人們用不同的稱呼叫我，雖然在有的名字背後，深藏著從未受過的辛酸和委屈，但是為了生存也只能忍耐。只有那麼一次，我實在忍無可忍，並要爭回一口氣。

　　那時我在一家中餐廳打工，主要的工作是洗碗。餐廳的其他員工來自越南和柬埔寨，大家都會講普通話或廣東話。有一天我上班來晚了，剛走到櫥房外面，就聽見他們七嘴八舌在議論，並不停地叫我們這些從中國來的女孩們為"大陸妹"，口氣中帶有著明顯的貶低。我大步跨進廚房裡問道：

　　"誰叫大陸妹？！我們有自己的名字。"

　　"有些大陸妹就是又笨又懶。"有人繼續說著。

　　"沒有說你，是在說別人呢。"也有人緊接著解釋。

　　"我告訴你們，我們剛來美國，在餐廳裡打工只是暫時的。總有一天，我們會有更好的工作。而且，從國內來的很多姑娘是既能幹又漂亮！"我理直氣壯地大聲說道。

　　"那你就帶來一個看看！"一個長得蠻帥氣的年輕人在一旁搭茬。他是老闆的弟弟也是餐廳的主廚師。呵！他將了我一軍。

"好吧，那你們等著看！"我毫不猶豫地回答。

我的朋友薇薇是上海外國語學院畢業的高才生，來美攻讀電腦專業的碩士學位。她高挑苗條的身材，一雙明亮的大眼睛，微笑起來更為知性優雅，不要說是男士們，就連我第一次看到她時，也不由得眼睛一亮。我找到了薇薇，說出了事情的來龍去脈，懇請她一定要幫忙。

週六晚上，結束了全天的工作後，我們約好同去看午夜場的電影。當我把薇薇介紹給大家時，每個人都驚喜地注視著她，並極為友好地和她聊天。當夜，薇薇身穿著一件緊身的紅毛衣和一條牛仔褲，外面是一件米色的中長風衣，配上一雙長筒皮靴，端莊地站在眾人之中。薇薇無論說起普通話還是英語的時候，都夾帶著南方口音中特有的文靜，更加顯露出與眾不同美麗大方的氣質。我心裡得意洋洋地想著：就讓你們見識一下，從中國來的才貌雙全的姑娘吧！

後來，有個員工悄悄告訴我，那個帥氣的年輕人竟然暗自喜歡上了薇薇，還每天朝思暮想呢！我頗有些幸災樂禍地告訴說，薇薇早就有了男朋友，也是個碩士研究生。

從此以後，大家彼此成了朋友，他們再也不叫我們為大陸妹了。而我，從而更加懂得了在名字的背後，不僅有著人們彼此間應有的尊重，同時也體現著國富民強起來的一份尊嚴。

罵人

　　大山是個來美攻讀博士學位的學生，為了增加一些收入繳納學費，晚上和週末在一家旅館裡做前臺服務員的工作。由於這家旅館位於最雜亂的社區，又不靠近任何的旅遊景點，客人的來源通常是附近的閒散人員，其中妓女、遊手好閒的無賴和賣毒品的販子也是屢見不鮮。

　　有一天，203 號房間裡住進了一對男女。女的穿著一條特別短的皮裙，打扮得不像個正經女孩。男的頭髮長長地捆綁在腦後，就像個誰也惹不起的地痞。他們住了一天后，第二天就開始不交房費。大山打電話多次去催，總是沒人接聽，便來到房間外敲門。房門打開了，男的不在，而女的站在那裡幾乎沒穿衣服。大山一看，什麼話也沒說轉頭就往回走。只好每隔一會就不斷地打電話催促，直到那個男的出現在櫃檯前。

　　男的對大山說，沒錢付房費，要等到明天才能付。大山回答道，今天一定要付，如果不付錢，現在必須離開。男的不停地敲打著櫃檯，還極為耍賴地說，反正沒錢付，今天也不走。

　　大山剛來美國不久，別說還不會用英文罵人，就連用中文罵人在以前也很少有過。但看到面前的這個無賴，大山忍無可忍地用英文罵了一句在國內是很嚴重的罵人話：

　　"You are my son。"（你是我兒子）

　　"I am not your son。"（我不是你兒子）男的莫名其妙很快地回答。

　　"你是個混蛋！"大山氣得又用中文狠狠地罵了一句。

　　"Thank you!"（謝謝）那男的聽不懂大山說話，隨口應付著。

　　大山不知道接著再說什麼，一直等到警察前來才把他們趕走了。不過，事後大山想明白了一點，"兵來將擋，水來土掩"，在美國這地方對付那些從不講道理的人，學會幾句英文嚴屬的話，有時也許是必要的呢。

英文字母和中文拼音

他在家裡排行第六，所以大家都叫他小六子。小六子來自中國南方一個美麗的小城鎮。他初中畢業，說起來話來斯斯文文的，空閒時還經常幫助鄰裡鄉親們讀報寫信，在家鄉也是個頗有些名氣的小秀才呢。

來美以後，小六子如同其他人一樣，首先要學會開車，拿到汽車的駕駛執照。在加州考取駕駛執照必須要通過筆試和路試，筆試可自選用英文或中文。小六子當然選擇了中文，但拿到了考卷一看，小六子傻了眼。考題明明寫的全是中文，可他卻看不懂是什麼意思。原來，中文考題是繁體字，而小六子在上學時，學的是拼音和簡體字。

第一次筆試沒有通過，小六子絲毫不灰心，回家後把考題中不認識的繁體字一一背寫下來。雖然每次的中文考題都不一樣，但是小六子堅持不懈地背寫著繁體字，一直考了五次，小六子終於通過了筆試。

小六子練習了一段時間的實際開車，又經過了三次路試後，最後要拿到駕駛執照還要檢查眼睛的視力。當小六子站在離視力表有一定距離的地方，陪同的朋友悄聲問道："你認識圖表上的那些字嗎？"小六子滿懷信心的回答："我都認識。"

考官指著一行字母中的"A"字，小六子便大聲念"啊"；考官一臉疑惑地又指向"B"，小六子毫不遲疑地又念"波"。當考官滿頭霧水的再指向"D"字，還沒等小六子念出"得"音時，一旁的朋友趕快制止了小六子："要讀英文，不是讀拼音。"同時對考官解釋了小六子說的不是英文，而是中文拼音。考官笑著告訴小六子，看清楚是哪個字就寫下來，再舉起來給他看。

哈哈，小六子就是這樣過五關斬六將，通過了全部考試，拿到了汽車駕駛執照。

買車

汽車在美國，就像自行車在中國，作為交通工具都是一樣的普遍。海峰是個自費攻讀碩士學位的留學生，在這裡沒有汽車幾乎是寸步難行。海峰剛一到學校，就決定儘快買輛汽車。

週末，一位朋友帶著海峰來到了廣告上要賣車的一戶人家，他們住在山頂上。這是一輛從外表上看起來非常破舊的日本汽車，要價800美元。海峰既不懂車也不想耽誤朋友太多的時間，心想著反正是買舊車，差不多就買了吧。海峰付了錢，開車慢悠悠地剛從山頂開到了山下，汽車竟然熄了火，再也開不動了。海峰走回了山頂上的那戶人家，想退還汽車。那個賣車的人站在家門口對海峰說："你已經開走了車，不知道你做了些什麼。再說一手交錢一手交車，這是不能退還的。"

海峰只好又返回山下並打電話叫來了拖車，把汽車拖到了修車行。經過估價修車費需要600美元。海峰內心裡起伏不平地盤算著：身上的全部家當只有2000美元，這可是來美前全家人好不容易湊出來的錢。父母親的期望，兄妹們的關愛全都傾注在裡面。可僅僅買車和修車就一下子花掉了1400美元，海峰好心疼啊！

就在這樣窮迫無奈的狀況下，海峰開著第一輛舊汽車，開始了在美國邊學習邊打工的艱辛之旅，一直到順利地完成了學業。

陌生人的微笑

剛來美國的時候，小敏開的第一輛車是已有十幾萬裡數的舊車，隨時都會發生各種無法預料的毛病。某周日的上午，小敏開車行駛在一條小路上，車速突然減慢，她驚慌失措使勁地踩著油門，車子反而越來越慢停在了馬路上。她趕緊下車，四處張望有沒有地方可以打電話。

這時候，一輛汽車緩緩停在了路邊，走下來兩個年輕的小夥子。他們向小敏走過來詢問：「需要幫忙嗎？」小敏用磕磕巴巴的英語告訴說，自己的車不知道什麼原因，突然開不動了。」他們露出笑容說，不要著急，可以幫忙看看。小敏心裡有些疑惑：「他們穿得這樣整潔，彼此之間也不認識，又能幫忙做什麼呢？」

只見小夥子們脫下了筆挺的西裝外衣，將領帶塞進襯衫的口袋裡，挽起兩隻袖子，利索地打開了汽車的前蓋，略作檢查後卸下了一個沾滿污垢的電池箱。其中一個小夥子開車帶走了電池箱，不一會兒他回來說，電池箱經過檢查已無法修理需要換新的。然後他又幫忙去車行買了一個新的電池箱，並在原地很快地安裝好，汽車即刻間又可以發動了。

小敏連聲說著謝謝，並掏出了錢包裡僅剩的一些現金表示感謝。然而，兩個小夥子說什麼也不肯收下，擦乾淨滿手的油污，拿起了外衣微笑著大聲說著「再見」，便迅速地向著馬路對面的一座教堂跑去。

凝望著小夥子們遠去的背影，小敏的心中一下子溫暖起來。她不知道他們叫什麼名字，卻永遠記住了他們美好的笑容。因為他們讓小敏在人生地不熟的地方，感受到在一些陌生人的笑容裡，包含著對素未平生的路人一種真誠的關心。

被撞以後

加州的戴維斯是一個不大的城市，從南到北從東到西，開車也就半個小時左右。所以在大學裡讀書的學生們，幾乎是人人騎自行車去學校。

小王剛從家鄉來到這裡，某天他騎車行駛在馬路邊專設的自行車線道。突然間，不知道是什麼緣故，自行車倒在了地上，自己也被莫名奇妙地撞到了汽車前部的上面，然後又摔在了地上。小王從地上爬起來，摸摸頭臉，動動腿腳，拍拍身上，心裡慶倖著自己命大，沒有摔壞。當他看到司機走過來，擔心被罵擋了汽車的路，便連聲對司機說："對不起，對不起。"便只想著儘快離開。

而這時圍觀的人們，早已有人打 911 急救電話，也有人扶他坐在路邊，還有人主動留下來，等著說明親眼目睹的情況。急救車很快到達，小王卻並不想上車，心裡不知所措想著：還沒有來得及買醫療保險，身上僅有的幾百元錢可付不起任何的醫療費用。再說，帶來的錢是要交第一學期的學費。

搶救人員瞭解到發生的情況後，不容分說地就把小王的全身上下綁好，直接送到了醫院的急診室，醫生馬上開始了全身的細緻檢查。檢查結果為輕微腦震盪和頸部受傷，需要進一步的治療。可小王仍然不安地擔心，如何償付昂貴的醫療費用。

小王剛回到家中，就有位律師打來電話，詳細地詢問了當時的情況，並承諾拿不到賠償，不收律師費。聽了律師的分析，小王才知道自己被撞完全是對方的錯誤。在律師的幫助下，全部醫療費用均由對方的汽車保險公司支付，並得到了其他合理的賠償。

被撞以後，小王切身體會到了在這個陌生的地方，素不相識人們的真誠相助，搶救人員的認真負責，醫療制度的不同規定以及法律保護作用的重要性。

　　來美的趣事寫不完，因為每一個來到這裡的人都有屬於著自己的真實故事。在此篇文章結束之前，請隨著我看一看文章中寫到的人們，許多年過去後的今天，他們都在做什麼。

　　不會用英語罵人的大山，早就拿到了現代生物學的博士學位，成立了國際貿易公司。順利地通過了駕駛執照考試的小六子，如今可是個優秀的司機，全家人定居在加拿大。買了輛舊車的海峰，沒有辜負親人們的期望，獲得了兩個碩士學位後，創辦了自己的專業事務所。被汽車撞傷了的小王，順利地取得了博士學位，現在一家美國大公司任職。每當周圍的人遇到了車禍，他總把曾有的經歷講述出來，提些好的建議。而我，現在會計師事務所工作，寫作是我的業餘愛好。

　　每個人都以自己為圓心，畫著生命軌跡的圓。如同文章中的主人公們一樣，無論以往來自何處，今後將去何方，在美國這片自由的土地上，不管前面是溝寬，是水深，還是山高，只要秉持一份執著並努力向前，總會走出一條屬於自己的路，明天還會更美好。

又見大紅燈籠高高掛起

　　周日的清晨，我快步向附近社區的街頭公園走去。今天，我要去那裡拜訪一些人。一路上，剛剛修整過的草坪寬闊平坦，隨著微風飄來一陣陣青草地才特有的清香。一棵接著一棵高大的楓樹，儘管還是光禿禿的，枝條上的嫩芽卻靜悄悄地吐露出一絲絲新春的氣息。

　　突然間，一抹紅色緊緊抓住了我的視線，隨即睜大了眼睛。就在馬路的斜對面，一棟臨街兩層樓房的門廊下面，橫向高掛著一、二、三……總共六個紅燈籠。放眼看過去，在遠處一片蔚藍色的天空和周圍幾棵深綠色的熱帶樹的襯托下，我情不自禁地驚歎：好一排大

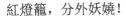

紅燈籠，分外妖嬈！

　　我湊近了圍牆外面再細看，在每個大紅燈籠的正中央，秀美地寫著一個字：中國春節快樂。或許由於我第一次看到在私人的住宅前面，掛起了這麼多的紅燈籠，也或許由於中間那幾個親切的中文字，內心裡頓時翻騰起一股喜慶的暖流。

　　凝望著紅彤彤的燈籠，我的思緒竟向前回返，停留在許多年前的一個夜晚。那時，我們先後從北京來到了聖地亞哥以後，除了白天先生在學校上課和我在公司工作之外，我們還通宵管理著一家旅館，並且住在旅館裡。

　　那天是春節的除夕，我們在旅館的門前掛起了紅燈籠，好讓周圍有些過年的氣氛。晚上十點多鐘，我正在前臺值班，有個大約二十六七歲的年輕人風塵僕僕地走了進來。我打量過去，他的兩眼裡佈滿了血絲，嘴角乾裂著，整個人看起來十分疲倦，似乎還略帶著幾分忐忑不安。通過簡短的交談後我得知，他是來自國內甘肅某地的自費留學生。

　　我報出了住房的最低價錢後，沒想到他仍是滿臉的窘迫。他繼續說道，他是個工人家庭的孩子。出國前後所有的費用，都是父母親和姐姐拿出了多年的全部積蓄才湊夠的。他上完第一個學期後，再也交不起第二學期的學費了。不過，他絕不會向家裡要錢，下決心自己努力打工掙錢，既要交學費，還要寄些錢給父母親。他已向學校請了長假，又聽說加州好找工作，已經連續開車兩天才到了這裡。他隨便擠在哪裡過夜都行。

　　聽了他這樣一番的敘述，我們被他的誠實打動了。我對他說："大家都是窮學生，如果你不嫌棄，就先在我們樓下的經理室兼廚房裡面，支起一張活動床住下吧。"當我抱來一床新被褥時看見，眼淚在他的眼眶裡打轉。

　　第二天中午，我剛做好了飯菜，他卻找不見了。我走到停車場，只見他坐在破舊的汽車裡，低頭一邊喝著一瓶礦泉水，一邊"嘎嘣，嘎嘣"乾咬著一包硬邦邦的速食麵。這一回，輪到我的眼圈不由得紅了。我敲開車門對他說："你既然有緣來到這裡，就算是回家了。我們吃什麼，你就跟著吃什麼吧。"

後來，他很快在幾家中美餐廳找到了工作，並有了固定的住處。他每週工作七天，每天連續工作十幾個小時。再後來，他從外州轉學到了聖地亞哥的學校，邊上學邊打工，順利地完成了碩士學位。而且每逢春節的大年三十，無論時間多晚，他都會買瓶酒和一些小菜與我們團聚，他總是開心地說，回家來啦！

一陣陣優美的樂曲不時傳過來，打斷了自己的思緒，我走進了公園內。人們三五成群地跟隨著音樂，有的打四十八式的太極拳，有的舞三十二式的太極刀。我在人群中間，看見了湯先生。湯先生從臺北來美已多年，他介紹說，常來公園鍛鍊的人們從哪裡來的都有。大家則紛紛說，因為有了湯先生的熱心組織，才有了持續不衰的各種活動，更有了每個人心中那份他鄉遇親人的感覺。

人們逐漸圍攏了過來，向我細數著今年除夕會餐的菜單。從南京來的小陳將烹調的是保留菜肴"南京咸水鴨"，家在福州的高女士要帶來蠻有特色的"紅糟肉"，有著濃重東北口音的楊先生大聲地說，當然是東北菜"豬肉酸菜燉粉條"啦，來自越南的蔡先生夫婦的拿手飯菜是正宗的"越南炒麵"，香港的丘先生準備帶來清香可口的"齋菜"，溫文爾雅的湯先生不僅要做"蝦仁叉燒炒飯"，還為素不相識的孩子們準備好了紅包呢。

親如一家的氣氛熱騰騰地環繞在四周，這讓我不禁又聯想起那位學生說過的幾句話。他曾告訴我，就在他舉目無親，深夜裡不知向何處去的時候，能讓他鼓起勇氣走進這家旅館，竟是因為看見了旅館門前高高掛起的那兩個大紅燈籠。當時他心裡就暗想，這裡一定有中國人，而有中國人就會有親人。

他說得多好啊！大紅燈籠高高掛起的地方，或者換句話，有中國人的地方，就是故鄉情意最濃厚的地方。

婚姻，不是女人的全部

　　飛機緩緩地降落在紐約機場，我跟著人群向領取行李處走去。這是我第一次來這裡，你跟著我，我隨著你的人流，一下子就把我帶進了大城市才有的繁華喧鬧裡。

　　聽見有人在呼喊著我的名字，我的眼睛立即朝著聲音的源頭找尋。那是她嗎？從十幾歲開始認識並且無話不說的知己摯友，已經多年不見，如若不是她邊喊著邊走過來，我差點認不出她來。以往身材高挑的她，至少增重了數十斤。頭髮亂糟糟地紮綁在腦後，額頭的皺紋深鎖，無不透露出整個身心的疲憊不堪。她年輕時漂亮又頗有氣質，全然變成了一個不修邊幅的另一個人。

　　我的心頭一陣緊縮，猜測著究竟發生過什麼不愉快的事情，使她如此改變了模樣。在後來多次的長談中，她對我講述了近年來發生的事情。

　　她曾是學校裡成績優異的高材生，但在畢業以後為了照顧孩子，支持先生在事業上有更好的發展，她辭去工作，當起了全職的家庭主婦。在家中，營養食品先讓小孩吃，名牌衣服買給先生，繁雜的家務全是自己做。她每天忙碌得根本沒有時間顧及其他，也很少和以往的朋友們聯繫。在不知不覺的歲月流失中，她逐漸變成了一個體態臃腫的黃臉婆，所學的知識也全然荒廢無用。而她一直竭盡全力為家庭的付出換來卻是，風采依舊以及事業有成的先生居然有了外遇。原本只有在電視劇中看到的情節，竟不可置信地發生在自己身上，原有的幸福家庭幾乎被無情地摧毀。她心痛，痛得撕心裂肺徹夜難眠；她絕望，絕望得甚至想要毀滅了自己。

　　作為好友，我和她坦率地談及了許多方面。直言希望她能夠看見，其實在她身上也發生了不少的變化。我告訴她曾經讀過並深有感觸的一段話語："有了孩子以後，有些女人的視線就從自己身上轉移到了孩子的屁股蛋上，在自身形象和談吐上開始不再有所顧忌，在學識和志趣等方面也不再繼續提高了。"我提醒她必須清晰地認識到，當前的社會觀念和人們的自身追求都在發生著巨大的變化。如今的婚姻關係，單憑一張結婚證書不一定會維繫終生；如今的夫妻關係，需要更廣泛深入的情趣交流；如今的男性，對孩子的鍾愛已不是能夠緊緊拴住他們的籌碼；而如今的女性，婚姻也並不是整個生活的唯一內容。

　　我在和她交流的同時，也在詢問著自己：女人為何不讓自我的嚮往、知識、愛好、努力、快樂和健美等等諸多追求，持之以恆地都變成無數朵美麗的浪花，在個人的生命長河中翻騰跳躍起來。沒有誰願意，一直生活在一潭靜止不動的死水之中。

　　時間飛馳而過的三年以後，我再次來到紐約，也是她來機場接我，還是她熟悉的聲音在喊我，這次當我看見她時又幾乎沒認出來。她恢復了苗條的身材，身穿著一條素色的連衣裙，一頭秀美有形的短髮，目光中又溢滿了昔日的活力。在我驚喜的注視下，她笑著述

說了幾年裡的變化。她不再放棄自己，重拾起曾有的專業和特長。經過堅持不懈的努力，她通過了會計師執照的考試，現在一家大公司裡任職。而且她每天去健身房鍛煉身體，體重已恢復到從前。並且參加了不少當地的社團活動，相識了許多新的朋友，如今生活過得十分充實。

看著今天的她，我關切地問道，心還會痛嗎？她回答說，當然還會痛，尤其是在深夜裡有著肌膚之親時就更痛。為了孩子，她和先生沒有離婚。但今後無論再發生什麼變化，由於找回了自我，她心裡不會恐慌並擁有了一份從未有過的自信。她還頗有感觸地說，女人的手掌不能只朝上，向別人索取東西。而要手掌朝下，雖然艱辛，卻能時刻把握著自己的命運。因為她刻骨銘心的疼痛過，所以要做一個手掌朝下的女人。

從她跌宕起伏的經歷中，我也有了一些感悟。如同自然界中，大樹有著大樹的挺拔，鮮花有著鮮花的嬌美，小草有著小草的清香，它們既獨具一格，又互為映襯，彼此不能替代。每個人只要來到了這個世界上，無論自認為多麼弱小，其實都有著屬於自己的那一片天地。而女人亦是如此。

然而，千萬不能忽略的是，如果疏於澆水施肥，樹會枯萎，花會凋零，草會乾枯。如果不去隨時充實自己，人便會變得空虛愚昧。

敢說一個"不"字

　　中國的禮教歷來都是提倡謙讓和禮貌包容，遇到很多事情即使心裡有百般的不願意，也不會輕易說出那個"不"字。然而，當我們長期生活在異國他鄉，敢於明確表達出自己的想法卻是非常必要的。

你是不受歡迎的

　　芳芳服裝店位於喧鬧市區的一個角落，憑著小芳精湛的裁剪技術和熱情周到的服務態度，前來店裡修改婚紗、禮服、套裝和衣裙

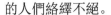

的人們絡繹不絕。

有一天，有位猶太女顧客前來修改裙子。小芳看了面料後，根據多年的經驗建議，由於裙子的面料比較柔軟，略微寬鬆些穿起來既合體又好看。而女顧客則要求修改得緊身一些。而後，小芳分別按照自己建議的尺寸和顧客要求的尺寸，把裙子用夾子別起來讓她試穿，並看一下穿上後的效果。但女顧客仍然一再堅持她的要求。

幾天以後，女顧客來取裙子。當她穿上裙子後竟毫不客氣地問："裙子為什麼改得這樣緊？"

"這完全是按照你要求的尺寸修改的。"小芳回答道。

"你是服裝師，怎麼能按照我的意見呢？"女顧客接著說。

"這是你試穿了幾次最後選定的尺寸。這裡還有你的簽字。"小芳又回答。

"哦，那我現在穿得不合適，就不能付錢。"女顧客毫不講理地反復說道。

"拿走你的裙子，請馬上離開。在這裡你是不受歡迎的！"性格一貫溫和內向的小芳，終於忍無可忍地大聲回答。

半個月過後，電話中傳來一個極其客氣的聲音說："對不起，那天是我不對，請你原諒。我下午給你送錢去，還有幾條裙子請你修改。"

原來，是那位猶太女顧客。

因為我是中國人

大山與一家美國海運公司簽了一年的運輸合同，但當合同履行了三個月後，海運公司單方面調高了運費的價格。由於一些貨櫃正在裝運或已在運輸途中，大山只能先按照對方的新價格付款。同時，大山多次打電話去詢問和商議，可有的業務員根本置之不理，還有的業務員竟回答說，因為合同是雙方傳真簽署的，所以無效。合同必須當面簽署才有效。

"海運公司是一家很大的公司，而自己只是孤身一人，要不要通過法律途徑來解決問題呢？"大山經過反復考慮，來到了限額在五千美元以下專門解決經濟糾紛的法院，交了申辦的費用。法院的律師接待了大山，並且審閱了合同。律師明確告訴大山，這個通過傳真簽名的合同是有效的。即使是沒有簽名，但在事實上已經開始履行了合同，就視為有效合同。

大山上告了這家海運公司不履行合同，法院很快發出了傳票，還沒等到開庭的日期，海運公司便有人主動打來了電話，態度友好地說，有事好商量嘛。"就因為我是中國人，你們覺得好欺負。也正因為我是中國人，才要爭口氣。沒有什麼商量的餘地，你們必須履行合同，否則咱們法庭上見。"大山這樣回答對方。

幾天以後，大山收到了海運公司寄來的一張支票，得到了全額的退賠。並且合同繼續按照原有的價格執行。

我家登上了美國報紙

1993年8月8日，我家登上了聖地亞哥美國報紙經濟版的頭條，詳盡的報導幾乎占了1/2版面。這張報紙我們一直保留至今。

二十世紀八十年代末期來美留學的中國學生，辛苦的打工掙錢除了要交學費，還要付生活費和買車等，能夠積攢些錢是非常不容易。女兒來美以後，我們很想全家人外出旅遊。無意間看見了一個頗有吸引力的超值旅遊廣告。先生打電話去詢問，得到了旅遊公司肯定的答覆。8天的國外旅遊，包括住宿費一共七百美元，但必須

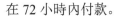

在 72 小時內付款。

　　當我們表示同意參加後的第二天，還沒等我們告訴旅遊公司信用卡的帳號，旅遊公司竟直接從信用卡上取走了錢。當時我們雖有些疑問，可轉念一想信用卡公司應該不會騙人的，而且費用遲早都要付的。緊接著我們收到了旅遊公司寄來的一個包裹，在白色長方形的塑膠盒上，印刷著幾個深綠色的大字：好萊塢旅遊俱樂部。盒內裝有精美的旅遊成員的證書，各個旅遊景點的文字和磁帶的介紹。看見這些資料，我們心裡僅有的那一點疑慮全都煙消雲散了。

　　由於我們無法立即成行，旅遊公司的小姐親切的保證延期沒有問題，有效期限為一年。大約半年以後，先生幾次打電話想要商議旅遊事宜和預訂機票，可電話再也無人接聽了。先生又馬上找信用卡查詢，他們說停止付費已經太遲，其他情況一概不清楚。

　　先生實在不甘心得到這樣的結果，悶悶不樂地向自己的博士導師講述了詳情，而恰巧他的太太是個報社記者。同報社的記者採訪了整個事情的來龍去脈，並在報紙上進行了詳盡的披露報導。後又經過美國消費者協會和聯邦調查局的進一步介入，才徹底破獲了這件上千人上當受騙的詐騙案。而一經見報，我們的信用卡公司也很快退回了扣繳的全部費用。

　　寫出了這些發生在周圍的真實故事的時候，我彷彿聽到了一股包容不等於懦弱，謙讓不等於膽怯的最強音。因此，我認為，敢說一個 "不" 字，不是一件小事，不僅是維護自己應有的權益，而是大到彙集著民族的一種聲音。

閃光的精神

　　我聽到了一個令人深思的寓言：有一位老婦人提了兩個罐子，每天到很遠的地方去提水。在兩個罐子中，一個是好的，另一個有著裂縫。每當回到家時，好罐子裡總是裝滿了水，裂縫的罐子裡只剩下了一半水。裂罐傷心地對主人說："如果主人用兩個好的罐子去提水，就會得到兩滿罐的水呢。"而老婦人則回答說："看到了沒有，就在你每天灑了水的沿途上，盛開的花兒是多麼的美麗呀！"

一個普通的孩子

　　通常，人們總是由衷地贊揚那些考上哈佛等名校孩子們的成功，而不經意地忽略了在一些普通孩子們的身上，同樣有著震撼人心的

珊瑚影音

成功之處。

他很普通，似乎沒有什麼優異的成績能帶著耀眼的光環。去年六月，在他 18 歲的時候，順利地通過了英文、數學、自然科學、歷史、體育等課程的考試，以良好的成績在一所高中特殊班畢業了。當注視著他身穿畢業服裝和同學們一起站在臺上，領取畢業證書的那一刻，父母親的臉上流淌下再也止不住的淚水。

初中的學習階段，他在短短的幾年時間裡，閱讀了 24 冊的美國百科全書，學習了有關社會各個方面的豐富知識，被同學們親切地稱為"小字典"，隨口詢問的一些問題，他的回答常是見解獨到。他得到了老師們的一致讚揚，並多次在家長會上介紹了關於他的故事。

六年級畢業的前夕，學校組織"天才表演"的鋼琴演奏會，他在父母親的鼓勵下也參加了演出。對於別的孩子來講，每個人都是非常出色的表演。而他彈奏的僅是鋼琴四級的練習曲。如果說，其他孩子們得到的掌聲是熱烈的，而大家在給予他熱烈掌聲的同時，更是彙聚著經久不息的歡呼聲和口號聲。

他，只是像一個普通的孩子，命運毫不留情地剝奪了他渴望成為正常孩子的資格。在他出生不久，就被醫生無情地宣判為無法查出病因，也絕非藥物可以治療的殘疾兒童。他是一個七個月不會坐，十個月不會用兩個手指拿東西，四歲不會辨認顏色，五歲還不會系扣子的智障孩子。

那麼究竟是什麼原因，他讓父母親的淚水流淌不止？讓老師們的讚揚如此肯定？讓同學們為他歡呼跳躍？那是因為大家真實地看見了，雖然他失去了做一個健康孩子的可能性，卻能樂觀地面對一切，付出了超乎尋常的艱苦努力！那是因為人們強烈地感受到了，即使他是個智障的殘疾兒童，但從他身上迸發出的在逆境中自強不息與百折不撓的進取精神，相比起那些普通的甚至優秀的孩子們毫不遜色。

我始終認為正是這種蘊藏在平凡之中而不平凡的精神，賦予了他生命中充滿著希望以及心靈深處堅韌不屈的力量。

孩子，謝謝你

歷來，中國人的家庭常是望子成龍，望女成鳳。經常有人對他的父母親說，上蒼為什麼不公平，讓他們生了這樣的一個孩子？可父母親充滿自信地回答：人世間的幸運與不幸，要看自己是如何體會。正是因為上蒼相信他們，具有足夠的堅強去承受一切，具有深厚的愛去改變不幸，才把這孩子交給了他們。

母親對我敘說起作為父母親心中曾有過的疼痛。從兒子出生的第一天起，以至伴隨今後成長的每一天，在兒子的面前，父母親總是在笑，並時刻告誡自己不可以流淚，絕不能讓任何失落的情緒影響兒子。可當背著兒子，尤其是看見兒子無比艱辛地走出生活中的每一步，聽到兒子在睡夢中的囈語："媽媽，我不行了。"父母親常會感到一陣陣撕心裂肺的疼痛，再也忍不住地痛哭起來。而在痛過哭過之後，父母親含笑著堅定不移地牽起兒子的手，一步一個腳印地走過了十九個春夏秋冬，並且會一直走下去。

周圍的親朋好友看到父母親多年如一日所做的一切，無不倍加尊重和敬佩他們。然而，父母親卻很少提起為兒子做過的任何事情。相反，常會深情地說一句："孩子，謝謝你！"因為他們覺得在兒子的身上，已經得到了太多用金錢買不到的東西。

母親告訴我，正是兒子的堅強，使父母親變得更加堅強，而且清楚認識到，殘疾孩子的降生是伴隨著自己無法選擇的終生不幸，所以更需要父母親的幫助。如果父母親不能盡快地從悲痛中解脫出來，孩子也就失去了與命運抗爭的唯一機會。父母親的愛護和幫助是任何人代替不了的。

正是兒子日積月累的每一次進步，讓父母親感到一次又一次的震驚和欣慰，經常要重新認識兒子自身的潛能。自小到大，兒子最愛說的一句話就是："我要再試一次！"從兒子的身上，父母親深刻懂得了每個孩子都有自己的特長，孩子們的内心，永遠比孩子們的外表上看起來更為堅強。殘疾兒童也應該像健康兒童一樣，得到社會的同樣關注與接納。

母親還多次開心地說到，更是兒子純真的笑容，給父母親帶來了無限的歡樂。父母親對於兒子一點一滴的進步，都會給予一些獎勵，從而增強兒子的自信心。而兒子最喜歡的獎勵有兩個，一是新書，二是旅遊。在一次全家人去旅遊的返回途中，兒子提醒爸爸應該走另一條路。但爸爸沒有在意，開過了兩個路口才發現走錯路，自言自語地說自己很笨。兒子笑著對爸爸說："沒有關系，
人人都會做錯事。我只不過是比爸爸聰明了一點點。"兒子臉上洋溢著的笑容總在告訴父母親，"世界就是這樣的美好！"

寥寥數語，短短文章，我無法詳盡地描述出在過去漫長的歲月裡，這個普通的家庭經歷了怎樣坎坷不平的人生磨難。但我在父母親的心聲中和兒子的身上感受到了同樣可貴的精神。由此我更加堅信，任何時候，每一個人或整個社會都不可缺少屬於自己的一種精神。

"生命中美好事物的本質，往往在苦難之中。"世間許多事物的得失變換，就像那位老婦人手中始終沒有丟棄的裂縫罐子一樣，澆灌了沿途中美麗的花朵。

水手之歌

　　水手，這兩個字第一次吸引了我的注意，那是在上初中時閱讀《基督山伯爵》這本書。全書曲折動人的故事情節，讓我通宵達旦的一頁接著一頁地讀下去。以至到今天，我還會思索起書中水手辛巴德一些話語的真正內涵："我們常常和快樂擦身而過，可是卻沒有看見它，沒有去注意它；或是即使我們看到它而且注意到它了，但是卻不認識它。"還有那些關於水手們充滿了神秘與正義的細緻描寫，竟使自己年輕的心裡萌發了一個極強的願望：將來，我一定要去意大利。

　　在來美數年後的一個初夏季節，我終於如願以償了。我們隨旅行團遊覽了義大利享有盛名的多個城市。縱然，條條大路可通的永恆之城羅馬，聖彼得大教堂的所在地梵蒂岡，當時文藝復興的重鎮佛羅倫斯，各處各地都有數不清的名勝古跡讓遊客們流連忘返。然而，唯有著名的水城威尼斯，悄然觸及了我年輕時對水手曾有的關注和敬仰。

　　威尼斯，是一個四面環水歷史悠久的城市。從遊輪上往遠處眺望，當有一隻展翅的大鳥躍入眼簾時，便是進入威尼斯起點處的象徵了。海面的四周被連成一片頗有特色的建築環繞，讓人情不自禁地產生了一種奇妙的感覺，似乎在那每一棟古老建築的門窗背後都隱藏著些許神秘的故事，不由得聯想翩翩並歎為觀止。

　　當我們粗略地觀賞了聳立在聖馬克廣場周圍雄偉的古皇宮，匆匆地與廣場中央數不勝數的鴿子群留下了合影後，便儘快來到了搭乘"康得拉斯"小船的港口。這種小船一般搭乘4-6人，兩邊的船頭高高翹起，輕盈地穿梭在時寬時窄的水街水巷中，它是遊覽水城主要的交通工具。

我們乘坐的這條小船，除了我和女兒以外，另有一對年輕的新婚夫婦。大家剛剛坐穩，駕駛小船的水手便一下子闖入了我視線：他古銅色的皮膚，高聳的鼻子，棱角分明的嘴唇，戴著一副黑色的墨鏡，身穿著黑白條相間的背心和黑色長褲，腰間垂著一條紅色的方巾。一個活生生灑脫的水手形象，從我曾經的想像中真實地出現在眼前，原本愉悅的心情變得更加心曠神怡。

那天，女兒碰巧同樣穿著黑白條的背心和黑色的牛仔褲。女兒坐在小船的船頭，面對著站在船尾的水手。水手一邊划船並介紹著水道旁的樓閣作坊，一邊隨意地和女兒聊天。暮色中，小船輕盈地蕩漾在黃昏的水面上，劃破一道道水，穿過一條條街。片刻間，耳邊響起了深沉的歌聲："美麗的加利福尼亞姑娘……。"這時水手唱起了一支歌，委婉動聽的歌聲讓我對水手的印象，又平添了幾分柔情。

當我們的小船與一條同團兩對五十幾歲夫婦搭乘的小船相遇，船尾和船頭前後相依的時候，對方有人詢問我們：

"你們船的水手唱歌了嗎？""唱了。你們船呢？""我們對水手說，請你唱支歌吧。他回答說，這裡沒有音樂。"

兩條船的人們同時暢懷大笑起來，因為大家想起了上船前導遊打趣的話："這裡水手們熱情好客，如果碰到了遠方來的漂亮姑娘，他們會唱歌。如果沒唱歌，那女士們就要想一想長相了。"威尼斯特有的風趣幽默，在不經意間快樂地蔓延著。

蕩舟在威尼斯的海灣，碧波連綿起伏，海風撲面沁心。遠處，還不時地傳來隱隱約約的幾聲汽笛聲，此情此景竟喚起了在《水手》這支歌曲中，我記憶深刻的幾句歌詞：

　　耳畔又傳來汽笛聲和水手的笑語，
　　永遠在內心的最深處聽見水手說，

他說風雨中這點痛算什麼，

擦乾淚不要問為什麼。

　　我始終難以忘懷的是高聲唱起這首歌的那個人，挂著雙拐，站立在舞臺中央，堅定不移地對觀眾說：「我是個殘疾人，三歲時患了小兒麻痺症，雙腳就捲曲起來，不會用腳走路只能爬行，一直爬到了十幾歲。經過了多次手術，如今才能站起來。我要大聲說，當我們在逆境中，要敢於面對挑戰，唱響自己的歌。」

　　我凝視著無邊無際的海岸線，視野變得比任何時候都寬闊起來。豁然感悟到，從學生時代讀小說開始到現在對水手的崇敬，正是由於他們的勇敢與堅韌。一個念頭隨著海浪翻騰躍起：在千回百轉的人生海洋中，每個人就是駕馭自己生命之舟的水手。揚起夢想的風帆，即使有十個百個消沉退縮的原因，那麼，也更有千個萬個奮力向前的理由。

　　面對浩瀚的大海，我暗自許諾：今後，要竭盡全力唱出自己的水手之歌。而朋友，你願唱出一首怎樣的歌呢？

春天來了

　　一場風雪過後,她沿著湖邊靜靜地走著。習習的涼風一陣陣迎面吹來,輕拂著她的臉頰,吹起了她的頭髮,於是,沉寂了好幾天的心情也被吹得輕鬆起來,悄然融入到四周的景物中。就在不經意間,她聞到了一股沁人肺腑的草香,並夾雜著些許清新的泥土氣味,白雪覆蓋下的一片青草地依然是生氣勃勃。瞬間,她的眼睛一下子又閃亮起來,雪還沒有融化,路邊的一棵小樹竟開放出許多美麗的花朵。淡粉色的小花瓣緊緊簇擁著嬌嫩的花蕊,含苞待放的小蓓蕾俏立在枝頭上,一朵朵一團團在冬季的寒風裡綻放得格外迷人。當她再放眼看過去,湖水中還有許多小鴨子歡暢地游來遊去。噢,這片青草地,這棵小樹,這群小鴨子在寒冷中已捎來欣喜的音訊:春天來了!

　　自然界裡的四季轉換尚有規律,而生命中的冷暖變化卻沒有常規。人生常會在平靜無憂之中急轉直下,正常的生活隨即從溫暖的春天陷入到冰冷刺骨的冬季。幾年前,她做了兩次甲狀腺結節的穿刺檢查後,檢驗的結果是惡性。這一切發生得突如其來,沒有任何病變前的預兆。在電話中,女兒忍不住傷心的大哭起來,她卻看似冷靜地對女兒說:"請相信媽媽,有足夠的勇氣戰勝疾病。"可當她掛斷電話以後,卻獨自縮在臥室的角落裡痛哭了許久,任憑淚水不斷地滴濕了衣杉,無聲地滲透著整個身心。在那個漆黑一團的夜晚,她徹夜未眠。她悲傷,可惡的病魔找上了自己。她害怕,將會承受肆無忌憚的折磨。她也恐慌,這麼快可能要面臨死亡。但是,她即不想讓親人們有太多的擔憂,也不願向朋友們重述著嚴重的病情,她選擇了竭盡全力地面對病魔。她十分喜歡清代袁枚的一首詩句：
"白日不到處，青春恰自來。苔花如米小，也學牡丹開。"她更深信，
人活著需要有各自的一種精神，因為在很多危難的關頭必須自己來
面對，沒有誰可以替代。每個人不可低估了自己，或許平凡渺小，
且如苔花雖小仍能綻放出自身的美麗。

連續兩次手術和放射性治療的過程雖然不堪回首，相比這些更
難熬的是每個寂靜難眠的長夜。病重的時候，她不願意閉上眼睛，
時常擔心著一閉上雙眼就再也睜不開了。腦海裡反復回想起一件件
往事，思念著一個個親人摯友。有時半夜醒來，她總想拿起筆分別
給親朋好友們寫些什麼，可身體虛弱得沒有精力寫出心中的牽掛。
病重的時候，她期盼能漂洋過海再回故鄉看看，和兄妹們團聚在一
起。她還想搬到離女兒近一點的地方，唯有家人看得見她的病痛而
且一直守護著她。但她這才發現即便一些普通的事情，此時已是心
有餘而力不足了。如今，她經過了這種無奈後想告訴大家：誰也無
法預料明天和意外哪一個先到，沒有人知道生命何時會驟然停止。
那麼，在擁有健康的時候，想做的事情就要儘快去做，所有的愛都
要及時表達。也許值得人們格外珍惜的，就是一些習以為常的事情，
比如健康和親情。千萬不要等到失去時，才懂得了它的珍貴。

她萬分感謝上蒼，給予了她重新走出寒冬盡頭的機會，再度重
溫著春暖花開的美好。醫生曾樂觀的告知，如果度過了三年，這種
惡性腫瘤的復發機率很低。現今，她迎來了第四年的春天，對於她
來說，這是一件無比幸運的事情。而和她前後患癌症的五位朋友中，
僅有她一個人活到今天。那種為健康的失而復得以及與死神擦肩
而過的感受，只有經歷過的人才能透徹領悟，由此更加珍惜生命。
有一位患者這樣說過："除了死亡，其他都是小事。那些沒能將你
打敗的，最終都會使你更勇敢。"猶如那些不起眼的小草從不畏懼
冬季的嚴寒，當春天來臨時，欣然呈現出一片春回大地的綠色。

嚴冬過去後的春天，萬物復甦，新意盎然。如若有人問她最喜

歡哪個季節？她會毫不猶豫地回答：春天。那是由於，春天蘊育著
蓬勃的生機，帶來了嶄新的希望。春天在哪裡？春天，不斷行走在
人們的心田裡。

　　春天來了，與她緊緊相依偎並輕輕呼喚著，要快樂地活在當下。

穿越死亡的幽谷

歲歲中秋，今又中秋，讓我們倍加思念起久病初愈的你。我們如約來到你家，車子還沒有停穩，就已看見你站在家門口外，滿面笑容地迎接我們了。我仔細地端詳過去，你的面色雖然略顯蒼白，但是眼睛裡閃爍著明亮的光澤，滿頭的黑髮茂密地豎立，高大的身軀依然像以往一樣挺拔。你仍需扶撐著帶有四個小轉輪的助站器行走，還一步一步地走上了臺階，不過步履顯然輕快了許多。

走進你家，你款款深情地說："回家了，每天能夠吃著稀飯鹹菜，躺在熟悉的床上隨意翻動，打開窗戶呼吸到清新的空氣，站在後院中聆聽小鳥嘰嘰喳喳的叫聲，回家的感覺真好！"你從心底說出的這番話，不僅是經過殊死搏鬥後的失而複得，更是擁有健康時未曾品味出的深刻領悟。

聆聽著你詳細的描述，我們仿佛進入到一個搏殺的戰場，清晰地目睹了生命是如何震撼地顯現著脆弱與堅韌。

在人世間，藏有一個陰暗的幽谷，裡面群魔亂舞，危機四伏且

沒有退路。一旦陷入，生命竟是不堪一擊，無法預料會在哪一瞬間
陡然倒下，再也沒有重新站起來的機會。任何人想要穿越過去，並
非易事。因為，那是一個時刻與死亡相通的幽谷，而谷口的起端為
癌症。

2005 年 4 月裡的一天，你正在家中後院剪花除草，莫名其妙地
跌倒後，被急救車送進了醫院。初步診斷為右腿胯骨及第十七節脊
椎骨斷裂。主治醫師並沒有立即為你做接骨的手術，直到各項的檢
驗報告有了結論以後，才凝重地宣布：你已是骨癌、淋巴癌和攝物
腺癌三種癌並發的晚期，預計只能活兩個星期。從這一天起，你就
深陷於幽谷中了。

你住進醫院剛剛二十四小時，癌細胞便咧開了血盆大嘴，來勢
洶洶地吞噬著新地盤。霎時間，在你的脊椎兩側、骨盆裡和脖頸處
凸起了兩百多個大小不一的腫瘤。面對著突如其來的絕境，當夜深
人靜時，你曾徹夜哭泣，你也撥通過電話向摯友傾訴與日俱增的疼
痛。然而大難臨頭，勇者與弱者的區別就在於，前者選擇了面對，
後者選擇了逃避。

你用了兩天時間，簽署完必要的遺囑文件。然後，你不服輸地
發出了吶喊："我是個鬥士，要把癌細胞趕回到原來的位置！"你
對自己的主治醫師說："在我生命的最後階段，讓我們共同度過更
多的時間吧。"你毫不猶豫地宣戰了，一場生與死的較量拉開了帷幕。

首先你需要完成接骨手術，還要接受電療和化療兩種治療方法。
人們難以想象，你是怎樣熬過了右腿和脊椎不能移動的分分秒秒，
可護士們一致讚揚著你的頑強。人們也無法猜測，你曾經承受了多
麼強烈的電療，但至今仍留在後背上又寬又長被燒焦的印跡給予了
答案。人們更不知道，你進行了多少次的化療，只傳來了你幾乎停
止了呼吸，通知家屬隨時准備後事的消息。

有一種能夠大力殺傷癌細胞的針劑，目前還沒有正式應用於臨
床，成功的機率只有二分之一，而在注射後一小時內死亡的機率也

是二分之一。同意注射的患者，必須簽名。授予簽署權的女兒不肯簽名，害怕一針打下去，永遠失去了你。你執意地勸說女兒，如若醒過來，就會增加了生存下去的希望。即使醒不來，也勝過忍受更長時間的煎熬。你毅然決然地迎著危險，連續注射了三針。前後與你同樣注射此針劑的八名患者中，僅剩下了你一人。

第一個回合的反覆搏鬥，肆無忌憚的癌細胞被有效地控制住。你果斷地變被動為主動出擊，開始了為自己治病。弟弟當天將你的尿液，千里迢迢從美國帶到了日本，專門配制成液體疫苗。你每天在肚子上直接注射一針。你根據脈象的變化，按時服用自配的中藥，病情竟然逐漸地好轉起來。美國醫生不了解你使用了何種中西醫結合的治療方法，總是驚奇地發現每次做完化療，你的反應非常小，新長出來的頭髮反而更黑了，各項檢驗報告的數據也越來越趨於正常。你的病例，被視為奇跡般地詳細記錄下來。

正當人們為你的病情明顯好轉歡躍時，匿藏在黑暗中的惡魔再次露出了猙獰的面孔，張牙舞爪地向你步步逼近。你的肺部感染了病毒，引起了高燒持續不退。醫師無可奈何地告知，因為不能注射抗菌素，你沒被癌細胞奪去的生命，可能會被肺炎奪走。你憑借多年的臨床經驗及時向醫師建議，可以采用最原始的洗肺方法。醫院找來了早已封存的舊設備，召回了會使用設備的退休醫師，為你進行了洗肺。高燒果然減退，你成功地躲過了致命的一劫。你轉到了康複病房後，每天信心百倍地鍛煉體力，堅持做完幾百個上下蹲起。每逢有朋友前來看望，你兩手扶撐著助站器，用力地站起來，艱難地一步一挪。大家勸你別送了，你總認真地回答："這是給自己的命令，一定要把每位朋友送到醫院門口。"

一縷希望的曙光溫馨地縈繞著你，而四周的惡魔在咀嚼著殘骨剩渣的同時，仍然不肯放過你。另一只裸露的魔爪，一下子又將你撲抓了回去。你患上急性腸炎，抑制不住的狂瀉，嚴重得甚至連膽汁一起排泄出來，體重一天內減掉了 16 磅。你哽噎著喘不過氣來，眼皮沉重地緊閉著，肌體迅速地往下沉陷下去，伸出手臂拚命地想抓住什麼東西卻無從用力。冥冥之中，你明顯感覺到獰笑的鬼魅正在向你招手，魂魄馬上要從虛弱的軀體中分離出去，生命奄奄一息地將要散失。突然間，隱約傳來了些許聲音，"爸爸，睜開眼睛看一看我們啊。""大哥，醒一醒不能睡過去呀。""李大夫，一定要堅持住！"……那是晝夜守候在身旁兒女們的呼喚，那是從台灣趕來弟妹們的喊叫，那是等候自己返回診所病人們的話語。千鈞重的情意匯集成最強音，頃刻間融化了所有的孤獨與絕望，驅使你全身的每滴熱血重新沸騰，每根神經又在跳躍，整個身心凝聚成了一個決不放棄的堅強意志，竭盡全力地堅守住生死搏鬥的最後一道防線。經過了醫護人員日夜不停的全力搶救，你再度睜開了雙眼。

終於，惡魔沉默了，癌細胞退居了，你從那可怕的幽谷中走了出來，盡管步履維艱。回首來路，縱然走出來的背後暗藏了數不清的艱辛，你還是歡聲笑語的呼喊："我贏了！醫師宣判只能活兩個星期，我已經活了一年五個月！"

面對著充滿未知的明天，你仍然滿懷憧憬表示了心中的願望：要把行醫幾十年的經驗，按照不同的病例整理出來，撰寫成書。還要爭取盡快回到中醫診所，行醫看病。從你的身上，無可置疑地展現著希望，是生命堅強不屈的源泉。幾經磨難，幾番搏鬥，你也讓我們深刻領悟到，健康，才是世間最彌足珍貴的東西。

又是中秋佳節，今年的感觸因為你而特別深沉。我們為生命無奈的脆弱而唏噓，更為生命承受奮鬥的堅韌而贊美。我們手捧起美麗的鮮花，把最真誠的喝彩、祝福和加油全都獻給你，一位優秀的中醫師，一名勇敢的鬥士！

一個愛美的女孩

　　我認識的一個女孩，她一直很愛美。就在生命最後的時光裡，她也美得悄然觸動著我的內心，還時常伴有著些許無法言喻的憐惜。

一

　　在近一年半的日子裡，每當黎明來臨，女孩只要看見了窗外的第一縷陽光，心裡總會雀躍起一陣欣喜：“感謝上帝，讓我又擁有了新的一天！”如若在家裡，她會開心地梳洗打扮，繫紮起長長的卷髮，換上舒適的衣裝。如若出門，她一定會仔細化妝，打底色、描眉、畫眼線、塗腮紅和擦口紅，一道道的程序從不馬虎。化妝後的她，整個人一下子亮麗起來，就像個要去赴約會的年輕姑娘。

　　烈日炎炎的夏日裡，她和家人乘遊輪到達了加勒比海灣。在十幾天的旅程中，她更是把自己打扮得格外漂亮，並隨身攜帶了粉紅色、淺綠色、淡藍色和鵝黃色等各色長裙。在迪士尼樂園大門前，她甜美地依偎在先生身旁，留下了結婚26周年的倩影。在水天相連的大海邊，她深情地與先生雙手緊扣，沿著海岸線漫步而行。在熱帶叢林裡，她俏皮地蕩漾起懸掛在兩棵樹中間的吊床。一路上，她總是置身在歡樂的人群中，熱情地介紹著沿途的每一個地方。而後，她給我發來了多段視頻並詢問著：“看了這些視頻，你覺得我像個病人嗎？我身上還插著兩條導管呢。”

　　即使是平日裡她每次去醫院的時候，全都穿得非常講究，就連圍巾和皮包也是搭配好的。她還時而發來照片與大家分享，有時她戴著大口罩，靜坐在候醫室裡；有時她仰躺在病床上，胳膊上插著輸液的管子。可每張照片中的她，消瘦的臉頰上總露出一種淡定的微笑。

每一天，她不僅熱衷於打扮自己，而且還樂此不疲地安排著各種事情。她在微信上寫日記，和摯友逛街買東西，彈鋼琴唱歌，攝影錄像，養花遛狗，炒菜做飯，她硬是把每天的分分秒秒盡可能地盈滿了快樂。

然而，如果我告訴大家，這個充滿了青春活力的女孩，早已被診斷為彌漫性胃癌晚期。而在她生命最後的這段時間裡，癌細胞已經擴散到全身，腹部和肺部漲滿了積水，大部分的腸道嚴重堵塞，甚至有時連從下面的排泄物也從嘴裡吐出來。她曾在十八次反復的化療中痛不欲生，她曾多次被送去醫院搶救，她曾脆弱得連走下樓梯的力氣也沒有，可是她，自始至終拚盡了全部的力量，與病魔進行著殊死的搏鬥。那麼，你就會知道，在她始終不渝地愛美和微笑的背後，深藏著多麼不同凡響的勇氣與頑強。

二

女孩離世後，我把她堅持寫下的日記看了一遍又一遍。我根本無法想像出，她如何在黑暗裡度過了怎樣的折磨和煎熬，而這些每天的文字記載了她從未表露過的情感和心聲。

11/22/2013：今天，周圍等待化療的病友們有說有笑的，有一位女士還戴著一頂插滿鮮花的帽子。我深被他們樂觀的態度感動，當深陷於病痛的折磨中，要點燃希望的火種並告訴自己：永不放棄，永不停止，要勇敢面對任何挑戰。

12/07/2013：現在外面是陰雨綿綿，似乎更加重了難受的感覺。噁心、嘔吐、腹瀉、肌肉痙攣、全身無力以及藥物的不斷刺激，這次化療的副作用差點把我推向了忍耐的最後邊緣，幾乎讓我崩潰。
而此刻，我卻心存感激，覺察自己仍然活著，覺察生命之神活在我
裡面，我也活在它裡面。感謝神與我同在，給予了我勇氣和力量。

12/10/2013：醫院裡張燈結綵，到處充滿了聖誕節的氣氛，這
也給病友們增添了不少的喜悅。 在醫院牆上的圖片中，我無意間讀
到了一句話："當除了堅強之外你別無選擇時，你才知道自己有多
堅強。"我和化療的戰鬥即將開始，我要放下心裡的擔憂和恐懼，活
在對生命更深的信賴裡。我，繼續接受挑戰。

12/15/2013：今天是我的生日，我很快樂。感謝我的先生給了
我一個溫暖而幸福的家，給了我幾十年歇息的港灣，在我鞍馬勞頓
的時候，能在那裡得到了心靈的撫慰，讓我活得那麼自如瀟灑。感
謝我的兩個女兒，是她們讓我體會到什麼叫天倫之樂。感謝朋友們
中午過來為我慶祝生日，你們的存在使我的生命更加豐富多彩。我
永遠珍惜你們，愛你們！

12/25/2013：今天是聖誕節，牧師來到家裡為我禱告。我問牧師：
"人死後會到哪裡去？"牧師說，到天堂，天堂是一個沒有痛苦沒
有災難的地方。牧師又問我："如果現在神要接你走，你害怕嗎？"
我回答說："我不害怕。死亡只不過是一個舊生命的結束，另一個
新生命的開始。不過，如能多活一段時間也挺好，因為我還沒有看
到兩個女兒結婚呢。"

01/01/2014：新年的鐘聲敲響，此時此刻，我心存著太多的感謝。
謝謝你，一路陪伴我走過的親人和朋友們，樹木花草以及萬物。如果
有一天，你們的生活中沒了我，請不要忘記我們在一起度過的美好時
光。2013 年我所經歷的事情，可以說改變了我的心態。如今步入中
年的我，發現未來竟然還有那麼多新鮮的事物讓我去體會和嘗試。

01/05/2014：好天氣，好陽光。今天帶著我的寶貝狗狗去公園，
一起欣賞美麗的大自然。沐浴在這溫暖的陽光下，一切煩惱，一切
痛苦，都變得毫無意義。人生在世，無非是把想不通的事情想通，

把必須要邁的坎坷邁過去，把實在解決不了的問題縮小。身在萬物中，心在萬物外。

2/14/2014：昨天，收到了一位朋友寄來的鮮花，我才知道今天是情人節。一直都臥病在床，好開心看到這些美麗的鮮花。願天下有情人永遠有情。

這天的日記，竟是女孩最後留下的一段文字。

三

2014 年 2 月 27 日，這天女孩靜靜地離世了。久旱的聖地亞哥下起了大雨，而且連續四天，呼嘯的風不願停，瓢潑的雨不肯斷。或許這風，凝聚著親人們的呼喚，好想把她從長眠中喚醒；或許這雨，彙集了親朋好友們的淚水，捨不得她就這麼年輕地離去。

我打開手機，反復翻看著女孩生前發來的視頻和陸續寫下的日記，淚如雨下。我由此更加悟出，平時愛美，那是熱愛生活。而在生命垂危期間仍然愛美，那是摯愛生命。

人已逝，而美如故。在女孩離世後的追思會上，牧師送上了禱告時腦海裡呈現出的景象和最終的讚美：女孩已蛻變成一隻美麗的蝴蝶，翩翩飛舞在天堂。大家也共同祝福女孩的歸宿如同她所信奉的信仰那樣：人的盡頭，正是神的開始。

刘昌焱摄影

生命就像一首歌

　　生命就像一首歌，一首必須由自己譜寫和唱出的歌。1、2、3、4、5、6、7 這七個音符，每個人都在不停地彈奏著，有時高亢，有時低沉，有時平緩，有時起伏，有時歡快，有時悲傷。不同的旋律匯成了屬於每個人自己的歌。而這一首首不同的歌，則匯成了在全世界大舞臺的交響樂章。正如莎士比亞所說：世界是舞臺，每個人就是演員。

自強不息的旋律

　　她是一個很不幸的女孩，由於遺傳基因的緣故，雖然已經二十歲出頭，卻只有和四五年級小學生差不多的身高。小時候走在路上，經常被行人異樣的眼光打量著，甚至屢遭譏笑。她是個飽含著淚水成長起來的孩子。

　　上初中的時候，她所就讀的重點中學離家較遠，每天要背著沉重的書包擠乘坐公共汽車去學校。因為個子矮小，經常連人帶書包被擁擠的人群撞倒在地上。而被撞倒後，她只能使勁地用手撐地站起來，還顧不得揮去衣服上的泥土，就要趕快再去擠上另一輛汽車。每天傍晚，媽媽都會推著自行車到汽車站接她。看見女兒渾身上下的污垢和手掌上劃破的一道道傷痕，媽媽總也控制不住眼中的淚水。但她擦去媽媽臉上的眼淚，哄著說："媽媽，別哭嘛，我沒事的。"媽媽心疼女兒，實在不忍心女兒天天這麼辛苦地去上學，準備讓她轉到附近的一所學校，而她固執地拒絕了，一定要在重點中學完成學業。

　　學校的校長、老師和同學們全都認識她，只因為她是一個堅韌不拔的孩子。每天清晨，每個學生要按規定在操場上跑滿五圈。往往是其他學生都跑完了，她才跑了兩圈。剛開學時，曾有個別同學指指點點的嘲笑她，而她從不理會這些。只管抬起頭一步接著一步地跑，喘著氣，流著汗，也不停止。看到此情此景，校長帶頭走過來，大家也跟著圍過來，老師數著圈數，同學們喊著"加油"。當她跑到終點時，那些嘲笑的聲音全都變成了由衷的掌聲。她的頑強，她的拚搏精神，她的一切努力深深感動著周圍的人們。當她初中畢業時，校委會一致通過保送她繼續在本校上重點高中班。

　　能不能考上一所好大學，對於每個學生都至關重要，她也不例外。並且激烈的競爭，使她所面臨的困難程度更是難以想像。班主任老師擔心她的身體承受不了高考的壓力，勸她放棄。但她沒有退縮，堅決不肯放棄。

北京的三九嚴冬，經常冷到零下二十幾度。鄰居們幾乎每天能看見一個瘦小的身影在雪地裡來來回回地走著，還不時地搓著手捂著臉，厚厚的雪地上留下了一串串的腳印。這就是她！她從不敢在家中複習功課，擔心室內太暖和了會睡覺。就在雪地裡凍著，走著，背著功課。正是憑藉著這種冰凍三尺非一日之寒的刻苦努力，她以高出錄取分數線十幾分的成績，考進了北京經貿大學的英語專業。當她高舉著錄取通知書，一一告訴校長和老師時，每個人都緊緊摟住她，流下了感動的淚水。她是他們親眼看著長大得多麼不容易的一個孩子呀！

時間飛逝而過，今年她就要大學畢業了，展現在她面前的路途，今後會不會變得一帆風順起來呢？我想，社會競爭的激烈，優勝劣汰的無情，都決定了她今後無論是在工作前途，還是在感情生活等諸多方面，都將面臨著比一般健康的同齡人不知困難多少倍的艱辛坎坷。但我堅信一點，她會用自己的雙手，不屈不撓的毅力，像她已經彈出的旋律那樣，彈奏出最強勁的音符，高唱著一曲震撼人心的生命之歌。

永不放棄的旋律

來到美國之後，她只是一個待在家中的普通女性。當她得知了直腸癌的診斷結果以後，立即買了一張往返的機票，回到故鄉看望

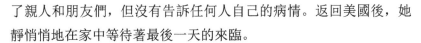

了親人和朋友們，但沒有告訴任何人自己的病情。返回美國後，她靜悄悄地在家中等待著最後一天的來臨。

然而，親人們不允許她就這樣放棄生命，朋友們不願意看到她如此萬念俱灰。先生為她辭去了工作，上醫院看病，做飯洗衣，全心全意在家中照顧她。唯一的兒子苦苦哀求媽媽不用為錢擔憂，他去打工掙錢。朋友們東奔西走為她聯繫到合適的醫療保險。割捨不斷的親情，無法放下的牽掛，為了深愛她的家人，為了關心她的人們，她默默地重拾了繼續活下去的信念。

她變得堅強起來，化療做了一次又一次，頭髮掉了一把又一把，體重也隨之減輕了一斤又一斤。沒有人能分擔的病痛，她全都堅強不屈地承受著，戰勝著。因為，她選擇了絕不放棄。

許多年過去後的今天，她依然活著，甚至連頭髮也像枯木逢春似的重新長出來。她不僅親眼看到了兒子娶了賢慧漂亮的媳婦，竟然還當上了兩個孫子的奶奶。聖誕節我們去看望她的時候，她開心地笑著告訴我，以往她的選擇，她的努力全都值得。

誰也不知道她的生命之歌究竟還能唱多久，可我看到，她仍然竭盡全力地彈奏著。有人說，生命之歌是一首人們願意永遠唱下去但卻在某個瞬間不得不劃上休止符的歌。而我更想說，無論是唱給自己或是唱給別人，只要伴隨著心底的希望，那就一直唱到可以歌唱的最後一刻吧。

她們都是極為普通的人，親耳聆聽著她們彈奏出不平常的旋律，我自歎弗如。比起身體患有無法治癒的殘疾，隨時面對著死亡威脅的她們，我們擁有著健康、時間和選擇的人們，已是擁有的太多太多。我不再感歎沒有更好的機遇，也不再抱怨工作太過勞累，我只願像她們一樣，自強不息地永不放棄地彈奏出一首屬於自己的歌，融入到世界舞臺的交響樂中。

可樂罐背後的故事

當人們逐漸步入中年，或許由於經歷了太多的世態炎涼，越來越難以被其他人所打動，也越來越不會輕易做些與己無關的事情。但是近來，我的心底竟被一群在這裡長大的孩子們悄然觸及。

一個喝光了水或可樂的空瓶罐能值多少錢？又有誰把它視為寶貝呢？

不久以前，相識多年的一位朋友，對我講述了一個有關可樂罐的真實故事。故事的主人公是一些聖地亞哥某校的高中學生們。他們不僅聽見了那些因為貧窮渴望讀書而無法上學的孩子們從窮鄉僻壤傳來的呼喚，並且把聆聽變為了具體的行動。在他們之中，有人利用課餘時間打工掙錢，有人將平日的零花錢積攢起來，甚至有人去拾撿礦泉水瓶和可樂罐，然後拿去賣。每個空瓶罐約值五六分錢。

春去秋來，他們就這樣一分一角累積著錢財。從初中開始到高中畢業，默默無聞地贊助著廣西壯族自治區貧困地區的七個中學生。一直持續到了今年，他們分別去各地上大學。

在簡單的敘說中，我沒有聽到任何的豪言壯語，卻深切地感覺到了由一顆顆純真的愛心彙集成的涓涓暖流。更清晰地看見了在暖流潺潺不息經過的偏僻角落，孩子們眼睛裡飽含著充滿希望的淚水。

這個平凡的故事引起了意想不到的震撼，促使我和朋友共同寫信把實情告訴了接受贊助的每個孩子，並表示："他們的愛心和行動，不僅幫助了你，同時也深深地感動了我們。所以我們願完成他們的心願，繼續為你提供上高中所需要的費用。並希望你今後更加珍惜這個來之不易的學習機會。"

國內的孩子們很快陸續地回信了，有位莫永業同學寫到："當我知道，幫助我是與我年齡相仿的中學生時，而且犧牲他們寶貴的課餘時間賣苦力掙錢時，知道您不願看到愛心中斷，繼續傳遞他們的心願時，我只能偷偷地流淚。我沒有理由不好好學習，沒有理由辜負你們的期望。我知道一個人如果得到了別人的幫助和支持而不懂得自勵自強，努力奮鬥，不斷進取的話，他也不會取得進步的。就像航行於茫茫大海的船隻，得到了風的推動而不知道前進，那麼終靠不了岸。我會迎著自己的目標，努力奮進，傳播愛心的。"

還有一個農金馨的女生在來信中說："收到你們的來信，我既高興又驚訝，但更多的是深深的愧疚。高興的是我沒想到會收到你們的來信，驚訝的是因為資助我三年的人竟然是一群和我差不多年齡的學生。而更多的愧疚則是因為他們中的一些人還利用課餘時間工作來資助我們。而我呢？明知自己家庭的貧困，卻不利用課餘時間打工，至少還有一個下午的時間。那種感覺真的無法言喻，除了深深的愧疚就是深深的感動！我這個人就這樣，無論別人怎麼說我罵我，我堅決不會哭。就算是看到或聽到什麼感動的事，我也不會哭。可是這次我卻被感動得一塌糊塗，我就在宿舍的衛生間裡邊開著水邊在裡面哭。現在先給你們報個喜訊，段考成績出來了，我的文科是班裡第一，理科成績還沒出來。不過，我不會驕傲的，因為我知道前面的路還很長。"

　　細讀每封回信，我讀出了孩子們發自內心深處的感動與激勵。不由得聯想起一位菲律賓的華僑老人在挑選資助學生時意味深長的話語："沒有一種給予是理所應當的。所以，沒有一種領受是可以無動於衷的。一朵花會為一滴雨露鮮豔嫵媚，一株草會因一縷春風搖曳多姿，一顆心更應對另一顆關愛的心充滿感激之情。"我為付出了愛的這些高中學生們由衷讚美，同時也為得到了愛的那些孩子們感到欣慰。

　　然而至此,相關的故事仍在延續。有個今年才十一歲小名叫"仔仔"的男孩，聽了身為義工的媽媽講完故事後，隨即贊助了一個與

他幾乎同齡家住在特困地區的瑤族孤兒。儘管家中的生活條件富裕，可他執意要自己存錢。小小年紀的他以大哥哥姐姐們為榜樣，陸續把飲料的空瓶罐一個個積攢起來。周圍許多叔叔阿姨們也把自家的空罐存儲起來一起交給他。感恩節的週末，他賣掉了幾袋空瓶罐，存錢盒裡又增多了九元一角一分呢。他數了數，已存有一百元四角一分，距離每年贊助所需要的一百六十一元的目標相差不遠了！而媽媽還欣喜地發現，短短的數月中，在仔仔幼小的心裡不知不覺地增添了一種前所未有的責任感。

　　我把在可樂罐背後的故事寫出來，願讓大家知道這些普通的中學生們是如何聚集起點滴但豐厚無私的愛，以自己微弱的力量去幫助更微弱的人。我在想，身教重於言教，如若更多的父母親帶著兒女加入到一幫一資助的大家庭中來，由此在孩子們的心田裡播種下愛的種子，日後收穫著愛的豐碩果實。那麼，又有誰能估量出空可樂罐的價值呢？

長大後我就成了你

空閒的時候，我喜歡靜靜地聆聽歌曲。無意間聽到了這首頌揚老師的歌：

……

小時候我以為你很神秘，讓所有的難題成了樂趣。

小時候我以為你很有力，總喜歡把我們高高舉起。

長大後我就成了你，

才知道那支筆，畫出的是彩虹，灑下的是汗滴。

才知道那個講臺，舉起的是別人，奉獻的是自己。

長大後我就成了你。

……

歌詞中的那支筆、舉起、汗滴、彩虹等等許多普通的詞彙，竟不可思議地觸動了我，不由得想起了一位新近認識的年輕人。

這位年輕人名叫黃文暉，我也像喜愛他的人一樣，親切地稱他阿暉。阿暉引起了我的關注，是由於他以極大的熱情投入在一項業餘工作中。我想要尋根問底，為什麼所做一切是無名無利無償的，他反而從中感到了快樂。

阿暉是居住在廣州的一名義工。他擔負著國內貧困地區的孩子和美國的贊助人來往信件的中轉工作。由此而來，彩虹家庭中的很多孩子們遇到任何困難，學習成績有所退步，需要報考哪類學校等等問題總會給他寫信。阿暉經常在深更半夜時分，針對每個孩子的

情況，認真地書寫著每一封回
信。在回信中，既有細緻中肯
的分析，又能提出切合實際的
建議，還常列舉古今中外的寓
言。難怪他的公司老闆風趣地
說："阿暉哪裡只是我的員工，
八小時以外都是全美華人文化
教育基金會的員工呢。"阿暉並
且負責同各地義工們的聯絡，
通過他堅持不懈的努力，廣西、
雲南、貴州、江西、安徽、湖北、
河南、四川等地的五十幾名義

工互通資訊，形成了一條具有向心力志同道合的義工網路。

　　最近我剛知道了一件事情。有天，阿暉帶著小女兒在公園的湖
邊觀看金魚。突然聽見了人們的尖叫聲，只見湖面上一雙小腳正在
水花中往下沉沒。阿暉撥開了人群，迅速地跨過圍欄躍入湖中，救
起了一個四歲的女童。事後阿暉表示，這只是一件微不足道的小事，
當時只不過是他的反應比別人快些。

　　我曾直接問過阿暉："在當今物欲橫流的社會風氣中，究竟有
沒有人除了金錢外，還在珍惜著精神財富？"阿暉回復說，應該是
大有人在。他自幼成長在提倡助人為樂的年代裡。上初一時，他第
一次聽到老師講述了人生價值觀的概念，從此牢牢地記住了老師的
教誨。回顧歷史，不論是漢代的強盛繁榮，還是唐朝的繁華富足，
都不能再為今天提供絲毫物質上的幫助。但能保留下來並至今影響
我們的，卻是源遠流長的文化積澱和思想美德。這就需要從小去感
悟，孜孜不倦地追求。這是誰也拿不走個人的內心寶藏，也是不斷
進取的源泉。

　　阿暉一脈相承的行為與擲地有聲的回答，讓我深受感動。然而

在一群孩子們的內心裡，我也看到了深刻的感動。有位叫陸國勝的男孩在回信中寫到：

"尊敬的黃叔叔：

每次收到您的來信我都很高興，這次收到您那麼大的信封後，我就迫不及待地拆開看了。看到您寫的《莫因善小而不為》等兩篇文章後，我很感動。因全美華人文化教育基金會以及像您一樣可親可敬的義工們而感動；因您們把我們的小事放在心上而感動；因您們的無私奉獻而感動。我也才知道，原來我們收到的所有信件全是經過您。當我捧著每一封信件時，我都似乎還能感受到您雙手的溫暖，我的心暖暖的。

我想，所有像我一樣收到資助的學生都會好好珍惜這個機會，並將這份感動永存我們心中！您給我們的不僅僅是物質上的幫助，更是給我們上了一堂生動的課，這堂課教會了我們很多很多。 讓我們深切感受到了溫暖、愛心、無私等等世間最美好的事物。 我想，這堂課將永遠在我們一生中延續，沒有下課。 而我們，也將盡我們所能地擴大這課堂。"

這個孩子在信中寫下的珍惜機會，永遠延續的課，盡力擴大……這些極為質樸的話語，更意想不到地震撼著我。 腦海裡閃現了一個從未思考過的問題，在走出校園之外的社會大課堂中，只要有孩子的地方，每個成年人在他們的眼裡，或許就是老師。 我鄭重地寫下了此文的標題——長大後我就成了你，隨後久久地沉思著，希望兒女們或其它的孩子們成為一個怎樣的自己？

我確信，我已從阿暉身上找到了清晰的答案。 從遠古到今昔，由現今到將來，整個社會無論發展到什麼樣的程度，絕非僅是物質單方面，那些閃耀著人性光輝的精神財富是不能丟棄的。 而其中之一生生不息的正是愛的傳承。

那一抹清晨陽光

　　五月下旬，我們參加了去希臘、西班牙和葡萄牙的旅行團。旅途中，我先生的右腳突然紅腫劇痛起來，難以正常行走。無奈之下，我們只好中斷了行程。臨時訂票從西班牙的首都馬德里飛往德國的法蘭克福，然後返回西雅圖。

　　在馬德里機場登機後，我先生一步一挪地從機艙門口走到了座位旁。可沒想到，靠走廊的座位上已經有人了，還是一位中國男士。我客氣地說：「先生，您坐錯了位子，這是我們的座位。」但他並沒有馬上起身，只是歉意地笑了一下。而後排中間的一位姑娘隨即站起來詢問：「你們能不能坐到裏邊呢？」我馬上說道：「不行，我先生的腳特別疼，坐在裏面不方便出入。」一位女服務員走過來，查看了機票後也催促他坐到自己的位子上。這時候，只見他雙手用力地支撐著座位兩側，想要挪動一下，竟然紋絲未動。緊接著他又嘗試了兩次，儘管腦門上都冒出了汗珠，可還是沒有成功。看見他極為吃力的樣子,我打趣說:"算了,不用換了。我先生的腳疼但還能走路,看來你的病況更嚴重。"我先生便坐到了最裏面的座位,我坐在中間。

飛機起飛後,他很高興的對我說:"謝謝你們!真沒想到,在西班牙還能碰到中國人。"

"你們是到西班牙旅遊嗎?"我詢問著。

"不是,我們是來開學術研討會的,現在要返回北京。"他回答說。

"你們是從北京來的嗎?我們也是從北京到美國的。"我興奮地詢問。

"我們要在北京轉機,我是閩南師範大學的老師。"他遞給了我一張名片。

"你怎會摔得這樣重呢?"我又問到。

"不是摔的,我從小得了小兒麻痺症,不能走路。"他坦然地說。

"那你還能乘坐十六七個小時的飛機來西班牙開會嗎?"我有些吃驚的問道。

"是的,我還可以做很多事情。"他微笑著回答。

我邊聊天邊暗自打量起來:他身材消瘦,戴著一副眼鏡,說話的聲調不高,語氣十分謙和。飛行期間,他不停地在寫東西,很少喝水和吃東西。需要上廁所時,一位同事要在狹窄的走道中背著他。當我注視著他趴在別人背上那個彎曲的身影,那種缺少基本生活技能的無奈和艱難,悄然之間觸動著我。

他這樣的身體狀況還能做些什麼事呢?回家以後,我懷著疑問上網查閱了有關他的資料。出乎意料的是,他確實做了很多事情。他曾連續三年參加高考,因為雙腿殘廢被拒之門外。自學三年後,被福建師範大學錄取為英語系的研究生,成為福建省第一個攻讀碩士學位的殘疾人。他現任閩南師範大學的英語教授,並獲得了全國優秀教師的稱號。他發表過五百八十多篇英語和日語的譯文等,代表作有《漢英心理學詞典》。他創辦了福建省自強助殘基金會,已經捐贈了數十萬元,專門幫助考上大學的殘疾學生。電影《加油吧!

老師》就是根據他的事跡改編的。我還讀到了他始終追求的理想："我因殘沒能上大學，所以我夢想將來能辦一所大學，用教育為殘廢人的生命價值增添高尚和榮光。我要用我所有的淚水和熱情，讓更多的殘疾人遠離自卑、貧困、愚昧和憂傷。我要用我所有的汗水和心血，讓更多的殘疾人成為社會的精英和國家棟梁。我要告訴所有的殘疾人，身殘不低賤，弱者當自強。"

我被深深感動了，不僅是由於他所取得的業績，更是因為他身上那種百折不撓的精神。我設身處地的思考著：有誰看見，他被大學毫不留情地擋在門外時，流過多少委屈的淚水；有誰數過，他取得這些光鮮成績的背後，反復跌倒了多少次又竭盡全力地站起來；又有誰知道，他的內心世界究竟有怎樣的強大，才能承受那些不為人知的艱辛一步步走到了今天。

同時，他有所作為的一切還讓我心底自行愧疚。因為最初，我也用世俗不平等的目光只看見他外表的缺陷，忽視了他內在的人生價值。世界縱然浩瀚博大，卻由每一個普通弱小的生命托起。雖然只是一次偶然的相遇，但他讓我更加相信："一個精神燦爛的人，可以活成一座花園；一個精神燦爛的群體，可以活成一種傳奇。"

在輪椅上度過生命歷程的史鐵生曾寫下一段話："但是太陽，它每時每刻都是夕陽也都是旭日，當它熄滅著走下山去收儘蒼涼殘照之際，正是它另一面燃燒著爬上山巔布散烈烈朝暉之時"。而他，一直且行且鼓舞著其他人向前走的信心。恰如那一抹清晨陽光，透過黑暗灑向大地一片盎然生氣。

他，就是鄭聲滔老師。

歡聚在冰島

冰島，位於大西洋和北冰洋的交匯處，坐落在北極圈邊緣，島上遍佈著很多冰川和火山，被稱為"冰與火之國"。在我的腦海裡，冰島是那麼遙遠並且浸染著一層神奇的色彩，或許因為它獨特的地理位置，也或許因為在悠久傳說中那來去縹緲的極光。然而，冰島這層美麗又神秘的面紗，每年都吸引著絡繹不絕的人們前去揭開。

邂逅藍湖溫泉

四月初的季節，我們來到了冰島的首都雷克雅維克，它是全球最北的首都。冰島是世界上溫泉最多的國家，而藍湖則是地熱溫泉的群龍之首。藍湖的湖水裡含有豐富的礦物質，因此還是一個天然的美容院，頗受南來北往遊客們的喜愛。

我們剛放下行李箱，便帶上游泳衣，來到了著名的藍湖溫泉。此時此地，白雪覆蓋下的熔岩山脈環繞著藍湖溫泉，冷冽的寒風吹卷著雪花不停地飄落下來，遠處還不時地迸發出好幾股熱氣騰騰的水氣柱。呈現在我們眼前的溫泉，整個湛藍色的湖面上彌漫著一層薄紗似的霧氣，男女老少猶如置身於童話般的仙境裡。我們幾個女士手牽手地走進了溫泉，儘管四處是人頭聳動，但只要相隔兩三米遠就看不見他人的身影。這時天氣的溫度是零下幾度，而自然產生的地熱泉水很熱，人們浸泡在水裡十分舒適。可一旦露出了肩膀或手臂，立刻會感到一陣陣的寒意，趕快要浸回水中。

　　這是我生平第一次泡溫泉，又在異國這樣別具風味的地方，心裡感到格外的興奮和新鮮。我們每個人還塗上了具有藍湖標誌性的白色面膜，開心地舉起了酒杯，岸上的攝影師為我們留下了難得的合影。四周冰天雪地，頭上雪花飄灑，我們卻穿著泳裝浸泡在溫泉中，那種能和大自然的賜予混為一體的愉悅，只有身臨其境才能領略到。

相遇北極光

　　關於極光的產生，我們的導遊介紹說："極光在東西方的神話中都留下了美麗的身影。而現在的人們認識到，極光一方面與地球高空和磁場的大規模互作用有關，另一方面又與太陽噴發出來的高速帶電粒子流有關，這種粒子流通常稱為太陽風。從太陽風暴中的帶電粒子衝向地球，與地磁場互作用後產生了絢爛的光彩。這種美

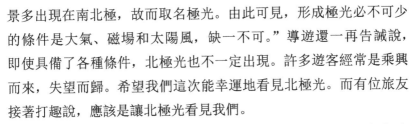

景多出現在南北極，故而取名極光。由此可見，形成極光必不可少的條件是大氣、磁場和太陽風，缺一不可。"導遊還一再告誡說，即使具備了各種條件，北極光也不一定出現。許多遊客經常是乘興而來，失望而歸。希望我們這次能幸運地看見北極光。而有位旅友接著打趣說，應該是讓北極光看見我們。

晚上十點多鐘，我們乘車來到了一片一望無際的曠野，每個人必須穿上專門的防滑鞋掌。下車後，腳下是一層厚厚的積雪，每走一步便吱吱作響，稍不留意就會摔倒。我抬頭望去，數不清的小星星在漆黑的夜空中輕閃著光亮，一閃一閃地竟令人平添了一種翹首以盼的感覺。除了我們這些遠方的來客站在山丘上，空曠無邊的天地間一切寂靜無聲。

就在深夜11點鐘左右，北極光不期而遇地出現了！我們用眼睛看見的北極光，其實並不像拍照後的鮮豔顏色，而只是很淡的白色，如同一片無聲無息的雲霧緩慢地擴散開來。北極光第一次出現的時間很短，許多人沒能拍下它的美貌。當我們有些沮喪地等待了一段時間後，北極光竟然又出現了！再次出現的北極光十分壯觀，白色中還夾雜閃現出了一縷縷的紅色。半邊天空成為北極光展現的大舞臺，多道光束交集在一起變幻莫測地跳躍著，忽而如水袖舞動，忽而像飛龍翻滾，忽而現首尾相接，忽而又交叉伸延。所有人完全忘記了天寒地凍，一直為這大自然中的奇妙景致不停地雀躍和大聲地歡呼。就連當地導遊也興奮不已地打電話，催促家人趕快出來觀看如此炫麗的北極光。北極光持續出現了一個多小時，然後逐漸褪去在浩瀚的宇宙天際。

可我們萬萬沒有想到，北極光帶來的驚喜還不止這些。當我們乘車返回市區的路途中，出乎意外地看見了有一道北極光跟隨著汽車轉換的不同方向，時而出現在左上空，時而又出現在右上空。一路上，這道北極光一直為我們送行，最後才消失在燈光開始密集的地方。遙望著遠去的北極光，我不由得暗自遐想：有緣千里來相會，北極光真的看見我們來了！人有情，大自然有意，那種人與北極光的美妙相遇，竟讓我們久久難以忘懷。

重溫年輕時光

　　冰島是無數旅行愛好者視為人生必去的地方，遍佈著聞名遐邇的冰川、瀑布和火山等自然風光。我們去了壯麗的黃金大瀑布，在陽光的照射下瀑布濺出了無數的水珠，便自然形成了一道橫在半空中的彩虹。我們去了世上最活躍的間歇泉，它每隔十幾分鐘左右，伴隨著一聲轟鳴就能向天空噴出高達幾十米的水柱。我們去了代表世界盡頭的黑沙灘，感受著滿視野那深沉的黑色。我們還去了斯奈山半島，鑽石海灘以及南部的冰川湖。所到之處，我們無不感慨大自然中蘊藏著的美麗與魅力。

　　然而此次旅途中，除了名勝美景之外卻始終洋溢著另一番情趣。我們六對夫婦來自三個不同的城市，其中很多人已經相識了三十多年。有的是數十年前搭乘同架飛機來到聖地亞哥，有的是苦讀四年的同窗學友，還有的是多年的好友加牌友，那是一段共同度過的青春歲月。如今，儘管我們早已年過半百有餘，滿頭的黑髮也變成了花白，可相聚後我們被稱為的不是爸爸媽媽，更不是爺爺姥姥，而是以往最熟悉的稱呼："小吳、小劉和小平"。聊天時，我們笑談起來美後所經歷過的種種艱辛，那些昔日裡品嘗過甜酸苦辣的滋味，互相之間全都心領神會。聚餐時，我們舉杯分享著各自取得的業績，每個人都經過了艱苦的奮鬥而一步步走到了今天。拍照時，我們隨心所欲地擺著各種姿勢，或一起翹腿而坐，或統一挺胸叉腰，或與開屏的白孔雀比美，或同在花中開懷大笑。站在鏡頭面前，我們頑皮得就像是一群活潑的年輕人。因為由衷的快樂，女士們變得漂亮，男士們顯得帥氣。我們的總攝影師還為一些照片題詞："獨立寒冬，與鳳共舞，招手致意，滿載而歸，促膝談心，手舞足蹈，五朵金花，六大金剛，一打旅友。"旅途中的每一天，由於這些新老朋友的相聚同行，彼此間享有著無可替代的情誼。我們用心合唱著那首歌：朋友一生一起走，那些日子不再有。一句話一輩子，一生情一杯酒……我們談笑著，玩鬧著，那種又回到了年輕時的感覺讓我們忘乎所以地歡樂著。

我們這次的冰島之行，正如思想家歌德所描述的那樣：人們之所以愛旅行，不是為了抵達目的地，而是為了享受旅途中的種種樂趣。冰島，我們快樂地來過了。

旅途中的異鄉情緣

　　七月中旬，我參加了去北歐十三天的旅行團。暢遊了丹麥、瑞典、挪威、芬蘭和俄羅斯等國家。儘管一路上各個地方的名勝古跡、宮廷建築和田園風光等等都給我留下了美不勝收的印象，然而返回聖地亞哥以後，更讓我難以忘懷的卻是一些與我擦肩而過並且永遠不會再見面的陌生人。許是由於緣分，無論偶遇或長或短，一切竟是無比美妙。

豪華遊輪上的男演員

　　從瑞典首都斯德哥爾摩到芬蘭首都赫爾辛基，我們乘坐的是豪華遊輪，並要在遊輪上過夜。這是我第一次乘坐遊輪，看見什麼都感到十分新鮮。

　　遊輪上有寬敞的劇場，舞臺和觀眾席近在咫尺，基本同在一個平面上。晚場表演在十一點開始，劇場裡早已座無虛席，我們四人有幸坐在了第一排中間的位置。演出還沒有開始，就有一個小丑演員身穿著肥大的橫紋套裝，頭戴著黑色的高桶帽，時而在臺上蹦蹦跳跳，時而在台下做些滑稽動作，不時引起了全場一陣陣的歡笑。

　　有一個歌舞劇節目，背景是一艘很大的海盜船。其中有位中年男演員始終被一個白色的麻袋捆綁著。他一邊領唱一邊領舞，聲音

格外渾厚深沉，舞姿也特別矯健優美。稍後他走向一個女觀眾，她
從背後解開了他身上的繩索。當他奮力扔掉麻袋片，高大瀟灑地站
在舞臺中央，大家才認出，他就是那個小丑。

　　說實話，我幾乎聽不懂具體的歌詞，只是輕鬆地觀賞著舞蹈。
沒有想到，這位男演員徑直向我走過來。他注視著我，深邃的目光
裡傳遞出滿目柔情，無邊無際地蔓延開來。他低下頭，極為紳士地
托起了我的右手背，輕輕地吻了一下。我有些不知所措，只能驚詫
地看著他。當節目進行到了最高潮，只見他一下子甩去了西裝外套，
上身只剩下一件黑色的馬甲，展露出了強健的臂膀。頓時，觀眾席
上響起了此起彼伏的歡呼聲。更不可思議的是，他再次站在了我面
前。片刻間，他"唰"的一聲拉開了馬甲的拉鍊，而且又拉起了我
的手，輕輕地放在了他敞開的胸膛上。四周的觀眾們立刻發出了更
加熱烈的反響。這時，我清晰地感覺到他的心跳，同時也悄然察覺
了自己淺淺的心動。那是一種被喚起了青春憧憬的感覺，驚喜而愉

悅。

演出的最後一個節目是舞蹈，含有與親朋好友離別的情節。在表演結束前，還是那位英俊的男演員，竟然出乎意料地從臺上來到我的身旁。他靜靜地蹲下來，蓬鬆的頭側伏在我面前的茶桌上。他是那樣的溫文爾雅，就像一個純真的大男孩。我輕輕地在他的頭頂上撫摸了幾下，只想讓他知道一個素不相識人的友好謝意。我看見，他返回舞臺謝幕的時候，一直微笑著向我揮手，我也同樣微笑著向他揮手告別。

過後，雖然我知道這僅是一場表演，自己只不過是一個被挑選上的互動觀眾。但我仍不由得暗自回想：今夕是何夕，能有此番邂逅？或許，只因為心底的那一份觸動。

聖彼得堡的阿麗莎

在這次旅遊的城市中，我最喜歡聖彼得堡。無論是昔日彼得大帝的冬宮，還是芬蘭灣畔的沙皇夏宮，全都令人大開眼界。更難忘的是我遇到了一位可愛的俄羅斯姑娘。

那天傍晚，我們來到了一家餐廳。餐廳的面積雖然不很大，但裝飾得別具特色，已經坐滿了客人。當女招待員給我們這桌送來麵包時，我用剛學會的俄語說了聲"謝謝"，她反而用生疏的中文回答："我叫阿麗莎"。我隨即也用中文說出了名字，這樣的說話方式立即使彼此親近起來。在我們磕磕巴巴的交談中，我知道了阿麗莎是這家餐廳的老闆。她不但自己堅持學習中文，連她七歲的兒子也在學習中文，現已學會了用中文數 1-6 個數字。我糾正了一些阿麗莎的中文發音，而阿麗莎反復教了我幾個最簡單的俄語詞彙。

在我們吃飯期間，阿麗莎雙手捧著一堆巧克力，笑盈盈地對我說：

"這是給你的。"在同團人們羨慕的目光下,我開心地收下了巧克力。臨行前,我剛要去邀請阿麗莎合影,她又走過來塞給我一小瓶酒和一個紅色的彩球,並說:"這代表幸運的意思。"當先生為我們拍照的瞬間,阿麗莎滿面笑容地伸出雙臂,一下子摟住了我的肩頭,緊貼著我的臉頰。我心頭一熱,眼淚差點掉落下來。阿麗莎,謝謝你!讓我在這麼短暫的相遇中,感受到了那麼多的熱情與溫馨。

關於緣分,佛說:五百次的回眸,才換來今生的擦肩而過。有人形容:一本書,一件物,一個人,人生的每一種交匯都是緣分的連接。而我,始終相信緣分,也格外珍惜各種緣分。

北歐導遊們的風韻

　　美國旅行團去西歐各國旅遊時，隨團都有自己的導遊。但去北歐旅遊時，必須聘請每個國家本地的專業導遊。由此而來，從北歐返回聖地亞哥後，我時常想起一句俗話：一方水土養一方人，而我還想接下去一句話：一方人顯一方風韻。

哥本哈根的紅衣女郎

　　我們去北歐旅遊的第一站，是丹麥的首都哥本哈根。一提起哥本哈根，人們常會與"童話王國"聯繫起來，因為那裡是安徒生的故鄉。由他撰寫的《賣火柴的小女孩》、《拇指姑娘》、《醜小鴨》、《國王的新衣》等膾炙人口的童話故事，給無數人的童年帶來了無比美麗的夢想。而淒婉動人的《海的女兒》中的小美人魚銅像，就坐落在哥本哈根東側海濱的長堤公園。在海岸邊，小美人魚捲曲著魚尾狀的雙腿，恬靜地坐在一塊礁石上，憂傷地眺望著海面，日思夜念著她的

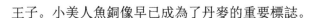

王子。小美人魚銅像早已成為了丹麥的重要標誌。

第一天的中午時分，我們到達了哥本哈根。當地的天氣相當炎熱，達到了近年來的最高溫度。領隊通知大家，明天將是一位穿著紅衣服的女導遊。第二天一早，快到了約定好的時間，有一位女士向我們走過來。她的個子不高，身穿著一件紅色的短袖上衣，斜背著一個紅色的小皮包，手錶帶也是紅色的。放眼看過去，她已是滿頭白髮，脊背略有些彎駝，連行走的步伐也比較緩慢。大家紛紛猜測著說，不可能是她。可萬萬沒有想到，她正是今天的導遊！我們互相傳遞著眼神表示疑問："她行嗎？"

然而，當她坐在旅遊車的最前面，開始用十分流利的英語講話時，立刻變得判若兩人。在全程的講解中，她說話的聲音始終非常響亮，如同一個精神抖擻的年輕人。整整一天的時間，她帶著我們陸續參觀了充滿古典文藝復興風格的腓特烈堡，前往了莎士比亞筆下的《王子復仇記》故事的發生地科倫波堡，以及沿途的名勝古跡。她顯然非常熟悉每個地方應該觀看的重點，一絲不苟地介紹著更多的情節。因為她的紅衣服在人群中格外顯眼，所以大家便親切地稱她為紅衣女郎，並爭先恐後地與她合影留念。

在一路參觀的途中，她開心地告訴我們，她出生在這裡，從小到大生活在這裡，而且從沒有離開過這裡。現在她是四個孩子的媽媽，十幾個孫子女的奶奶。她從事了幾十年的導遊工作，目前由於身體狀況不允許，每月只能來講解一兩次。但只要能走得動，她會一直堅持下去。不為別的，只想為家鄉的繁榮多做一點事情。

臨別的時候，儘管她滿面的疲憊，仍然笑容可掬地高聲說："歡迎你們再來哥本哈根，歡迎你們下次到我家做客。"我們目送著她逐漸遠去的背影，看著她比早晨更加緩慢的步履，一股心疼的感覺頓時湧滿了胸間："她已經七十多歲了，今天一定累壞啦。"

分別後我在想，童話故事中的小美人魚，為了追求美好的愛情，寧願化成大海中的泡沫。而現實中的紅衣女郎，為了讓更多的人瞭解自己的家鄉，情願奉獻了畢生的精力。這同樣都蘊藏著一種最珍貴的情感。

愛沙尼亞的漂亮媽媽

愛沙尼亞是北歐波羅的海的三國之一，由於東面與俄羅斯接壤，旅行團途經了這個以自然純樸著稱的國家。

清晨，我們來到了首都塔林（Tallin）的一個公園。這個公園的面積不大，空中不時傳來一陣陣小鳥的叫聲。園中的宮廷建築也不豪華，寧靜地聳立在一個角落。而滿園高大的綠樹成蔭，向四處伸展的枝葉遮擋住了烈日的照耀。盛開的鮮花簇擁在花壇中央，為院內平添了許多絢麗的色彩。

我們的女導遊早已等候在那裡，當她笑盈盈地跟我們打招呼時，大家的眼睛忽地一下子亮起來，甚至感到有些不好意思直視她。眼前的這個年輕女導遊，蓬鬆的長髮高盤在腦後，身著一件淺色碎花的連衣裙，同色的一條細裙帶輕繫在腰間，並戴著一副時髦的墨鏡。但最吸引人眼球的卻是那高高聳起的胸部，圓潤得幾乎要奔放而出，一道乳溝隱隱約約地呈現在 V 字形的領口處。難怪有人打趣地對先生說：「嘿嘿，別把眼睛都看直了。」

女導遊的聲音極為輕柔，她介紹說愛沙尼亞僅有一百三十幾萬人，人均收入和消費指數在世界排名第四十幾位。政府一向鼓勵人民生育，國內免費的文化教育一直到碩士學位。愛沙尼亞還是科技發展的先鋒，發明了舉世聞名的互聯網電話 Skype。女導遊說，作家海明威曾這樣寫道，世界上的很多港口，你至少可以找到一個愛沙尼亞人，這也證明了愛沙尼亞人的開拓精神。

女導遊還告訴我們，她大學畢業後即開始了導遊工作。如今，

　　她已是一個孩子的媽媽，每天只需要工作幾個小時，其他時間主要和家人一起度過。大多數的愛沙尼亞人崇尚輕鬆的工作和愉悅的生活。

　　我們跟隨著女導遊一邊輕鬆地漫步在公園裡，一邊聆聽著從她委婉的聲音中流淌出來對地理歷史以及人文國情的介紹。同時我們感受到了一種發自她內心的自豪感，令我不由得與愛沙尼亞國歌的名字聯繫在一起：《我的土地，我的歡愉》。

　　在愛沙尼亞這片小巧且充滿樂趣的國土上，一切竟然如此地慢悠悠，樂悠悠。

俄羅斯的威武男士

　　北歐旅遊的最後一站，是從俄羅斯的聖彼得堡乘坐火車到達首都莫斯科。那天，我們剛下了火車，就看見一位高大的男士迎面走過來。他和領隊簡短交談了幾句話後，面無表情地朝大家招招手。我們早就聽說，俄羅斯人通常很嚴肅，一般不會對陌生人微笑。大家默默地緊跟著這位男導遊向前走。

男導遊的身材頗為魁梧，深邃的雙眼，高挺的鼻樑，寬大的嘴巴，五官搭配起來形成了一副極為嚴肅的面孔。剛一見面確實讓我們感到有些望而生畏，但在連續五天的遊覽中，這種最初的印象發生了不少的變化。

莫斯科的全部行程安排得非常緊湊，一個景點緊接著一個景點。男導遊不僅認真負責地帶著我們參觀每一個地方，而且每天輪換安排著當地最具特色的餐廳。他關心國內外的時事政治，時常和大家談起當前的熱門話題。我們還發現，其實在男導遊嚴肅面孔的背後，掩藏著些許紳士般的幽默。有時候，他雖不愛笑，可隨意說出的話語或手勢經常惹得我們開懷大笑。有時候，他會突然出現在人群的

背後，故意壓低嗓音詢問："你們要不要一起拍照？" 還有很多時候，他也會面帶微笑不厭其煩地幫助大家。

　　莫斯科是我們非常嚮往並且充滿了遐想的地方，因為很多人的青少年時代是哼著歌曲《莫斯科郊外的晚上》，看著電影《列寧在一九一八》，讀著書籍《鋼鐵是怎樣煉成的》逐漸長大的。而這個民族在斯大林格勒保衛戰中，不屈不撓的頑強精神曾讓世界為之驚歎，也深刻影響著我們的青春年華。在男導遊的帶領之下，我們如願以償地站在了紅場的正中央，穿越了克裡姆林宮的城門，參觀了雄偉的宮殿和博物館，觀看了壁畫琳琅滿目的地下鐵車站等等眾多著名的名勝古跡，我們還欣賞了慕名已久的芭蕾舞《天鵝湖》和馬

戲團的表演。

在短暫的時間裡，俄羅斯的悠久歷史和民族文化以及宗教信仰等各方面，都給我們留下了極其深刻的印象，而男導遊也為我們的行程增添了許多快樂。大家情不自禁地讚美著，真是不虛此行。

北歐旅途歸來，我不僅開闊了眼界，還收穫了一份難以忘懷的感動。熱情執著的，浪漫溫柔的，嚴謹幽默的，縱然北歐導遊各有各的風韻，但他們卻有著一個共同的無可置疑的情懷：每一個人都深深地熱愛著自己的祖國與家鄉。

在防疫的日子裡發現快樂

2020 年伊始，我們按照預定的旅遊計畫一月中旬去了澳大利亞，二月初去了夏威夷。可剛一進入三月，美國各州的新冠疫情迅速地蔓延起來。我居住的城市西雅圖，更是首當其衝地被列為疫情最為嚴重的地方。少出門不社交，取消旅遊行程，網課網購，雲端聚會，視頻看醫生等等，猝不及防的疫情以前所未有的方式，改變著人們熟悉的生活習慣，也拉開了人與人之間的距離。以至於每個人，需要調整好自己的心態來應對這一切的變化。

快樂，從學無止境中來

隨著疫情的越來越變化莫測，我的心情反而從最初的恐慌不安逐漸過渡到了坦然面對。我們無人知曉，疫情還會持續多久，又會以怎樣的方式結束。可日夜交替的時光從不會停止，我告誡自己，每一個平常的日子都是寶貴的，不能渾然虛度，更不能讓疫情攪得索然無味。

自從搬到西雅圖以後，我喜歡上了手機攝影。在宅家防疫的日子裡，我連續參加了兩期手機攝影的網課，學習到了許多攝影的基本知識和修圖技能。手機攝影群的老師還挑選出組員們的優秀照片，定期編輯成雙月刊。出乎意料的是，我拍攝的照片連續四次被選中，這讓我受到了極大的鼓勵。

　　臨近女兒的生日，我決定自製一件禮物送給她。因為女兒出生在八十年代，那時國內人們的生活十分貧窮。從女兒滿月開始直到五歲多，我總要帶她去照相館或借來相機拍照。所以能夠一直保存至今的黑白照片尤為珍貴。如今，女兒小時候的照片有些模糊不清，有些已變黃了。我運用剛學到的攝影技能重新翻拍和修版每一張照片，並逐一在每張照片的右上角注明了年齡。初次上網編輯相冊，無論是封面設計和題目，還是每頁的排版樣式和插圖，以及在一些有特殊紀念意義的照片下面編寫當年有趣的往事，全都需要我一步步地認真學習和掌握。經過一個多月的努力，我終於編輯成了一本精緻的相冊。相冊名為《珍貴的童年時光》，共有四十三頁，包括了女兒從小到初中畢業的一百多張照片。相冊的第一頁是我們的生日寄語，其中還有撫育女兒多年的姥姥寫給她的最後一封來信。當女兒翻看相冊時，驚喜得緊緊擁抱著我說："媽媽，這是我收到的一份最珍貴的生日禮物！"而我還暗自想著：親愛的女兒，若干年過後當你再看到每張照片的時候，但願仍能感受到，父母親曾經的愛永遠陪伴著你。

聖誕節前夕，又恰逢我的老美親家相濡以沫地走過了五十年的金婚紀念日。面對日趨嚴重的疫情，我早已不去逛街買東西，便立即在網上開始學習如何製作禮物。老美親家多年來有一個愛好，每天晚餐時喝一杯紅葡萄酒。我挑選了一對精美的透明酒杯，並在杯子中間寫上他們的名字和結婚五十周年的起止日期。這樣一來，每當他們一端起酒杯，就會想起這個最甜蜜的日子。我還學做了一個聖誕樹上的小掛件，掛件的一面是老兩口笑容滿面的照片，另一面是教會朋友們慶賀時的照片。雖然我們沒去參加慶祝的聚會，而當他們打開我親手製作的兩件禮物時，深深感受到了一份真誠的祝賀。禮輕，但心意重。

我不斷地學習一些新的知識和技能，為平淡的生活增添了不少新的樂趣。

快樂，從自我提升中來

我家離一個湖很近，每天早晨我們都會沿著湖邊健走一個多小時。疫情期間也沒有間斷，只是要戴上口罩，遠遠躲開了行人。正是由於失去了自由自在的呼吸和行走，習以為常的四季在我的眼中呈現出了新的寓意。春天，枝頭上嬌嫩的蓓蕾，嫣然綻放的桃花，湖中游來遊去的小鴨子，這映入眼簾的一切無不散發著充滿希望的氣息。夏日，徐徐落下的夕陽映紅了半邊天際，照得湖面上碧波粼粼。豁然間有一種

用樹葉制作的作品

啟迪油然而生，生活有時即便是艱難坎坷，也有著詩和遠方。秋季，仿佛是上蒼打開了百變的調色盒，每一片樹葉都悄然改變著顏色。行走在大街小巷，如同走進了一個絢麗多彩的葉子世界，美得令人怦然心動。不禁覺得，更要珍惜生活中每一次心有靈犀的相遇。冬時，當紛紛揚揚的雪花飄落下來，一片潔白在寒冷中蘊含著的平和與淡定，猶如人生應有的一種優雅的心境。每天清晨，我一路行走，就像是趕赴一個與大自然美好的約會，疫情籠罩下的陰霾被一掃而光。

西雅圖五彩斑斕的秋季，竟讓我又多了一個新的愛好。我喜歡那些剛剛掉落在地上的樹葉，它們依然頗有生氣。我時常忍不住一邊走一邊撿樹葉，回家後立即動手製作成不同的葉子作品，然後再把它拍成照片，我興致勃勃地沉浸在每一次的創作過程中。經過我的手，綠色的松柏枝變成了一個漂亮可愛的孔雀公主，或一束白雪覆蓋的插花；金色的銀杏葉變成了三個翩翩起舞的小姑娘；就連一個紅色的小蘑菇也變成了一個栩栩如生的小烏龜。我參照網上圖片

並選用不同樹葉製作的小狐狸，小松鼠和小金魚，也同樣是趣意盎然。

我不曾想到，自己也能創作出這些略有藝術色彩的作品，小小的收穫讓我內心中溢滿了愉悅。

快樂，從平凡的生活中來

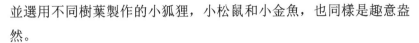

儘管疫情打亂了人們以往的公共活動，但阻擋不了每個人以不同方式展示出對生活的熱愛。在我的好友中，有的人開始了虛擬健走，一直從聖地亞哥走到了西雅圖。她不僅在微信中介紹著沿途的美景和地理知識，還邊走邊背誦了多首古詩詞。有的人重讀了英文版的世界名著，並觀看著歷屆獲得奧斯卡大獎的電影。有的人自學唱歌跳舞和彈鋼琴，在自得其樂中抒發著情懷。有的人在自家後院，種植的瓜果蔬菜樣樣碩果累累，時而享受著豐收的喜悅。還有的人把瑣碎的日子過得處處洋溢著詩情畫意，從隨手的攝影或視頻到每天的菜餚或糕點，全都親歷親為地精心製作。快樂，成為他們日常生活中的主旋律。

有人形容說："快樂就像天上飛的風箏，雖然有時你看不見它，但線在你手中，它不會飛遠。只要你願意，快樂就會圍繞著你，直到永遠。"而我，也從平常生活中體會到了這些。

二十多年來從未間斷的晨走，每天迎著初升的太陽，讓我總是擁有一個充滿活力的好心情。通常在午間時分，聆聽時事新聞和天下大事，讓我開闊了眼界。晚上觀看電視劇，讓我分享著劇中人的故事和情感。平日裡學習各種新知識，讓我與時俱進不會被社會淘汰。和孫輩們一起畫畫說歌謠，教會他們如何折疊紙鶴紙兔子的同時，讓我重溫著難忘的童年時光。經常給國內外的親朋好友們打電話，一旦聽到彼此那熟悉而有溫度的聲音，讓我們的心即刻相連在一起。鍛煉身體、學習、閱讀、寫作、攝影、葉子小創作、與家人們團聚、與朋友們保持聯繫等等，這些極為普通的事情充實著我每一天的生活。然而我發現，只要用心去做，哪怕是再細小的事情，也會從中獲得許多快樂。

新冠疫情縱然聽不到槍聲炮火，卻已無情地奪去了上百萬人的生命。目睹過如此殘酷的事實，才讓人們對珍惜活著的每一天有了更深刻的理解。曾有一段話說得好："腳步不能到達的地方，眼光可以到達；眼光不能到達的地方，精神可以到達。"在三年有餘防疫的日子裡，我感受到，每個人精神境界中的豐盈，不是別人給予的，而是要靠自己創造。如能從平凡的生活裡或任何困境中，不斷的發現和享受周圍那些細微的幸福，那麼，快樂便會無處不在。

西雅圖的春夏秋冬

做一個快樂的小確幸

　　我愛好閱讀、寫作和攝影，而在新冠疫情期間竟又多了一個新的愛好：用撿來的落葉和花瓣，創作出一些別具特色的花葉作品。

　　每天清晨，我常會沿著湖邊行走一個多小時。沿途的街道兩旁種滿了各種各樣的花草樹木。每當我拾起幾片剛剛掉落的葉子或花瓣，常會驚喜地發現，它們依然是那麼的五彩繽紛，那樣的頗有生氣。紅如霞，白如雪，綠如玉，黃如金，還有太多無法用語言形容的顏色。它們隨風輕輕地飄落下來，靜靜地疊落在地上，猶如鋪織了一層色彩斑斕的地毯。而它們即使走到了生命的盡頭，仍要展現出最美麗的風姿。就在此刻，我的心底被悄然觸動了。我想留住花兒的美麗，留住葉子的多彩，從而也留住它們帶來的那一份快樂與啟迪。

　　從 2020 年 12 月初開始到現在，我樂此不疲地沉浸在每一次的創作之中。儘管在每次的創作中，我即沒有老師，也沒有同伴，但仍想不斷地提升自己。我首先要查找一些圖片，並閱讀有關的歷史知識，然後再量體裁衣般的畫圖、裁剪、粘連和最後拍照。經過我的巧思細作，各種樹葉和花瓣變成了童話故事中的主人公，歷史典故裡的人物；變成了身穿華麗長裙的姑娘，現實生活中的人們；變成了我記憶中的童年時光；還變成了中國的十二生肖和一些可愛的小動物。

　　在一年多的時間裡，我從簡單到較為複雜的創作過程中，陸續完成了芭蕾舞《天鵝湖》、《白毛女》；著名的童話故事《灰姑娘》、《賣火柴的小女孩》、《海的女兒》、《拇指姑娘》；中國歷史上的名著《黛玉葬花 - 紅樓夢》、《青梅竹馬 - 紅樓夢》、《花木蘭》、以致完成了享有"沉魚落雁之容，閉月羞花之貌"美譽的四大美女；現代題材的《童年樂趣》、《跳舞的女孩們》、《漁家姑娘》、《采蘑菇的小姑娘》、《雨中》、《2022 北京冬季奧運會》、《十二生肖》等等。在這些作品的創作過程中，讓我內心中溢滿了愉悅，也令我深深體會到：快樂，沒有年齡限制，也不用金錢去買。只要擁有一雙好奇的眼睛，去尋覓那些近在咫尺的美麗，並用一顆熱愛生活的心靈，去感悟生活中許多細微的美好。而快樂，就會時常在心底裡暢然流淌。

人們常說："誰也不知道明天和災難哪個先來。"就在新冠疫情期間，我度過了一段非常艱難的日子。2022 年 2 月 2 日，我做了左胸乳腺癌的切除手術，5 月下旬完成了全部的整形手術。當我從人生的最低谷中走出來，更加珍惜能夠健康活著的每一天。我精心地把這些花葉作品彙編成了一本《心中有熱愛，生活有樂趣》的畫冊，永久地保存起來。並作為聖誕禮物送給自己和女兒，同時告訴自己：我要像絢麗多彩的花兒和樹葉那樣，無論遇到怎樣的磨難，也要活

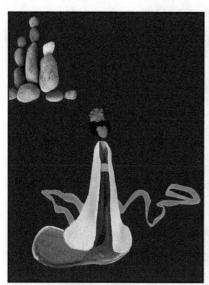

贵妃醉酒 - 唐朝时期

貂蝉拜月 - 东汉末年

出自己的人生色彩。

　　有位好友這樣形容我,她說我是個小確幸。我想了一想,是的,我十分鍾愛那些生活中無處不在的微小而確實的幸福。作家村上春樹曾說過:"如果沒有這種小確幸,人生只不過像乾巴巴的沙漠而已。"我願永遠做一個快樂的小確幸。

昭君出塞 - 西汉时期

西施浣纱 - 春秋时期

我用樹葉製作的十二生肖

　　2023 年，是中國農曆的兔年。早在西元一世紀，中國人就以十二生肖來紀年。十二生肖是由十一種源於自然界的動物以及民間傳說中的龍所組成。順序排列為：子鼠、醜牛、寅虎、卯兔、辰龍、已蛇、午馬、未羊、申猴、酉雞、戌狗、亥豬。

　　在春節期間，我突發了一個靈感：要用樹葉等材料把十二生肖做出來。西雅圖的秋冬季，多以雨天為主，各種顏色的樹葉掉落下來，依然是鮮潤的。每天清晨，我一邊晨走一邊撿起各種各色的落

葉時，竟然發現了頗為有趣的細節。有的葉子從綠色自然過渡到暗紅色，有的葉子的邊緣就自有一圈棱角，有的葉子點綴著或大或小的黑點和黑斑，還有的葉子的正面是綠色，而背面卻是粉色。我在製作的過程中，便把自然變色的葉子做成了蛇，把有棱角的葉邊做成了龍的脊背，把有漂亮黑斑點的葉子做成了虎身或小狗，而把粉色的葉子做成了小豬。截止到正月十五，我如願以償地完成了十二生肖的製作。我從而更加感悟到，每個人的精神境界中的豐盈與快樂，是要自己尋覓或創造的。

各位有緣的朋友找看一下自己的生肖，你看像不像呢？

灰姑娘 - 格林童话

第四章

這裡有一些
思悟
呼喚你的共鳴

北京奧运会

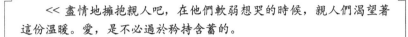

<< 盡情地擁抱親人吧，在他們軟弱想哭的時候，親人們渴望著這份溫暖。愛，是不必過於矜持含蓄的。

<< 熱切地擁抱父母親吧，在與他們團聚的日子裡，父母親期待著兒女們的這份疼愛。人年邁了，心反而會變得格外柔軟起來，更需要多幾分愛。

<< 真誠地擁抱朋友們吧，在他們情緒低落的時候，朋友們需要這份關心。在一步步走過的人生路上，應該留下許多愛的痕跡。

<< 人們自己的每一次選擇，都會得到一種相應的結果，而這種結果又將牽繫著下一次新的選擇。人生，正是這無數次因果相系的選擇的不斷累積。世間的很多事情，或許不能簡單地用正確或錯誤的字眼來評論，而往往是每個人在想要得到什麼與失去什麼之間的一種選擇。

<< 任何時候，一個人一旦放棄了自己的努力，無論以往是怎樣的優秀，最終的結局難以預料。我深深懂得：生活，它的內涵與磨難，對於女人而言，或許比男人更多一些。而如若問我：女人，你的名字叫什麼？我仍然會毫不猶豫地回答：自尊、自信、自立、自強。

<< 青少年時期的孩子們，因為年幼，難免會犯錯誤，遭挫折，走彎路。孩子們在成長的過程中，如同自然界中的花卉一樣，有時會遇到狂風暴雨，有時也會凋零敗落。然而，父母親溫暖如春的胸懷，將會使他們經歷了一番磨難後綻放得更加美麗。

<< 賭場裡面到處是紙醉金迷，如若忘卻了這其中暗藏著一些誘惑的陷阱，一旦深陷下去，恐怕將是萬劫難逃。如若不能時刻把握自己，走上了這條不少人有著慘痛教訓的不歸路，到時欲想回頭，或是為時太晚已無路了。

<< 誰也不知道究竟哪一天是自己生命的最後一天。那麼，就懷著珍惜生命最後一天的心情，無限珍惜現在能夠迎來的每一天吧，這才是最重要的。千萬不要等到生命的最後一天才懂得珍惜。

女人，你的名字叫什麼？

　　第一次見到這個女孩，是我來美後參加的第一次學生聚會上。那天，當她剛一走進來，立刻成為了整個聚會的中心，大家的視線不由得跟隨著她的身影。當時，她身穿著飄逸的長裙，齊肩的長髮隨意地披散下來，一雙彎彎甜美的丹鳳眼，一笑起來臉頰兩側還有淺淺的酒窩，儼然是個十分清秀的南方女孩。由於邀請了幾個美國教授們參加聚會，她擔任了翻譯，時而說著中文，時而翻譯成流利的英文。她不僅人長得漂亮，而且還多才多藝。在聚會上，她首先領唱了《我的祖國》這首歌，"一條大河波浪寬，風吹稻花香兩岸，我家就在岸上住，聽慣了艄公的號子，看慣了船上的白帆。"大家深情地合唱著："這是我們美麗的祖國，是我生長的地方。在這片遼闊的土地上，到處都有明媚的陽光……。"隨後，她又獨唱了另一首歌曲。委婉動聽的歌聲，回蕩在每個剛從家鄉來到這裡的留學生心中。在這次聚會上，我對她的瞭解增多了一些。她是國內某大學的高材生，通過了留學的統一考試，在數百個考生中名列第一，來美攻讀碩士學位。當時，我仰視著並在心裡由衷地讚美她，這是一個多麼優秀的女孩啊！

　　兩年多以後，我又看見了她。可我萬萬沒有想到，她一下子蒼老了許多，總在屋內不停地來回走動，說起話來還有些神神叨叨，原有的秀麗氣質全都蕩然無存。與我第一次見到的她簡直是判若兩人，變得如此陌生。我陸續聽說了關於她的近況。原來，她並沒有完成碩士學位，為了能夠永久留在美國，匆匆和一個美國人結婚。婚後，她和先生經常爭吵，有時甚至互相動手打架。爭打得最嚴重的時候，她被關進了拘留所。離婚時經由法院判決，唯一的女兒歸屬先生撫養。後來，她離開聖地亞哥去了東部的城市。

又是幾年過去，她在人們的記憶裡逐漸淡忘。但不知道是什麼原由她重新返回了這裡，而她的情況更是糟糕得令人難以置信。她在一家速食店吃飯時，認識了一個美國人，便同居在一起，還生了一個小男孩。但不曾想到，這個男人是個通緝犯，很快就被抓回監獄裡繼續服刑。她只能居住在市中心的貧民區，貧窮得交不起房租，也根本無力撫養孩子，最後孩子被政府的慈善機構收養。從此，她經常遊蕩在街頭，逐漸變得越來越自暴自棄了。

我再次見到她，是和朋友們去一家餐廳看望她。經過一位朋友的介紹，她當了這家餐廳前臺的收銀員。我們多麼希望幫助她重新的振作起來，開始自食其力的新生活。但是沒過多久，餐廳的老闆打來電話說，她被解雇了，解雇的原因是她偷拿了銀櫃裡的錢。

她失去了工作而且無家可歸，她曾在國內大學時接待過的兩位美國教授，幫助她付清了所欠的房租，並為她買了一張返回故鄉的機票。就在她即將回國的前幾天，我最後一次見到了她，自己的心底霎時間黯然驚詫，湧滿了一種無法言喻的痛惜。她的額頭過早地佈滿了皺紋，眼窩處屯集著魚鱗般的皮膚，剛剛三十幾歲竟連背部也有些彎駝了。一縷縷的疲憊不堪，一道道的滄桑落魄，明顯地刻畫在她鬆弛的面孔上，並且遍佈到整個身心。而她能帶走的僅是一張美國綠卡，還有一身的疾病。

寫下了她的經歷，我的心情萬分沉重。我不願用任何難堪的字眼來描述她，畢竟她曾是個那麼出色而美麗的女孩。我只想把內心的深刻感受表達出來。任何時候，一個人一旦放棄了自己的努力，無論以往如何優秀，而最終的結局則難以預料。我是一個女人，同樣經歷過生活帶來的各種坎坷。我深深懂得，生活，它的內涵與磨難對於女人來說，也許比男人更多一些。但如若問我：女人，你的名字叫什麼？我仍然會毫不猶豫地回答：自尊，自信，自立，自強。

　　我家後院的桃花正在盛開，淺淺的顏色，淡淡的花香，卻那樣清晰地帶來了春天的氣息。這讓我想起了讀過的一段話："不論你的生命是熱情的紅，明豔的橙，燦爛的黃，輕鬆的綠，深沉的藍，冷靜的紫，純淨的白，還是嚴謹的黑……都讓它們在生命中發揮到極致吧。"每個女人，也應當竭盡全力描繪出自己的人生色彩。

爸爸，您在哪裡？

每次看見她，總讓我的那顆心隱隱作痛，想對她說些什麼，可不知道從何說起。

她已是大學生的年齡了，正值這樣年華的女孩們，不用刻意裝飾打扮，就如同含苞欲放的花朵般的美麗，渾身散發出對美好未來嚮往的青春活力。看到她們總令人們的眼睛一亮，不由得稱讚：青春就是美啊！

然而，她卻是另外一副樣子：一雙美麗的眼睛中，流露出的目光是那樣的空洞呆滯。坐下來的時候，一雙手總是不知所措地放在那裡，並要緊挨著媽媽的身邊連一點縫隙都不留。她從不主動講話，

只有當人們問起她時，才會用幾乎聽不到的聲音回答著。她喜歡穿五顏六色的衣裙，而衣服的樣式和髮型仍舊停留在少女時代。她也會笑，但絕不是青春女孩們那種開朗活潑的笑容。

我很少看見她，但每次見到時，常會心疼地想著："她為什麼會變成這個樣子？"

後來，我陸續知道了一些有關她從前的故事。她曾是這

個家庭中唯一的女孩，活潑天真、愛笑也挺調皮，已經八九歲了還騎在爸爸的肩膀上玩耍。爸爸愛她如掌上明珠，平時去公園，看電影和訪友聚會，無論到什麼地方都會帶著她。她有一個快樂的童年，也有一個寵愛著她的爸爸。

但是有一天，這一切全都突然地改變了。從這一天開始，爸爸返回故鄉創業後就再也沒有回來。從此，她聽不見爸爸的聲音，找不到爸爸的蹤影。只知道在媽媽的面前不能夠再問起爸爸，僅聽說爸爸又有了新家。她不再愛和小朋友們玩耍，也不再願講話，更不再想笑，只是呆呆地坐在一個地方等著爸爸回家。她病了，病得非常嚴重。治療了許久，然後就變成了現在的樣子。

當我知道了她的辛酸經歷後，不停地思考著，一個不幸福或是變了味道的婚姻的結束，也許對於父母雙方不是件壞事，可是帶給兒女們的心靈創傷則是難以估量，對於他們來講永遠失去了一個完整的家。

隨著時代的迅速變遷，人們的精神嚮往和道德觀念也相應地發生著變化。沒有什麼人可以隨便指責誰是當今的陳世美，也沒有任

何人能夠輕易評價別人決定的對與錯。因為每個人都有權力選擇自己的生活方式，包括選擇婚姻。而生活中的甜酸苦辣，唯有自己才能品嘗出其中的滋味。

　　縱然夫妻的婚姻關系可以改變，但與兒女的血源關系卻無法改變。而我，只想替這個無辜的女兒輕輕地喊一聲："爸爸,您在哪裡？女兒好想您啊！"只想對在女兒心中永遠都是爸爸的那個人沉重地說一句：回答她的呼喚吧，哪怕只是一通電話，一張生日卡片。

無聲的語言

愛，要用心與心來交融和感受，但許多時候卻往往是盡在不言之中，正所謂是此處無聲勝有聲。

手術室門前

許久以來，她一直以為自己很堅強，從不曾意識到內心中竟然深藏著些許軟弱。直到那天，手術室的兩扇大門關上的一瞬間。

她的胸部發現了腫瘤，必須儘早做手術治療。但最後確定是良

性還是惡性，需要等待腫瘤取出後的化驗結果。手術前的夜晚，她輾轉難眠思緒了許久。

清晨六點鐘，她已經換好病服，躺在了醫院的病床上，兩位護士熟練地推起病床。在進入手術室的門前，護士停下來詢問一旁的先生：“你要不要對太太說些什麼話？”此時，她感到了一些前所未有的恐懼。世事難料啊，萬一眼睛閉上就再也睜不開了？！她突然由衷的渴望先生即使有些話語不好意當眾講出來，哪怕只是輕輕地擁抱一下，或是握住自己的手。

然而，中國傳統觀念或習慣一向很重的先生，或許像平常一樣把關愛藏在了心裡，什麼話都沒有說，任何舉動也沒有表示，只是朝護士擺了擺手。

手術室的大門無情地關上了，一股莫名的感傷沉重地壓抑在了她的心頭，無邊無際地擴散開來。她不由得哭了，軟弱地哭了。她深刻感受到了一種缺少呵護的失落，還有無助。

盡情地擁抱親人們吧，在他們軟弱想哭的時候，親人們渴望著這份溫暖。愛，是不必過於矜持含蓄的。

飛機場內

兒子來到機場，迎接第一次來美探親的父母親。彼此之間已經十幾年不見了。

母親首先走出來了。遠遠看過去，母親蒼老了許多，個子變矮甚至連背也有些彎駝。兒子大步迎上去，並伸出了雙臂。母親感到有些意外但只是略微遲疑了一下，就把頭輕靠在了兒子堅實而溫暖的胸膛前，兩行老淚奪眶而出。嘴裡輕聲念叨著，兒子長大了。

父親推著行李車也跟著走出來了。父親沒有太大的變化，只是

　　頭髮白了許多。兒子年少時，父親的管教十分嚴厲，有時一不聽話就被打揍。如今，高出父親半頭的兒子，站在一貫嚴肅少語的父親面前，拘謹地握了握父親的手，並馬上接過了行李車。父親微笑著拍了拍兒子的肩膀。

　　半年以後，父母親即將返回故鄉。在機場內分別的時候，等不及兒子伸出雙臂，母親早已依偎在兒子的胸前，任由兒子緊緊地擁抱著自己。而與父親告別時，父親貼在兒子的耳邊悄聲說了一句話："不能只握手呢，還要……。"還沒等父親說完，兒子同樣緊緊地擁抱了父親。

　　熱切地擁抱父母親吧，在屈指可數與他們團聚的日子裡，父母親期待著兒女們的這份疼愛。人年邁了，心反而會變得格外柔軟起來，更需要多幾分愛。

辦公室裡

一天下午，在國際電話中傳來了媽媽去世的消息，我無法抑制住內心難以言喻的疼痛，伏在辦公桌上痛哭起來。難道媽媽就真的不等候女兒回家了嗎？難道我從此就永遠失去了媽媽的關愛，成了一個孤行在外的孩子了嗎？腸斷心碎啊！

我不知道失聲哭了多久，只覺得有一雙手臂從始至終擁抱著自己，還不停地撫平著我急速喘息的後背，安慰著心底處那麼多的捨不得。

那雙手臂，是我的一個同事，一位來自臺灣的年輕女孩。至今，我仍然難以忘懷地告訴她：當時，她默默無語的擁抱，溫暖了我整個人整個心，勝過千言萬語。

真誠地擁抱朋友吧，在他們情緒低落的時候，朋友們需要這份關心。一步步走過的人生路上，應該留下許多愛的痕跡。

當人們擁有愛，生活就充滿著幸福；當自己付出愛，生命才呈現出光彩。如果你不善於把愛大聲地說出來，那麼，就用肢體的無聲語言盡情地表達出來吧。"仙人掌開出花朵，沙漠就有了顏色"，因為有了愛，這個世界將會變得絢麗多彩。

情趣尋味

　　每天的家庭生活通常是靜寂的，淡然的，就像水一般的味道。然而，人們如若時常調換些清香的茶，濃美的咖啡，甚至是火辣的酒，那麼，生活中的滋味將豐滿了許多。

　　情趣，在此處我把這兩個字解析為：情感的趣味。進一步斟酌，它是對自己心繫人們愛的回報，而不是泛指可以炫耀或享樂的個人愛好。

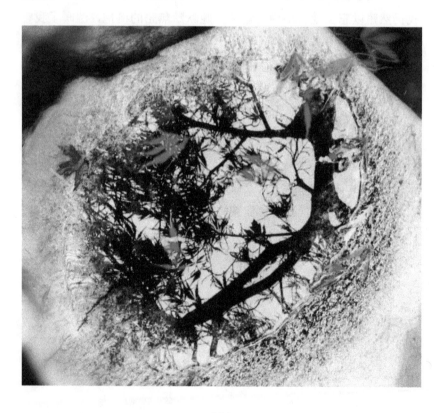

這種情趣，是溫馨的

我至今記得一幅印象深刻的情景。我走進一家大型商店，迎面走來的一對父女牢牢地吸引住我的視線：一付寬寬的"X"型的布帶掛在一位男人的胸前，一個看起來不滿一歲的小女孩在布帶的托撐下，頭側貼在男人的胸膛前，一隻白胖的小手搭在男人的肩頭，兩條小腿垂放在布帶的左右兩側，酣睡得十分香甜。男人邊背著孩子邊推著購物車，太太正在附近隨

意地挑選著各種物品。當相錯而過時，他們說著與我相同的故鄉語言。男人顯然注意到了我注視的目光，會心一笑。

我買完東西朝著商店的門口走去，眼睛不由得又一亮，竟然再次看到了那對父女。這時，男人是背對著我，"X"形布帶的上端套在男人的脖頸後，下端繫在腰間。小女孩則面向著我，她已經睡醒了，東張西望的四處亂看並不時伸出小手摸摸男人的面孔。而男人，也不時親暱地撫摸她的小腦袋或親吻一下她的臉頰。隨著一逗一哄，小女孩便露出了惹人喜愛的笑容。

在平時，抱著或者推著孩子的父親，經常能夠看見。可是在眾人面前，用如此方式懷抱著孩子的中國父親，我還是第一次看到。心中湧動出那些溫暖的感覺告訴我，年輕的父親一定是一個熱愛家庭的人。

這種情趣，是浪漫的

今年情人節的上午，公司的同事要外出開會，離開辦公室前叮嚀我說，如果太太中午來這裡，在辦公桌上留有送給她的禮物。我萌發了一點好奇心，好想知道那是一份什麼禮物。因為人們通常認為，結婚後的中國男人比較缺乏情調。我從遠處看過去，桌上擺放的是一個紅色盒子。走近了一看，盒子是心的形狀，在三朵豔麗的玫瑰花叢中，有一行英文字："Just for You"，原來是一盒精美的巧克力啊！我湊近了再仔細一看，在盒子上面另外貼著一張黃色字條，上面寫著："老婆，不是愛吃巧克力嗎？今天都吃了吧，老公。"而在我看來，由於有了老公親手寫下的這幾個字跡，這盒巧克力又增添了一種趣意盎然的味道。

這張小小的字條，讓我聯想起讀過的一篇短文，作者寫道："我曾在一篇小說裡寫過這樣的詩句：'請把我掛在窗口的心緩緩收回，暖我一季冬天。'後來有位朋友讀後便問：'把心掛在視窗，豈不是風成了肉乾？'作者繼續寫到，朋友所謂的心是一顆會受氣候影響的物質之心，而我所言的卻是人們嚮往溫暖歸屬的心。作者最後反問：'如若連對柔情和浪漫的最後一點幻想都失去了，人豈不是只剩下了一副空心？'"

這種情趣，是深情的

燕子生日的那天傍晚，正當全家人準備開始吃飯時，燕子從餐櫃裡面，拿出來一個事先藏好的盒子，走到了剛來美探親的媽媽面前，緊摟著媽媽說：“媽媽，今天雖是女兒的生日，但卻是三十六年前媽媽的受難日啊。您走路時常會腳疼，我現在還沒有找到工作，只能買了一雙專門走路的鞋，送給媽媽。”媽媽接過了女兒買的鞋，兩行熱淚緩緩流淌下來。

這種情趣，是需要仔細品味的

有天清晨，我像往日一樣快走在熟悉的馬路邊，初春的季節依然是乍暖還寒，撲面而來的涼風令我更加快了腳步。我向前方看去，遠處有個中年女人站在一棵樹下。等我走近時，她仍在仔細地從樹根觀察到樹身，又從樹枝看到樹梢。我停下來同樣打量起她面前的這棵樹。它只是一棵早已掉光了樹葉的小樹，乾枯的樹枝上掛落著一些帶刺的果核，連一絲綠色也找不到。我不解地詢問：“你在看什麼呢？”女人指著枝條上剛露出一點點頭的萌芽，微笑著回答：“春天在這裡！”我竟被她的話語一下子觸動了。同樣的情景，她卻能品味到，那些我僅看到的表面而忽略的內涵。是啊，一份美好的感覺，應該是從那眼睛裡到心懷裡。

有句話說得好：“讓這世界溫暖起來，有時候，不需要燃起熊熊大火，細節就夠了。”始終在乎著對方的，從心窩裡飛出來的情趣，恰似清茶、咖啡和美酒添補著水之外的空白，平淡的生活也由此及彼地更加豐富多彩起來。

不歸路

　　當我知道了太太與他離婚的消息後並不感到驚奇，甚至，即使傳來了他自殺的消息，我也不會感到意外。提起筆來，我實在難以將一個才華橫溢的他與一個頹廢孤貧的他聯繫在一起，然而，千真萬確卻是同一個他。

　　昔日的他，講著一口流利的英文，曾任某航空公司的英文翻譯。他一米八幾的大個子，戴著一副眼鏡，舉止彬彬有禮，笑容中總帶有著一股謙和，在街坊四鄰的眼中是個英俊文雅並且努力上進的年輕人。他來到美國順利地拿到了碩士學位後，創辦了自己的旅遊公司。他勤奮聰明，再加上天時地利人和的機運，公司的業務一直蒸蒸日上，幾年的時間裡積累了豐厚的財富。漂亮的太太和獨生女兒也相繼來到了美國，他擁有著令人羨慕的幸福家庭。

　　或許由於異國他鄉的生活單調貧乏，又或許難抵太多的誘惑，不知道從何時開始，他逐漸迷上了賭博，並在不知不覺中沉迷在其中不能自拔。他平時在家裡看著電視賭，週末去賭場賭。賭博的時間越來越多，下的賭注也越來越大。贏錢時，他希望贏得更多，尋求更大的刺激。輸錢時，他不服氣一定要再贏回來，完全忘記了十賭九輸這條賭場上不變的規律。日積月累，他輸光了存款和汽車，最後輸掉了房子。旅遊公司疏於管理也最終停業，家裡能賣的東西全被他賣掉，所欠信用卡債務累累。

　　如今的他，當賭光輸盡了全部財產後已經變得判若兩人。在昏暗的房間裡，他整日呆滯地坐在床邊，不再出去工作。只是無神地望著那台舊電視，漠不關心周圍的任何事情。他的眼神空洞茫然，

面色慘淡無光，那顆原本熱愛生活和滿懷嚮往的心早已死亡。現在
他還活著，可只剩下了一具麻木的空殼軀體。

　　我認識他，那是在他和太太最初相見的時候。我清楚知道，太
太以往是多麼崇拜他，深深地愛戀著他。時至今日，為了女兒的健
康成長，太太選擇了離他而去。我問過他太太："還愛他嗎？"太

太還沒開口說話,兩行熱淚就奪眶而出。然後苦澀地長歎一聲說:"那是久遠以前的事了,如今還會給他送些飯菜。我曾無數次苦苦相勸,可他不聽一直走到了今天的地步。自己的內心中也早就被他傷害得千瘡百孔了。"

賭場有句名言:不怕你來玩,就怕你不來。細數一下僅在我認識的人們中間,有的人經常光臨賭場,輸贏難料也樂此不疲;有的人坐在二十一點的牌桌旁,輸掉了幾千元仍然面不改色;更有的人像他一樣,輸光了所有的積蓄和房產,並為拖欠的賭債東躲西藏。我曾去過拉斯維加斯的大賭場,四周不斷掉落的錢幣聲,你來我往的喧鬧聲,不禁令人眼花繚亂,渾然不知自我。而有些人置身於這樣的環境裡,似乎對手中的籌碼失去了錢的意識,幾乎忘記了它來之不易的辛苦。

我寫下了他的真實經歷,不僅只是為他感到不勝惋惜,更願能引起一些警戒。常言說得透徹:前車之覆,後車之鑒。賭場裡到處是紙醉金迷,如若忘卻了這其中暗藏著一些誘惑的陷阱,一旦深陷下去,恐怕是萬劫難逃。人生的道路上常有坎坷不平,有時難免會走些彎路。但是,如若不能管束自己,走上了這條不少人有著慘痛教訓的不歸路,屆時欲想回頭,或是為時太晚已無路了。

清晨中的感悟

我喜歡擁抱每一天的清晨。每天清晨，當我快步走在路上，晨曦中的風夾帶著空氣裡的濕潤，輕撫著早起的人們。風大的時候，不僅吹動著頭髮和衣衫，還會聽見風的聲音。風輕的時候，也會享有沁人心脾的快樂。有時，早霞染紅了半邊天際，近處的花草樹木，遠方的山巒建築，無不沉浸在這層疊相映的晨霞之中。有時，西邊的月亮還不及落下，依稀  淡掛在空中；而東邊的太陽已冉冉升起向月亮問好，猶如一對情深意長的姐妹。每當黎明來臨，高處枝頭的鳥兒不時歡悅地鳴叫著，連藏在草叢中的小野兔也翹起小尾巴，開心地跑來跑去。

然而，在清晨中不僅蘊育著美麗，還會遇見許多難忘的情景，令我感動，讓我思索。人到中年，對於事業的成功，名聲的顯赫，還有金錢的豐厚，或許仍在追求，也或許淡然許多。但能撥動起自己心靈深處的情弦，往往卻不是這些。

牽手

從 1996 年春季開始，每天清晨我會沿著一條環繞山丘的馬路
快步行走一個多小時。在這段時間裡，我經常會看見在馬路的另一
邊，有一對亞裔夫婦迎面而行。男人的頭髮全白了，時常穿著一件
有大口袋的外衣，我猜測他已年過七旬。而女人的年齡稍許年輕些，
不過卻總是右手拄著拐杖，左手拉著男人的手。他們走得不快卻很
專心，走累了停下來時，男人就從外衣口袋裡拿出一個小墊子，墊
在路邊的石椅上，扶著女人坐下。然後再從口袋裡拿出一瓶水遞給
女人喝。每逢遇見他們，我常會好奇地想著，這對老夫婦不分春夏
秋冬散步在清晨時分，還挺浪漫的。

終於有一天，他們沿著馬路的同一側向我走來。只差咫尺之間
時，我剛要伸手打招呼，卻一下子驚詫地愣住了。原來，女人竟是
個什麼也看不見的盲人。男人微笑著朝我點點頭，擦肩而過。我不
由得轉過頭去長久地注視著，他們逐漸遠去但相依得那麼近的身影，
他們步履緩慢卻相牽得那樣緊的手。

我的內心深處被溫馨地觸及著：“執子之手，與子偕老。”人的
這一生，能夠擁有一雙緊緊相牽的手，累了的時候，有人扶起一把；
病了的時候，隨時可以相伴相依；老了的時候，不棄不離地走著今
後共同的路，這是何等的珍貴與幸福。《牽手》這支歌曲中的幾句
歌詞，清晰地迴響在我的腦海裡：

因為愛著你的愛，
因為夢著你的夢，
所以悲傷著你的悲傷，
幸福著你的幸福。

沒有風雨躲不過，

沒有坎坷不必走，

所以安心地牽你的手，

不去想該不該回頭。

我由衷地感慨無論是誰，如若牽起了這樣的手，千萬要用心珍惜。因為，並不是每個人都能尋覓到或是永遠牽有這樣的手。

生命無常

也是一個清晨，天色陰暗烏雲低沉，馬上就要下雨了。我加快了腳步向前走去，卻被前方的一幅畫面深深地吸引住。只見兩隻黑色的大鳥和一隻小鳥正在低空中嬉鬧，很像是爸媽帶著孩子玩耍。它們不停地低飛盤繞，並不時發出歡悅的叫聲。突然間，一輛汽車快速地行駛過來，兩隻大鳥迅速地騰空而起，但那只小鳥還來不及飛起來，就"砰"的一聲撞到了汽車前面的玻璃上，然後重重地摔在地面上。當汽車開過去，兩隻大鳥立刻降落下來，圍繞著小鳥不停地呼喚著，聲音中充滿了急切與悲傷。而那只躺在地上的小鳥也幾經掙扎，試圖重新飛起來。我看到眼前的情景，剛想走到馬路中間把受傷的小鳥挪到草地上。可沒料到另一輛汽車又很快地開過來，直接從小鳥的身上壓了過去。汽車過後，那只小鳥再也沒有了任何動靜。兩隻大鳥久久地盤旋在小鳥的周圍，一聲聲悲鳴著捨不得離去。剛才那副多麼溫馨的畫面，瞬間即逝變成了一副如此悲傷的畫面。

這發生在我面前的突變和個人的無奈，讓我觸目驚心地感觸到，很多時候生命無常，自然界是這樣，而人類又何嘗不是如此呢。並且提醒我要時刻記住那句讀過很多遍的話語：好好地把握和珍惜現在，現在是你的一切所有。

　　隨著年齡的增長，源於生活中並觸及心靈的感悟，就像是品味不同的茶，是需要細細地斟酌，才能品出各種不同的味道。詩人陶淵明有詩句寫得極是：「盛年不重來，一日難再晨，及時當勉勵，歲月不饒人。」

　　我擁抱著每一天的清晨，周圍無所不在的大自然，讓我整個身心充滿著嶄新的活力，那些疲憊的感覺全都消散在生機勃勃的晨曦中。

感悟幸福

　　有人說："幸福有時很容易得到，只要你用心尋覓，真心體會，它就在你身邊。"而讓她真正理解這句簡單的話，是度過了那段日子。

　　2008 年 5 月 12 日，對她來說，是相當沉重的一天。清晨起床的時候，無意中她發現了左乳房處有個像杏子大小的硬塊，反復觸摸還可以察覺到硬塊的表面十分粗糙，一向平靜的心情變得焦慮起來。當天，她立即約見了家庭醫生，進行了初步檢查，醫生憂心忡忡的話反而加重了不祥之兆的分量。緊接著來到了醫院進一步拍照胸部片子，婦科醫生又在腋下發現了腫瘤，並不停地說著癌和擴散等等可怕的字眼。突如其來的病情如同一座大山沉甸甸地壓在了她心頭。

　　害怕、驚慌、擔心和悲傷，以前從未體會過的各種感覺交織在一起，需做手術前的夜晚，她抱起了年幼的孩子們戀戀不捨地說：" 如果媽媽不在了，要聽爸爸的話。" 她囑託先生說：" 如果今後你娶了別的女人，千萬不要欺負我的孩子。"

　　她被推進了手術室，兩扇鐵門無聲無息地將她與外面世界徹底隔絕了。就在醫生注射麻醉藥的一瞬間，她最後默默地祝福著親人們。不知道過了多長時間，她耳邊似乎響起呼喊的聲音，極力睜開了眼睛，閃現在腦海裡的第一個念頭是 " 我還活著 "，並感到頭腦暈眩，渾身十分軟弱無力，稍微挪動身體就會引起傷口的疼痛，既不想說話也沒有絲毫的食欲。此時，她切身感覺到了生命脆弱時的無奈。

　　接下來等待化驗結果的每一天都是寢食難安，每一分鐘的等待聚集著越來越深的憂慮，這樣的心情一直持續到她坐在了醫生面前的那一刻。只見醫生打開了黃色的病歷夾子，拿出一張病理報告，一字一句仔細地閱讀。她的目光緊盯著醫生的一舉一動，隨時想從醫生細微的面部表情或是任何一個手勢中猜出結果。她緊張得心跳猛然加速，連手指也隨著微微發顫，好像要聆聽一張生死的宣判書。當聽見醫生微笑著說：" 好消息，化驗結果是良性的。" 她不敢相信重複詢問了一遍，" 胸部和腋下的腫瘤都是良性的。" 醫生再次肯定地回答。

　　多日來的恐慌不安一下子溶化在她的眼淚中，嘩嘩地流落下來。結婚後從沒掉過眼淚的先生，也淚流滿面地緊緊摟著她說：" 太好了，沒事啦！" 馬上打電話報告平安的消息，等在家中的媽媽和嫂子哭了，親如手足的哥哥更是哭得泣不成聲。電話中，她還聽見家人們你一言我一語地說著要準備飯菜。

　　她邁著輕鬆的步履，如釋重負地走出了醫院門口。四處眺望才豁然發現，聖地亞哥一望無際的天空真藍，湛藍得好似一幅圖畫。而天空中漂浮的一朵朵白雲可愛得令人伸手欲得，連那一片寬闊平坦的青草地也不時地散發出一陣陣沁人心脾的清香，她閉上雙眼盡情地陶醉在其中。親人、藍天、白雲、小草甚至清爽的空氣，還有失而復得的健康，這些平日裡自然而然存在的一切，竟是那麼多姿多彩而且無限溫馨地擁抱著她。然而過去，她整天忙碌根本沒有時間留意到它們的美麗。

她不由得想起了一個名叫閻荷的年輕女孩，這個女孩沒能像她一樣幸運，檢驗的結果是惡性腫瘤。女孩的上衣口袋裡裝著一張紙片寫下的遺言是：“真羨慕你們正常人的生活，自由地行走，盡情地吃喝。我翹首盼著那一天，健康重現，青絲再生。大家對我這麼好，我無力回報，能奉獻給大家的只有一句話：珍惜生命。”

同樣的遭遇，讓她懂得女孩心中的感受。不同的結果，更讓她體會著一種啟迪：誰都難以預料能在世間停留多久，也無法知道何時離開。那麼，千萬不要忽略已經得到的一切所有，不必傷懷沒有得到的任何點滴。其實，美好的東西時刻圍繞在每個人的周圍。

經歷過接近死亡又重生以後，她說，能夠平凡地愛著與被愛著，健康與快樂地活在當下，這就是幸福。

花開花落都是情

攝影師夕夕新近拍攝了一組荷花的照片，她的好友並為每張照片題詞："朱華白露、月籠蘭翹、疏影橫斜、釵落香陳、紅情不盡。"我欣然看到，花開時的情韻，花落時的情戀，還有大自然的情懷，全都美不勝收地盡在其中了。

刘崇攝影

自己的心底深處竟然觸景生情，由此聯想起些許其他的往事，思緒連綿起伏地延伸開來。

女兒四歲那年，我帶她到附近的商店買東西，一不留神就找不見她了。後來，還是鄰居阿姨把哭得滿臉淚花花的女兒送回家。從此以後每次在外面，女兒的小手總是緊緊拉住我的手。我那時以為，女兒只是出於害怕。直到新近讀了一位媽媽寫的幾行文字，才豁然明白了更深一層的緣由："孩子四五歲的時候，出門一定要牽著我的手。為了讓孩子獨立，我把手揣在懷裡。孩子仰頭說，媽媽，就給一個手指頭。一個手指頭能傳遞多少母愛呢？那是一種信賴！"

母親手的力量，讓我思考起一些真實的事情。

在我的腦海裡始終無法忘記一個臺灣女孩的自述，也感慨地常對別人講起她的故事。女孩在父母親的眼裡，一直是個懂事乖巧的孩子。可是，就在高一放暑假期間，她突然發現自己懷孕了。一個中學生懷孕了，將隨時面臨被學校停課或開除。女孩處於極度害怕與驚慌失措中，在這樣的時候，她唯一想到了媽媽。女孩把全部經過如實地告訴了媽媽，以為媽媽會打罵她，甚至將她趕出家門。然而，媽媽只是伸出雙手，默默地把女孩摟在了懷裡。

第二天，媽媽向公司請了假，同時聯繫好了醫院。媽媽對爸爸說，要帶女兒去外州度假。女孩做完了流產手術後的幾周時間裡，母女倆一直住在旅館裡。每天，媽媽為女兒準備了補養的飯菜，並與女孩深入地談論著從個人理想到女性自尊再到男女交往等以往很少涉及的眾多話題。暑假過後，女孩從此奮發向上，在同一所名校以名列前茅的成績完成了大學和碩士學位。

關於這件事情，女孩的媽媽從未向爸爸提起，成了母女之間永久的秘密。那是因為在爸爸心中，女兒自小到大都是他的驕傲。女孩長大後回想起當時的境況，滿懷深情地寫到，是媽媽不棄不離的手牽領著她，一步步走出了人生最黑暗的低谷，賦予了她重生的勇氣。

在我家附近，住有來自菲律賓的一對夫妻和女兒。善良的女主人與我十分熟識，我們經常一起晨走。女主人告訴我，在女兒上初二時，她發現了女兒藏在櫥櫃裡的一雙鞋。在她緊逼追問下，女兒最後承認是和幾個同學一起從商店裡偷拿的。她感到萬分震驚和氣憤，想不到偷竊行為竟會發生在女兒身上。但她懂得，粗暴的打罵是不能夠徹底解決問題。當天，她親自帶著女兒把鞋還回了商店。接連多天，她耐心地對女兒講各種道理，分析事態發展下去的危害性。女兒痛哭流涕地保證："媽媽，我知道錯了，絕不會再犯同樣的錯誤。"而如今，鄰居家的女兒已是一名優秀的藥劑師了。

我一位朋友的兒子在剛上高中時，曾帶了一把玩具槍到學校，還炫耀給同學們。由於這種玩具槍是屬於學校嚴禁攜帶的範圍，他馬上被學校開除了。朋友是一個單親媽媽，含辛茹苦地把兒子養大。她一向堅強，極少流出的淚水卻在此時一瀉而出。然後她擦去了百感交集的眼淚，為兒子聯繫了新的學校，一切從頭開始。去年，朋友的兒子也順利地大學畢業。

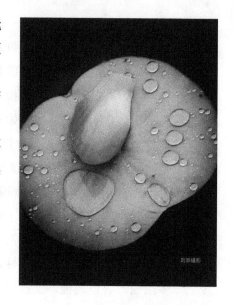

劉嶺攝影

青少年時期的孩子們因為年幼，難免會犯錯誤，遭挫折，走彎路。當孩子們陷入困境不知如何面對時，在他們青春叛逆的心中，母親伸出的手儼然是最溫暖有力的。一個兒子痛心疾首的內心表白深深地觸動著我："有一種痛，它像一把匕首插在兒女心上，一碰就會滴血，那就是：子欲養而親不待。這句話也許會使所有年輕幼稚的少年在面對母親的時候多一份思索，如果失去了母親的關懷，生命也便失去了依靠。如果真的有那麼一天，我的母親離我而去，我應該怎樣來為自己曾經的不知珍惜而懺悔？"

我暗自詢問過自己：女兒如若發生了以上類似的情況，我會怎樣對待呢？或許過去，我沒有這些母親如此寬厚的包容和智慧。但是今後，我要讓女兒知道不管發生了什麼事情，無論是好是壞甚至是很大的錯誤，媽媽一定會和她站在一起，共同面對一切。

我的思緒重新回到了這組荷花的照片上，朵朵荷花出污泥而不染，一片生機盎然。孩子們在成長的過程中，如同自然界中的花卉一樣，有時會遇到狂風暴雨，有時也會凋零掉落。然而，父母親溫暖如春的胸懷，將會使他們歷經了一番磨難後綻放得更加旺盛美麗。

由母愛引起的思考

母親節前夕，我陸續聽見和讀到一些故事，搜索著腦海裡所有來形容的詞彙，最多次閃現出來的並不是偉大、美好與感動等字眼，而是"沉重"這兩個字。它們沉得不能再沉地壓抑在胸間，重得不能再重地劃破著心頭，竟使我既不願相信，也無法接受。我多麼希望耳聞目睹的僅是一些傳言，然而，這些事情全是千真萬確。

一

在一處環境優美的住宅社區裡，有一戶兩居室的住房是兒子買給父母親居住的。兒子通常每天下班後先和父母親一起吃晚飯，然後再回到自己的住處。

某天，當兒子下班後返回家中，就看見廚房裡的每扇門窗全都緊緊地關閉著，空氣中彌漫著淡淡的味道。而年邁的父母親，雙雙地躺倒在打開的煤氣爐旁，任憑怎樣大聲地呼喊，再也沒有睜開眼睛。

在佈置考究的餐桌上，擺放著母親最後烹飪的幾道飯菜，還有一封遺書。上面寫著："親愛的兒子，媽媽走了。我把中風癱瘓多年的爸爸也一同帶走了，媽媽不想再連累你。媽媽知道你做生意虧了許多錢，你把我們住的這套房子賣掉吧，你今後的生意也許會好轉一些。兒子，媽媽這樣做是心甘情願的，你千萬不要難過。媽媽不能再照顧你了，你要好好地生活下去。"

事後，兒子後悔莫及地回想起來，他和一位要好的朋友在家裡聊天時無意中說過，如果賣掉了這棟房子，就可以還清所欠的債務了。

二

這位母親只有一個女兒，丈夫過早離世。年輕的母親始終沒有再婚，一個人含辛茹苦地把女兒撫養成人。女兒從小學開始，一直到初中、高中和大學，一向都是品學兼優的好學生，同時也是母親心中無比的驕傲。

女兒結婚不久，她的先生前去美國的一所學校攻讀碩士學位，唯一的小外孫也跟隨到了國外。但幾年下來，女兒卻執意留在母親的身邊，一邊上班，一邊照顧體弱多病的母親。無論母親如何勸說，女兒也不肯只留下母親孤獨一人地生活在家鄉，而自己遠赴異國他鄉。

那年的大年三十，母親毫不猶豫地從十幾層的高樓上面跳下去，永遠離開了寵愛的女兒。母親的鮮血染紅了一大片地面，也斷然撕碎著女兒的心。

在那個慘不忍睹的瞬間，母親心懷著最大的願望，就是能讓女

兒的一家三口人早日團聚。

三

　　書中有一篇文章，作者本人做了這樣的陳述："又是江南飛霜的時節了，秋水生涼，寒氣漸沉。整整十年了，身寄北國的我仍不敢重回那一段冰冷的水域，不敢也不去想像我投江失蹤的母親，至今仍暴屍於哪一片月光下。"

　　春去秋來數十載，母親送走了癌症的父親，又等回來冤屈入獄的兒子，還把姐弟幾人全都撫養長大，自覺完成了她坎坷不平的使命後，從容地跳入了深秋的江水，留給孩子們一個無牽掛的未來。

　　兒女們連夜沿江尋找，期盼母親仍舊徘徊在生死邊緣，留給他們最後的一線機會。撕心裂肺的兒子在尋母啟事寫道：

　　在深秋的早晨
　　她悄悄地走出了家門
　　平靜地換上了破舊的衣服和鞋襪
　　她把短信和鑰匙在枕頭中放下
　　她說要到江中去找我的爸爸。

　　好心的朋友
　　你們可曾看見過一個孤獨老人在江邊玩耍
　　她不是個瘋子
　　你們千萬不要害怕
　　假如遇見求求你們幫我留下她。

媽媽回來吧

兒子在找您已行盡天涯

媽媽回來吧

兒子為找您已翻遍浪花。

　　面對著這些用犧牲了自己的生命來疼愛兒女的母親們，引起了我痛惜之後的苦苦思考。如果兒女們懂得孝敬，那麼，刻畫在他們心靈深處將是一道道深不可測的傷痕，永遠不可能癒合。但反之，如果兒女們心安理得地去索取或享用母親們不計一切代價的付出，那麼，這樣的下一輩會是一些擁有怎樣道德品質的人呢？而母親的無私無我，究竟應該到何等程度呢？

　　有位作家曾說過，民族間的較量，就是母親間的較量。也有一位讀者跟著寫道：仔細想想，不由感慨這一作家的深刻。因為母親的素質，關係到主宰國家命運的人們的素質，因為母親的影響力將延續至人的一生。

　　母愛，自遠古到今昔，人們賦予了它太多感人肺腑的詮釋與內涵。而此時此刻，我卻只想說一句心裡話：每一位母親，擁有著與兒女們同樣寶貴的生命，不僅要自我的好好珍惜，並且也需要兒女們的關愛和回報。

那天，我頂撞了你

那是一個普通週五的夜晚，我參加完一個聚會後，順路來到了一家餐廳，時間剛剛九點鐘。餐廳裡面，柔和的燈光輕灑在整個室內，姿態各異的山水石雕擺放在玻璃櫥櫃中，吸引著人們欣賞的目光。插滿鮮花的花瓶，還有許多精緻的裝飾品分佈在不同的角落，更使餐廳顯得格外考究典雅，溫馨宜人。而你，正是這家在當地具有多個連鎖店頗有名氣的老闆。

因為我事先知道，朋友小麗和你在這裡有個約會，她有些資料讓我到這裡來取。我遠遠看見了小麗，還意外看見了兩個美國人，他們正在講話。我走過去並禮貌地向各位打了招呼，然後四下尋看，並沒有看到你。我不禁悄悄詢問：

"約會不是八點半嗎？劉先生怎麼還沒來？"

"劉先生剛才打電話來說，另外的店裡突然有事，可能要晚些到。"小麗輕聲說道。

"為什麼還有兩個美國人呢？"我又問道。

"今晚的約會就是要介紹他們與劉先生認識，洽談有關訂購葡萄酒的事宜。"小麗回答。

"噢，既然是開會，那我不打擾先走了。"我手拿著資料準備離開。

"陪我一起再等等，好嗎？"小麗挽留著。

我留了下來，四個人東拉西扯地聊天。時間一分一秒地過去，時針指到了十點多鐘，還不見你的蹤影。本來和諧輕鬆的氣氛逐漸變得焦躁不安起來，每個人不時地看著手錶，話題也越來越少。這時，經理走過來告訴我們，你要很晚才能回來。兩個美國人無奈地對看了一下，聳了聳肩頭，帶著滿臉的怏怏不快先行離開了。我目送著他們遠去的背影，心中除了歉意之外，還被一個疑問反復困擾著：難道如今，當人們擁有了金錢或權勢或名望以後，誠信、負責、平等待人等等許多原本珍貴的品行全都被拋棄了嗎？

小麗撥通了你的電話，告訴你以後再約。我與你並不十分熟悉，只見過兩面，卻忍不住把電話拿過來，一字一句清楚地對你說："劉先生，我曾讀過一篇文章。文章寫到，參加婚禮、出席聚會或者其他場合，在外國人眼裡，有一些中國人從不赴約守時。我想，你應該不是這樣的一個人。"說完這些話，我毫不客氣地把電話掛斷了。因為無論出於怎樣的原因，我們等候了將近兩個小時，你始終沒有出現。

星期一清晨，當我走進辦公室，首先看到了你寫來的傳真：小平的一句："你應該不是這樣的一個人。"在我的心中足足激蕩了48小時。首先，向你們致以最深的歉意，也請代向兩位外國朋友轉達

我的歉意，我會找個機會向他們致歉。那週五晚 7 點 35 分，我接到另外店的電話趕往那裡，瞭解到地下管道全部堵塞的狀況後，即刻給經理打回電話，請他代為接待，我們改天再見面。或許是未轉告清楚，導致你們的不諒解。我是個守時的中國人，本身也很忌諱遲到，更別提爽約。我的手錶永遠是撥快 10 分鐘，相信你們知道它的用意。

讀完最後一句話，我才知道有些誤會了你。我反而露出了笑容，困擾在內心裡的疑問豁然有了答案，一下子感到輕鬆暢快。我立即回復了傳真："劉先生，如有任何言重的地方，還望諒解。與人相交貴在以誠相待，我說出那些話時，是有意而且知道它的分量。雖然這兩位美國人只是普通的推銷員，而你是一位事業有成的老闆。但我歷來認為，一個事業成功的人，同樣也應該是一個信守承諾和遵守時間的人。即使在別人眼中是一件微不足道的小事。"

很快，你再次約見了兩位美國人，當面表示了歉意，解釋了當晚發生的緊急情況。而我們彼此之間經過坦誠的交談後，成了有著共識的朋友。現在，我也像你一樣，總把手錶撥快 10 分鐘。因為，我懂得它的用意。

人有千千面

芳對我講述了她的故事。

深夜時分，芳才從醫院回到家中，一個人蜷縮在漆黑一團的房間裡不能相信，早晨先生離開家的時候還好端端的，甚至連一點發病的徵兆也沒有，怎麼會因為心肌梗死竟走得如此突然呢？

先生全家居住在美國的其他城市，母親早就去世，只剩下年邁多病的父親。父親再也經不起白髮人送黑髮人的巨痛，只有先生的大哥代表家人前來送行。大哥辦事穩重，是個讓人感到可以依靠的那種類型的男人。

開完追悼儀式的那天晚上，芳不時地回想起多年的婚姻生活。先生比自己大十幾歲，彼此之間的認識是經過別人介紹。當時芳已經 28 歲，再加上父母親的不斷催促，也就匆匆結了婚。婚後才發現，兩個人由於年齡上的差異，無論在文化程度和性格愛好等諸多方面都存在著很大的差距。久而久之，夫妻之間的感情如同一潭靜止的死水，淡然得無聲無息。這樣的生活狀態，芳不瞭解別人，卻知道自己，在內心裡藏有著其他人看不見的缺憾。芳不停地哭泣著，是為了過早離世的先生在哭？是為了這段沒有愛情的婚姻生活在哭？還是為了悄然逝去的青春年華在哭？連她自己也說不清楚，只是不由自主地哭著。

大哥明天將要返回，前來向芳辭別。看著痛哭流涕的芳，他同情地安慰說：“我懂得你的痛苦，我太太去世以後，也曾像你一樣難過。”大哥的手輕輕地撫摸著芳的肩膀，讓她的頭依偎在他胸前。一股男性特有的氣息溫暖著她，連日來的感傷與脆弱，也許更準確的是壓抑在心底多年的那份無奈與渴望，都在這瞬間傾瀉出來。芳任憑大哥吸吻著她眼中的淚水，任憑他的手緩緩地往下滑去……，這天晚上大哥沒有走。

大哥回家以後，很長時間沒有任何消息，芳一直無法忘記那天晚上曾經發生過的情景，終於鼓起勇氣撥通了電話。電話那頭傳來了一個年輕女人的問話：「你找誰？」芳略帶猶豫地說出了大哥的名字，並反問對方是什麼人。「我是他太太。」伴隨著對方的回答，芳緊握著電話的手鬆弛開來，還隱約聽見電話中傳來了大哥的聲音：「喂，喂……。」

大哥的太太是否真的去世了？是否剛娶了新太太？能恨他乘虛而入嗎？能怨自己太過輕信嗎？芳不想再做任何追究，這種兩廂情願的事情又能恨誰怨誰呢。芳平靜地對我說，在看清楚別人的同時，其實也要看清楚自己到底要什麼。

是的，如同世事變幻，人有千千面。而在人們感情世界的深處，都有著每個人最真實的一面。

遺　憾

　　曉梅大學畢業了，而畢業後想做的第一件事情，就是對媽媽說：
"我要回去看看他。"看著已經長大了的女兒，媽媽沒有橫加阻攔，
也沒有再多說什麼，只是為女兒買了一張返回故鄉的機票。

　　踏上了歸途，一路上曉梅總抑制不住地想著："他現在會是什
麼樣子？他還會不會認識自己？"她不完全知道曾經發生過什麼事
情，媽媽竟這樣不肯原諒他。這些年以來，從不允許和他有任何聯繫。
他在曉梅的成長過程中幾乎是一片空白，然而她始終記得他。

　　曉梅下了飛機，直接來到了他工作的地方。公司的一位職員接
待了她。"請問，你找誰？"曉梅略帶猶豫地說出了他的名字。接
待人員睜大眼睛吃驚地接著問道："你是他什麼人？"聽到了她肯
定的答覆後，這個人低聲說，他去年已經去世了！是因為肝硬化而
去世的，他才48歲。臨去世前，他拚命地喝酒，不停地麻醉自己。
在他清醒的時候，街坊四鄰都聽得見他那令人心碎的聲音。他悔恨
地哭喊著曉梅媽媽的名字："我錯了，對不起呀，原諒我吧！你們
在哪裡，我好想你們啊！我快不行了，回來看看我吧。"也時常聽
見他哭喊著女兒的名字。

　　看到了他的遺像，曉梅撕心裂肺地發出許久不曾叫過卻藏在心
裡的呼喚："爸爸，女兒來看您了！為什麼不能等一等女兒？！"曉
梅久久地哭著喊著，但他什麼也聽不見，只是悲傷地注視著她。也
或許他能夠聽見，聽得見他期盼了那麼久的這一聲聲呼喚。

　　曉梅帶著他回到了美國，交給媽媽的是他的一盒骨灰，還告訴
了有關他離世前的種種情形。倔強的媽媽哭了，擁抱著他痛哭了很

長時間，然後厚葬了他。並且從此以後，經常坐在那個地方，默默地陪著他。在媽媽的心裡，早已沒有了恨，最後留下的只有自己以為早就消逝了其實始終停留在心底深處的愛，還有那些不為人知的思念。

　　我聽完了這個真實的故事不由得深深感歎著：生時沒能再相見，不知道這是他的遺憾，還是太太的遺憾，或是女兒的遺憾。人世間多少的悲歡離合，現實生活中太多的是非曲直，由愛產生出恨，而恨中深藏著愛，這其中在愛與恨之間的恩恩怨怨，這些永遠無法彌補的遺憾，又有誰能夠分得清呢。或許更多的時候，人們需要多一些包容，來珍惜自己能夠擁有的一切。或許更多的時候，往往是退一步海闊天空。

選 擇

　　近來，我常常思悟起這句淺顯易懂的俗話：“種瓜得瓜，種豆得豆。”並從中得到了啟迪，人們自己每一次的選擇，都會得到一種相應的結果，而這種結果又將牽系著下一次新的選擇。人生，正是無數次因果相系的選擇的不斷累積。

得到與失去

　　一位素不相識的女孩，經朋友的介紹給我打來了電話。在電話中，她哭訴著她的經歷。聽完後我的心中百感交集，竟然不知道要說些什麼。

　　她持旅遊觀光的簽證來到了美國，為了能夠永久留下來，幾周之內三十幾歲的她，匆匆與一個六十多歲的美國人結了婚。婚後去辦理轉換身份時，才發現先生根本沒有固定的工作，甚至連銀行帳戶也沒有。移民局由於先生無法提供足夠的經濟擔保，暫時不予辦理。從此，只要一提到辦理身份的事宜，夫妻倆常會發生爭吵，先生總是不耐煩地對她說：“等這點錢花完了，你回國去，我就跳樓自殺。”她的情緒非常沮喪。

　　“你喜歡他嗎？”我問道．

　　“一點也不喜歡。”她馬上回答。

　　“他喜歡你嗎？”我又問道。

"不知道。但他明白，我是為了辦身份才結婚的。"她接著回答。

"那你們有沒有夫妻……?"我欲問又止了。

"當然有了。他只對這種事有興趣。"她很快地回答。她顯然明白，我是在詢問有關夫妻之實的事情。

聽著她的述說，令我感到有些困惑。當社會發展到連感情以至婚姻，都可以成為一個為了生存下去的交換籌碼，人們的觀念究竟是進步了，還是倒退了？或是我的思想太過於墨守陳規了？

我深有體會地告訴她，美國即不是天堂，也不是地獄，而是每一個願意留下來的人，必須付出艱辛努力的地方。我還直接告訴她，在寸步難行的時候，回家應是一條平坦的路。

如此坦誠的相告，是因為我清楚地知道，在異國它鄉的生活現實中，並不是四處坦途如畫。有時反而是極其艱難，有時甚至是殘酷無情的。為了能夠生存或擺脫貧困，人們經常要面對一些不可言喻的無可奈何。

女孩的境遇讓我重新認識到，世間的很多事情也許不能簡單地用正確或是錯誤的字眼來評論，往往是每個人在想要得到什麼與失去什麼之間的一種選擇。而重要的是，千萬珍惜和小心行使著這份可以選擇的權力。

黑暗與光明

前幾天，一個久未相見的朋友來到聖地亞哥看望我們。剛剛三十出頭的他，除了比以往略有些發福，還是和從前一樣的年輕有為，一樣的侃侃健談。在談笑之間我們知道了他的近況。他現任一家中外合資機械設備公司的總執行董事長，經常往來於中美之間。公司下屬的員工有上千餘人，每年上交的國家利潤十分可觀。

他擁有幸福美滿的家庭，一個和他共同經歷過風雨洗禮的妻子，一個可愛的女兒，還有著無論他在哪裡，時刻關愛著他的父母親。

從他的敘述中，我們意外地聽到了發生在他身上千真萬確的事情，更有一些刻骨銘心的悔悟。離別時，他深沉地對我們說："任何不是屬於自己的東西，決不可輕取多得！人世間有太多比金錢更為珍貴的東西了。"這是他面對金錢的誘惑，從光明淪落到黑暗裡，又從黑暗中重新走出來的肺腑之言。

他曾經是個犯人！因為涉及到賄賂和漏稅的案件，被逮捕入獄。那是發生在他是個風華正茂的大學英文系畢業生，參加工作後幾年中的事情。原來，光明與黑暗之間，往往只是咫尺之遙。

人跌倒了，這是一種選擇後的結果。人在哪裡跌倒了，又在哪裡重新站起來，這同樣也是一種選擇。每個人都擁有選擇的權力，也都享受著選擇後的結果。正如同那句俗話的內涵：播種什麼，就會收獲什麼。

回家的路漫漫長

　　四月初，由於清明這個特別的日子，總讓那些失去了親人或朋友的人們在無盡的思念中，喚起了些許記憶深刻的往事，即使有些人彼此之間只是擦肩而過。我和他並不十分熟識，但不知道為何原因總也忘不了他。

　　八十年代末期，在一家研究院眾多優秀的研究人員中，經過嚴格的審核挑選，他有幸成為一名前來美國進修的訪問學者，時間為期一年。

　　那年，他還不滿四十歲。因為平時的性格沉默寡言，穿著打扮保守，看起來比實際年齡顯得老成很多。他每月拿到的生活費不多又不可以外出打工，所以一向省吃儉用。他從學校到住地，來回騎著一輛舊自行車。居住的房間裡除了安放一張小床之外，四周沒有太多的活動空間。他每天的一日三餐，除了煮一鍋米飯，偶爾買些減價的雞肉，再炒些胡羅蔔或其它最便宜的青菜，隨意地對付過去。就連生活日用品也不用買，早從家裡帶夠了牙膏肥皂等。儘管過著十分節儉的生活，可在他的心裡充滿了期盼。他暗自計算著等到回家的時候，精打細算節省下來的錢足夠買下在當時令無數人羨慕的進口彩色電視，冰箱，洗衣機和錄音機等物件了。

　　在一年的學習期限未滿時，他和很多留學生一樣，意外拿到了能在美國長期居住的綠卡。而他認為從年齡和專業等各方面的條件並不適合滯留在這裡，當進修期滿以後，他如願以償地買全了四大件電器和一些禮品，興高采烈地回到了故鄉。

　　然而，一個月後他卻很快返回了美國。他告訴要好的朋友，全家人都希望他儘量在國外留下來，以便今後孩子能來讀書。為著下一個新的目標，他首先想找一份安定的工作。經過一個朋友的介紹，他找到了在一家旅館的前臺工作，旅館不僅提供較好的工資待遇還能免費住宿。可他萬萬沒有想到，試工的第二天就被辭退，理由是英文的口語能力不合格。身處在異鄉，他的自信心第一次受到了打擊，從此變得更加

沉悶不語。他沒錢買汽車，只好先在附近的中餐館找了一份洗碗的工作。每天從早到晚連續十幾小時，高強度的工作使他腰肌勞損的老毛病重犯，疼痛得無法堅持工作下去。這一次，他拖著疲憊不堪的身體回家了。

　　看到他重新回家，周圍便有人議論說，別人都有本事在美國留下來，他沒本事才回來。家人們則紛紛鼓勵說，為了孩子們的未來，今後回去再繼續努力。甚至連他自己也不甘示弱地想著，還要出去奮鬥一番，尋找一切機會留下來。他雖已邁進了家門，卻並沒有得到大家和自己的認可。

　　經過一段時間的治療和恢復後，他隻身來到了美國的另外一個城市，有一家公司錄用了他，但需要通過兩個月的試用期。在試用期開始不久，他又被解雇了。理由還是英文的說寫程度達不到要求。他曾有的自信心再次受到了沉重的打擊。

　　連續受挫的他，從心裡覺得既沒有臉面回到原來熟悉的城市，

也不能一事無成的回家，便儘快找了一份搬運公司繁重的工作。但是有一天中午，他突然累得昏倒在工地上。在一起工作的工人們馬上把他送到醫院裡進行搶救，才發現他既沒買醫療保險，在當地也沒有任何朋友。人們在他的錢包裡面只找到了一個遠房親戚的電話，還有一張捏皺了的全家福照片。而當他的親戚從外地趕到醫院的時候，他的心臟早已停止了跳動，孤零零地躺在漆黑一團的太平間裡。

他就這樣無聲無息地走了，永遠走了。等到他最終回家的時候，只是一個小小的骨灰盒。噩耗傳來，曾經認識他的朋友除了難以置信的震驚外，內心中還有太多沉甸甸的惋惜。

每逢清明時分，我不由得思索著，如若他從來沒有出國的機會，如若他在國外不要長期的疲於奔命，不要背負著來自各方面期待下的沉重壓力，再如若周圍的人們能夠多一些理解與包容，也許至今，他還在健康地活著。我也時常詢問著，他或有著類似經歷的遊子，為什麼有時候回家的路竟會如此漫長呢？或許，這就是我許久以來無法忘懷他的原由。

幾天前，無意間讀到了一段話令我頗有感觸和贊同："其實人生中，讀書、工作、理想，要十分努力，卻不可超出自己的能量極限，尤其不能把別人的高度當成自己一定要達到的高度，否則往往逼不出成功，卻逼苦了自己。"

自古以來的清明，經常是天沉沉，雨瀟瀟。而今年是否會像往昔一樣，又從天空中無邊無際地飄灑下細濛濛的雨絲？那一年又一年悄然而落的細雨，必定是匯入了人間最深摯的思念吧。

假如今天是我生命的最後一天

當我看到有人以《假如今天是我生命的最後一天》為題目撰寫的文章後，頗有感觸。我也想問一下自己，如何回答這個問題。

假如今天是我生命的最後一天，我會帶著對昨天的眷戀，對今天的珍惜，對明天的嚮往，度過生命的最後一天。每一個人的一生都是昨天、今天與明天的累積，而在某一天終止。昨天是回憶，今天是現實，明天是希望。

昨天

假如今天是我生命的最後一天，昨天將是我難以忘懷的。

昨天，我曾經年輕過，奮鬥過，熱愛過；當然也難免跌倒過，失敗過，傷心過。但到了最後一天，我只會回憶起那些在生命里程中最美麗的事情。因為人們最難忘的，還是以往的美好。在昔日漫長的歲月裡，如若沒有親情的相伴相依，沒有幾個朋友的誠摯相交，沒有什麼眷戀深藏在心底，沒有些許記憶終生難忘，那或許也是一種徹底的悲哀，一些沉重的缺憾。

　　屬於昨天的一切雖然遠去了，但我仍然會想起它。

今天

假如今天是我生命的最後一天，我將分分秒秒地珍惜它。

如果我知道這是我生命僅有的一天，我願用笑容面對第一秒直到生命停止跳動的最後一秒，我希望留在世間的是我熱情的笑容。我喜歡黎明，那染紅了半邊天際的晨曦，總讓人感到生命煥發著青春的活力。倘若我還可以走動，好想去一個難忘的地方，迎接最後一個黎明的到來。我要把一生中保存的珍貴東西帶在身邊，讓過去所有的美好永遠伴隨著自己。縱然我心中有太多的不捨，但終歸到了要離別的時刻。

我願用真情盈滿從第一秒到生命停止跳動的最後一秒，我期待留在世間的是我溫馨的情感。我要伸開雙臂把女兒緊緊地擁抱，她是我生命的延續，是我無論在哪裡都無法放下的牽掛，讓我由衷的祝福伴隨著她度過今後的每一天。我要把先生和親人們緊緊地擁抱，他們是我此生血脈相連的骨肉。我還要把知己摯友緊緊地擁抱，無言地重複曾說過的話語，因為我同樣眷愛著他們。

我願用希望照亮從第一秒到生命停止跳動的最後一秒，我要留在世間的是我真誠的希望。我會深情地說聲“再見”，期盼著大家將來再相見。相見是在天堂，還是在來世，雖然沒人能知道，可我仍然滿懷希望地期盼。

然而，如果我無法預知這是我生命僅有的一天，最後一天就突然來臨，生命被無情地畫上了休止符號。或許我已衰老得無法主宰自己，或許我根本來不及說什麼，也或許禍從天降，那我心裡的希望又是什麼呢？

我希望親人們和朋友們全都圍繞在身邊，為我祝福，為我送行，別讓我孤獨地踏上歸途。我也想返回家鄉，永遠與父母親團聚在一起。因為在他們的面前，我始終是個被疼愛的孩子。

明天

假如今天是我生命的最後一天，無論我知道還是不知道這是我僅有的一天，明天將是我永恆的精神寄託了。對於明天，我一如既往地充滿著希望，哪怕只是一個平淡渺小的希望，它也會使現存的生命孕育著無限的生機。

現在

假如今天是我生命的最後一天，無論我知道還是不知道這是我僅有的一天，明天將是我永恆的精神寄託了。對於明天，我一如既往地充滿著希望，哪怕只是一個平淡渺小的希望，它也會使現存的生命孕育著無限的生機。

其實，我想說的不僅是以上那些，更想說的是當下。大多數的人誰也不知道究竟哪一天是自己生命中的最後一天。那麼，就懷著珍惜生命最後一天的心情，把現在想做的事情竭盡全力地去做，把藏在心中的愛隨時大聲地說出來，讓幸福和快樂溢滿這迎來送往的每一天。這才是最重要的，千萬不要等到生命的最後一天才懂得了珍惜。

後記一

真情的一舟

王振佳

　　《真情世界》欄目是《華人》雜誌一個很有特色的欄目。一舟，是這個欄目當之無愧的專欄作者。

　　一舟，何許人也？為什麼她的文章寫得如此順暢入流，文采飛揚，不一口氣讀完就放不下？為什麼她文章裡寫的那些事情令人感到那麼熟悉、真實和親切，有些事好像自己也經歷過，感動過，就是沒寫出來。她則寫得活靈活現，入情入理？為什麼讀她的文章每每情不自禁地鼻子發酸，淚水盈眶，讀完後常引發長久的回味和思考？有人評價，"一舟的文章挺煽情！"這話簡潔，準確。能將讀者的眼淚"煽出來"，"這個女人不尋常"。

　　一舟的文章都很精煉，每篇不過兩千字左右。篇篇緊扣《真情世界》欄目的宗旨，用"真情"寫出凡人小事中的"真情"。在她的筆下，無論父母親的養育恩情，兄弟姐妹的手足情，朋友之友情，情侶之愛情以及對自甘墮落者的不勝唏噓與惋惜之情，甚至對動物和物件，都有生動的描述。我猜想，一舟一定是一位熱愛生活，富有生活情趣的"性情中人"。在她的視野裡，人間真情無處不在。宛如異彩紛呈，美不勝收的百花園。她寫文章猶如蜜蜂釀蜜，素材取之不盡，她用"心靈的眼睛"觀察、選擇、取捨、提煉，便釀出香甜的蜜來。而"心靈的眼睛"就是真情。用真情寫真情,大概是她寫出好文章的奧秘之一。

　　一舟的文筆很美,風格已成。她以抒情為主調,善於運用富有濃鬱人情味的語言描寫人物和事件,將議論自然地揉和到敘述之中,從而"啄"出人生哲理,給讀者以啟示,從凡人小事裡表現出厚重主題。我想,這些都是一舟寫出美文佳篇的奧秘所在。

　　最近讀到徐俊先生寫的《君知情為何物?》,他用化學鍵中的"鍵"(既原子外層能與別的原子結合的電子)來比喻"情",它是與人之間奉獻出的能吸引彼此共同的東西,這個東西叫'愛子'。這個比喻很新穎,很俏皮。我想,一舟寫《真情世界》的文章,一定發現並俘虜了許許多多的'愛子'。

　　(作者為中國作家協會會員,著名出版人和詩人)

後記二

致敬與我同年的朋友
── 寫在《一文一事一情懷》出版前夕

馬　平

　　小平從西雅圖來電話，告訴我她的新書即將定稿，書名定為《一文一事一情懷》，我挺喜歡，也為她高興

　　小平一直是我從心底敬佩的人。我佩服她什麼？好像很多很多方面。有些我可以學習，有些我真的學不來，可謂望其項背。

　　她的毅力，是超乎常人的。二十多年前，我因為新創雜誌，需要找廣告客戶，她當時是一家頗具規模的會計師事務所的大管家。和小平第一次見面，聊得很投機的話題，不是生意，是她常年的晨練。多年來，她每天早上健行一個多小時，風雨無阻。到我們初次見面的 2001 年，她已經走了整整六年！退休至今，晨走的習慣也是一點沒變。

　　和她熟識後，我發現她閱歷豐富，朋友眾多，還特別會講故事，我建議她在雜誌開一個專欄，起名《真情世界》。之後，她每月一篇，從無落下一期，一寫就是十年，吸引了一大批喜歡她文章的朋友，我戲稱她為煽情高手。後來，她把這些文章結集出書，取名《在美國說愛談情》，相當暢銷。

　　她樂觀向上的人生態度，是我極為欣賞的。這麼多年來，我見到的小平，永遠是滿臉的陽光燦爛，笑聲朗朗。熱愛生活，是她的天性，也是她的追求。就說退休這幾年，她是真的一步一個腳印地愉快地生活著，給我們這些同年的朋友們作出了榜樣。她學習了攝影，還真有攝影的天分，她拍攝的風景連連獲獎。在相同的攝影主題中，她的作品總是我最喜歡的。她在湖邊晨走，發現湖邊的落葉是那麼漂亮，這激發了她的創造力。她把這些落葉枯枝殘花按需要收集起來，別出心裁的創作出一幅幅特殊的畫作。2022 年聖誕節前夕，她把這些作品親手編排了一本畫冊《我的葉子與花瓣樂園》，不僅質量精美，而且也能夠從這些特別的畫作中看出，她是怎麼樣從最初的構想到一步步成熟的這些作品的這種過程，我很為她驕傲。

　　這幾年，她曾患過幾次要命的大病，也曾在旅遊中受過重傷。她戲說自己是在鬼門關前晃蕩了幾次的人。但是，你一點都看不出來她是曾有過兩次癌症的人，她永遠都是那麼樂觀，向上，是珍惜生命、硬是把餘生活出花兒來的"生活藝術家"。

　　她熱情洋溢和樂於助人，是很有口碑的。她幫助別人完全是出自內心的。近日，我的兩位年輕朋友創業，托我找她諮詢賬務問題，她毫無保留地把自己的想法和經驗都一股腦告訴了他們。長期以來，我從他們會計師事務所得到的幫助難以計數。可以說，她對我的生意面面俱到的指導和安排，讓我能心無旁騖專注於雜誌的編輯。也許正是因為她全方位的幫助，才讓我變成了一個在經營中"被慣壞了的孩子"。

在創業的道路上，遇到小平，是雜誌的幸運；在人生的道路上，遇到小平，是我的福氣。期盼小平的新書快快問世！

（作者為美國《華人》雜誌創刊和發行人）

致 謝

　　這本《華人》雜誌系列叢書·文學佳作專輯（5）收錄了《華人》雜誌專欄作家鄭小平近年來撰寫的散文和隨筆。

　　退休前的小平多年從事會計工作，在社區廣受尊重。她又是一位特別勤奮的作家。她在百忙中為《華人》雜誌開辦的"真情世界"專欄，以真性情和生動的內容，收到眾多讀者喜歡。

　　本書的所有插圖，除個別幾幅由其他攝影朋友提供之外，均是作者的攝影和手工藝作品。感謝小平！

　　感謝 Avery – Tsui Foundation 基金會，是他們的支持，幫我們把二十年來的雜誌的紙質版和電子版全部在加大聖地亞哥分校圖書館推出，以與更多讀者分享；更特別感謝 Avery – Tsui Foundation 基金會對我們美國《華人》雜誌系列叢書的慷慨贊助，使我們的系列叢書能夠順利推出。

　　感謝南方出版社王軍教授，為我們每一集系列叢書所付出的勞動和耐心。

　　谢谢你们，《华人》永远的朋友们！

《華人》雜誌系列叢書總編輯　馬　平

2023 年 10 月

Printed in the USA
CPSIA information can be obtained
at www.ICGtesting.com
CBHW060138250124
3655CB00054B/387